凤凰师轩

行知工程 名师感悟系列

做幸福的教师

提升教师执业状态的综合策略

陈丽萍 著

江蘇教育出版社

图书在版编目（CIP）数据

做幸福的教师：提升教师执业状态的综合策略/陈丽萍著.
—南京：江苏教育出版社，2014.5
ISBN 978-7-5499-3361-7

Ⅰ.①做…　Ⅱ.①陈…　Ⅲ.①中学教师－工作－研究
Ⅳ.①G635.1

中国版本图书馆 CIP 数据核字（2013）第 199556 号

书　　名	做幸福的教师——提升教师执业状态的综合策略
作　　者	陈丽萍
责任编辑	午新生　雷利军　王　莹
出版发行	凤凰出版传媒股份有限公司
	江苏教育出版社（南京市湖南路 1 号 A 楼　邮编 210009）
苏教网址	http：//www.1088.com.cn
照　　排	润星之源文化有限公司
印　　刷	三河市华润印刷有限公司
厂　　址	三河市杨庄镇杨庄村
开　　本	787 毫米×1092 毫米　1/16
印　　张	17.75
字　　数	273 千字
版　　次	2014 年 5 月第 1 版　2014 年 5 月第 1 次印刷
书　　号	ISBN 978-7-5499-3361-7
定　　价	30.00 元
网店地址	http：//jsfhjy.taobao.com
邮购电话	025-85406265，85400774　短信　02585420909
E - mail	jsep@vip.163.com
盗版举报	025-83658579

前　　言

本书是根据作者读博士期间进行的研究而写成的，呈现的是作者多年所得出的研究结果。深圳市的经济发展迅速，尤其是近几年来对教育的投入加大，时隔几年，今天再回过头来重新看这些数据，很多数据都已发生了变化，但这里反映的是当时的状况，相信对现今的教育仍有一定的指导意义。

“教师发展”在近年来是颇受关注的一个概念，但是，理论界关注更多的是教师的专业化发展，而不是教师作为一个整体的“人”的发展。蒋仲仁先生在《教育研究》期刊曾撰文谈到，现在我们对教师问题的研究过于集中在“应该怎样”，很少考虑“是怎样”以及“在什么样的环境中来理解、接受和实践这些“应该”，缺乏对教师的“实然生存状态”的关注。身为中学教师，作者也能深刻体会到那种身带枷锁生存的感受。作为教师群体中的一员，作者也总是怀着激情、握着理性去思考：教师是谁？教师在干什么？教师怎么样了？教师的价值能实现吗？教师有更好的可能生活吗？这些问题启发作者深入思考教师生活的现实世界。作者非常希望自己能将教师生存的实然状态呈现出来，让更多的人了解、理解教师——这个关乎社会发展前景的群体。而作为中学教师，我们自己该怎样去创设更美好的、更有诗意的生存环境，也是作者在本书中想要解决的问题。

“教师生存状态及改进对策研究”这一选题的重要初衷，正是要呈现一线中学教师的基本生存状态，包括他们的身心健康、物质生活、专业发展、精神世界等方面。展现问题，憧憬未来，问题就是事物的矛盾，而人类的本性就是超越有限而指向无限，“虽不能至，心向往之”。

目　　录

第一章　关于教师生存状态的理论诠释

本章从概念界定、哲学基础、基本构成三个方面对生存状态进行了理论诠释。人们对这一概念的诠释，无一不是在哲学上探寻人“生存”这一命题的内涵之所在。“仁者见仁，智者见智”，这些都为理解教师这一群体的生存状态奠定了基础。

一、生存状态的概念界定 …………………………………………… 3
二、生存状态的哲学基础——“生存论转向” ………………………… 11
三、生存状态的基本构成 …………………………………………… 12

第二章　如何提升教师的身心健康状态

随着经济的迅速发展，人们沟通、交流的方式也越来越多，但这一切又为教育、教师带来了一系列的问题：教师面临教学压力，学生接收知识的途径增多，教师的课堂主体地位被动摇，从而导致教师面临生存压力，这一切都在考验着教师的身心。本章分析了教师身心健康的状态及原因，并从宏观和微观两个方面提出了以解决教师面临的身心健康问题的策略。

一、健康的含义 ……………………………………………………… 17

二、教师身心健康的当前状态 …… 19
三、教师身心健康现状的原因分析 …… 24
四、改善教师身心健康状态的策略 …… 45

第三章　如何改善教师的物质生活状态

教师被誉为“人类灵魂的工程师”“蜡炬”等，这些美誉却从一个侧面反映出人们关注更多的是教师精神层面上的生活，却缺乏对教师物质生活状态的理解。本章的内容就从物质层面对教师的生活状态予以分析。

一、物质生活的理论阐释 …… 53
二、教师物质生活的当前状态 …… 57
三、教师物质生活现状的原因分析 …… 70
四、改善教师物质生活的策略 …… 79

第四章　如何促进教师的专业发展状态

教师专业发展这一问题涉及的是教师自身的发展，它关系着教育的品质和学生的质量，更关系着教师怎样才能够做一个真正意义上的“教师”。本章主要采用调查访谈的方式，对中学教师的专业发展状况进行描述，对现有状态及其原因进行了分析，并给出了相应的应对策略。

一、教师专业发展的理论阐释 …… 85
二、教师专业发展的当前状态 …… 89
三、教师专业发展现状的原因分析 …… 116
四、促进教师专业发展的策略 …… 134

第五章　如何发展教师的精神世界状态

教师面临生存和精神上的压力，但是，从学生取得的进步和学生对教师的感恩之情中，教师也能获得职业幸福感。本章同样以访谈的形式反映教师的精神世界状态。教师虽面临不理想的现实情况，但这并不表示教师缺乏追求理想生活的精神。

一、精神世界的理论阐释 …… 143
二、教师精神世界的当前状态 …… 148
三、教师精神世界现状的原因分析 …… 195
四、改善教师职业幸福感的策略 …… 206

第六章　对教师的应然生存状态的研读

本章从哲学角度对教师的应然生存状态进行分析。人来自于物，却又不是物；人有着动物的生命体，但又不等同于动物的生命体。人不满于种生命支配的本能生活，人的生活是经过理解和策划的有意义的生活。因此，人能够主宰自己的生命，能够自主地支配自己的生命活动。

一、何谓“应然” …… 213
二、何以应然 …… 237
参考文献 …… 269
后　　记 …… 273

第一章

关于教师生存状态的理论诠释

本章从概念界定、哲学基础、基本构成三个方面对生存状态进行了理论诠释。人们对这一概念的诠释，无一不是在哲学上探寻人“生存”这一命题的内涵之所在。“仁者见仁，智者见智”，这些都为理解教师这一群体的生存状态奠定了基础。

过去人的命运仰赖于神祇和英雄，现今人的生存维系于自身的活动。人不可以神自居也不能陷溺于物，立足于地仰首于天方是生命本性，当哲学成为生活的内在批判力量，形下的生存定能生发形上的意蕴。

——张曙光《生存哲学——走向本真的存在》

一、生存状态的概念界定

（一）生存

“生存”是人的根本性问题。人之生存表现为一种主动的生活方式，是人与环境共同生成的，更是人的生命表达进一步丰富化的过程，也是一个永无停止的实现历程。我们要进行“中学教师生存状态及改进对策”研究，必须先要弄清楚“生存”这一概念的内涵。

1. “生存”的词源含义

“生存（existence）”是一个充满歧义的概念。从最一般的意义上讲，“生存”指的是“一切生生不息的生命运动过程”。“生存”的英文词源是exsistere（也写作exsistre或existere），来自拉丁语，概括为“具体存在物”。从词义上讲，exsistere含有“从……中呈现出来”“从……生成”的意思。

《现代汉语词典》给出了“生活”的四种意义：一是“人或生物为了生存和发展而进行的各种活动，如政治生活、日常生活”；二是“进行各种活动”；三是“生存”；四是“衣、食、住、行等方面的情况”。由此看来，“生活”具有以下内涵与外延：一是活着；二是为活着、发展而进行的各种活动，包括政治活动、经济活动和文化活动；三是活着所需要的外部条件；

四是满足人类活着的最基本的条件，即衣、食、住、行。

2. 流俗生存观的超越

关于“生存”这一概念①，哲学界主要有三种观点：(1) 把“生存”与“生活”区分开，强调应在常识语境内理解“生存”，即把“生存”看作是人的动物性的存活，而把人所特有的“生存”直接理解为生活。在中国，“生存”是一个人们使用频率颇高的词汇。从“生死存亡”，到后来的“球籍”问题（指生存在地球上的资格），再到当下人们感叹“生存”越来越不容易，“生存”对于我们来说，不仅一向是不言而喻的基本事实，还是一个需要不断解决却不断萌生重重困难的基本问题。这种观点是一种对“生存”比较通俗的理解。也有人对“生存”持一种形而下的理解，即一切有生命的东西的存在都是“生存”，生存是人最起码的存在状况，说得通俗一点就是“活着”，它关涉的不过是饮食男女，认为“生存”是人基本的生命活动状态，是一种物性的、对象性的实存。这种状态虽然是属己的，但又被认为是最接近一般生物或动物的状态。按照流俗生存观，“生存”是最基本的生命存在与维持状态，实际上也就是指生命的“存活状态（surviving condition)”。只要基本的物质生活资料能有所保障，人的生存就不成问题了，而“生命价值”“生活意义”“生活理想”等，显然是不属于生存范围之内的。事实上，“生存”显然是指“活着”，因为只有“活着”才有“活着的意义”。但是问题在于，“活着”与“活着的意义”不是截然分开的两个概念，也不具有发生学意义上的先后关系。人“活着”，就必须对“活着的意义”作出一个明确的答复。人是奔着某种意义而活着的，活着就是要活出意义来而不仅仅是为了获得存活的基本条件。陀思妥耶夫斯基说：“人类生存的秘密不在于只是活着，而在于为什么活着。人如果没有一个为谁而活着的牢固的信念，他就不配活着。”②

(2) 主张超越常识的并且被近代机械主义生命理论强化了的流俗的生存观，强调人的生存的超越性及生存意义。如在《学会生存——教育世界

① 这是根据 2001 年 10 月 19～21 日于武汉举行的全国“生存与发展”哲学研讨会上与会代表的观点总结而出。

② ［苏］N. T. 弗罗洛夫．人的前景［M］．王思斌，潘信之译．北京：中国社会科学出版社，1989. 297.

的今天与明天》一书中，富尔指出："人类发展的目的在于使人日臻完善；使他的人格丰富多彩，表达方式复杂多样；使他作为一个人，作为一个家庭和社会的成员，作为一个公民和生产者、技术发明者和创造性的理想家，来承担各种不同的责任。"这一价值追求，正是富尔在《学会生存》一书展开论述的基石，即《学会生存》中"生存"的含义。①

（3）认为人的生存本身就具有二重性，是动物性的生存与超越性的生命的统一。"生存"是"生存哲学"的首要范畴，它集中地表现了"生存哲学的核心思想"。现代西方著名哲学家雅斯贝尔斯在《生存哲学》一书的"导言"中，这样写道，所谓生存哲学，虽然不过是唯一的古老哲学的一种形态，但目前以"生存"二字当作表示哲学特征的词语也并非偶然。生存哲学强调并指出了长期以来被哲学家几乎遗忘了的哲学任务：从本原上观察现实，并且通过"我"在思维中对待自己的办法，亦即通过内心行为去把握现实。"生存（Existenz）"乃是指示现实的字眼之一，它意味着，一切现实的东西对我们来说之所以称为现实，纯然因为"我"是"我"自身。我们不仅是在这里存在，而且我们已被赠予我们的实存（Dasein），已被赠予以作为实现我们本原的基地。这是一种理性主义或者说存在主义哲学观。

3. "生存"的流变

对于什么是"生存"以及生存的流变，各国的哲学家有诸多论述。

提到"生存"一词，我们就不能不说克尔凯郭尔。在很大程度上，克尔凯郭尔关于生存论转向的初衷，就是要使人们对"生存"的理解从认识论的态度与方式中解放出来，赋予"生存"以个体主观性理解。他提出了"从'事实性'与'可能性'两个方面去把握'生存'"的观点，"事实性"表示人的社会历史环境，强调的是实存性，而"可能性"则表示人的超越本性。

雅斯贝尔斯对"生存"作了最为详尽的阐述。在其晚年著作《面对启示的哲学信仰》中，他对"生存"作出了全面的概括：（1）生存不是如此存在，而是可能存在。（2）生存乃是知道由超越者赠予自己的、没有超越

① 李家成．回归生存——论"人之生存"语境下学校教育的价值［J］．南京师大学报（社会科学版），2002，（5）．

者就不能存在的自由。(3) 生存是各个个体，并作为特定自我是不可代替、不可替换的。(4) 生存是历史的。(5) 生存仅仅存在于生存之间的交往之中。(6) 不能因知道“我”是存在着的，故“我”就是现实的生存。倘若“我”想知道“我”自身的生存，作为生存的“我”就归于消失。(7) 生存乃是知道自己是被赠予的东西，所以在其根据中受到保护。

雅斯贝尔斯反对把“生存”看作是对象化的“实际存在物”及实体性概念。他的生存哲学虽然立足于个体，立足于作为个体原初可能性的生存，但每一个个体的生存及其自由选择并不是自足的，而需以超越存在为终极依归。他说：“生存乃是自身存在，它跟自己发生关系并在其自身中与超越存在发生关系，它知道自身乃是由超越所赋予的，并以超越为根据。”即在生存哲学的体系中，超越才是终极性的存在，它高于每一个个体的生存，个体生存只有从超越中才能汲取意义。因此，阐释雅斯贝尔斯的超越论思想，对廓清其生存哲学的理路和特质尤为必要。他认为“生存”从本质上看不是一个概念，而是人的生存活动，并明确提出应用非对象性方法，即“生存澄明”的活动去展现生存。“生存澄明”是雅斯贝尔斯生存哲学的主题。“生存澄明探求生存的含义、生存的缘起与形成以及人关于生存的体验活动，在生存澄明中，生存绝不是作为一种对象被澄明，因为澄明本身就是生存的存在方式，在这种生存澄明或者说澄明性的生存活动中，生存的内在范畴，诸如界限、真理、交往、自由、超越以及历史性得以呈现出来。”① 雅斯贝尔斯是这样阐述生存真理的展开过程的：“如果说，当我们是一般意识的时候，我们思维那种必然正确的东西，当我们是实存的时候，我们思维那种有利有害的东西，当我们是精神的时候，我们思维那种构成整体的东西，那么，这种东西无论如何也不会由于我们的思维而像一个自然事物那样一定会发生。相反，我们大抵会陷入一场彻底的混乱。事实上，我们能否以坚决态度同时以对每一种真理意义的界限意识把握到真理意义，诠释我们是我们自己到了何种程度。换句话说，各种来自其他起源的真理，只有从生存的真理那里才会取得其纯洁性。”②

① 邹诗鹏．生存论研究［M］．上海：上海人民出版社，2005.70.
② ［德］卡尔·雅斯贝尔斯．生存哲学［M］．王玖兴译．上海：译文出版社，1992.1.

马克思对于“生存”的理解也给予我们很大启示。他认为，人的感性对象性活动（实践）是人的最基本的生存方式，而人的整个生存现实包括人的外在和内在的生命感觉，都是在人的对象性活动中形成和变化的。因此，马克思哲学不是只停留在呼唤人们的生命体验和个体意识上，而是通过强调真正能够使人“自我确证”的对象性活动的展开而使“人的感觉变成人的感觉”“创造与人的本质和自然本质的全部丰富性相适应的人的感觉”，使每个人真正成为“人”。所以，“生存”的关键不在于对人的生存性状作出某种解释，而在于通过改造世界，即创造人化世界，使人“全部丰富性”得以形成和展现。而人们处身于私有制社会，深感“异化”之痛苦（“肉体受到损伤、精神遭到摧残”）更应当通过实践“使现存世界革命化，实际地反对并改变现存的事物”。[①] 它更深刻地揭示了人的“生存”而非“存活”的自我生成着的本质属性或类属性，指出了如何从现实的个人走向真实的“社会”即“自由人联合体”的途径。他认为，人的生存就是人现实地在世生存。马克思曾经指出，人不仅仅是自然存在物，还是属人的自然存在物。“自然”既是外部世界的规定，又是人的规定，所以人与外部世界具有同一性；人又是自我规定的，因而人是不同于“自在”存在的“自为”存在。然而，这并不是两种分立的事实，人作为自然存在物必定是对象性存在物，即人与外部自然互为对象、互相作用；而人作为属人的存在物的自我规定，正是通过人有意识地作用于外部对象的对象性活动而实现的。人的对象性活动是人的生命机能在对象上的表现，也是人对这一表现过程及其结果的体验和拥有。因此，具有感性客观性的人的在世生存既不等于思想观念，也不同于非人的实存，它就是在人的感性对象性活动（实践）中建构并为人感受着生存意义的实际生活过程，或者说就是世界人化和人世界化的过程。诚然，人的异化生存也具有“铁一般”的现实性，但“铁一般”的既成事实正是丧失现实性即经历着“抽象化”的“现实”，它的属人的性质正在被抽掉、淘空而物态化。所以，人的异化生存的“现实”本身又是“非现实”的。这从反面说明人的现实的在世生存总是由于其内在否定机制（实践）而走向某种新的可能，从而呈现为自否定、自超越的

---

① ［德］马克思，恩格斯．费尔巴哈［M］．北京：人民出版社，1988.19.

流变性。这也说明，现实只有不断地扬弃自身才不会停滞或退化为毫无生气的非人的实存。

张曙光在《生存哲学——走向本真的存在》一书中对“生存”作了如下解说：从根本上说，“生存”不是一个简单的描述性概念，而是一个力求把握人的生存真谛的反省或反思性概念。因而，“生存”并非简单的指“生命的存活”，而是指“生成着的存在”。人的存在不是现成的而是生成的，并且不会最终完成于某一确定的状态，而总是向未来，向新的可能开放。一旦凝固下来，它就会失去生命的活力、张力，物化甚至腐化。生命本身就是一种科学永远难以穷尽其奥秘的神奇的合目的的存在，人的有意识的生命更是自觉自为地表现和体验其生命潜能的自成目的的存在。人的生存、生活自成目的，恰恰是因为它能够以自我分化、二重化为目的和手段。目的要靠手段来确立，手段要靠目的来规定，两者互为中介，互相过渡，由此展开一种自否定自确证的关系和过程。“生存”无疑是一个事实，然而对“生存”的上述理解却是现代的事情。对“生存”进行如此理解的生存哲学正是人的生存和生活的自我理解、自我批判的哲学，这种哲学不再像传统的形而上学的哲学那样先确立起一个超时空的终极尺度并借以审视和裁定人的生存、生活，而作为人的生存、生活的内在要素发挥其反思的功能。这实际上意味着哲学范式的根本性的转换：从超验的外在的身形判决到感性的内在的人性的批判。

总之，如果从西方哲学和社会发展的逻辑来看，现代“生存”主题的凸显，既意味着对近代“理性”的主题的反叛，又是对这一主题的深化。“理性”在形而上学的哲学中登峰造极，从而形成了理性万能的神话和霸权，由此产生的悖论不能不导致“理性主义”的瓦解。“理性”只能是人的理性，尽管人的理性是人的类属性、普遍性，具有高于个体并能提升个体的品格，但它最终还是要落到并体现于每个个体的生存。人只要拥有肉体生命，就不能与感性、欲望、情感、意志等所谓的“非理性”因素相离。对于人的存在来说，这些非理性因素比单纯的理性思维更为切己、更为本原，因为人的生活和幸福归根到底要靠社会化的“五官感觉”和心灵来感受、来体验。

（二）生存状态

《辞海》对“状态”作了如下的解释：一是人或事物表现出来的形态，二是指物质系统所处的状况。“形态”指的是事物的形状或表现出来的情况，“情况”是情形和状况，而“状况”表示的就是“情形”的意思，所以“形态”或“状况”都可以归结为“情形”。而“情形”是指事物所呈现出来的样子，因此，“状态”的最终解释就是“样子”。“生存状态”就是生存的“样子”，而说明“样子”既需要质的要素，又需要量的要素。《现代汉语词典》对“状态”一词的解释是“人或事物表现出来的形态，如心理状态、液体状态”。与“状态”一词相近和相关联的词有“状况”“形态”“情形”“现状”等。“状况”就是“情形”；“情形”是指“事物呈现出来的样子，如生活情形、村里的情形”；“形态”有两层含义：一是指“事物的形状或表现，如意识形态、观念形态”，二是指“生物体外部的形状”；“现状”是指“目前的状况，如改变现状、维持现状”。由此我们可以看出，“状态”既包括外部表现，也包括心理活动和人的意识等。

关于“生存状态”，从理论角度讲，目前还缺乏明确而具体的定义，但人们在对其理解和使用上并无多少歧义。根据以上对“生存”和“状态”的解释，“生存状态”就是生存的“样子”，“生存状态”一方面要指出人的生存的质的问题，即生存的方式和生存的内容；另一方面又要指明人的生存的量的问题，也就是人的生存的方式和内容的状况，即人在发展中的某一阶段，生存的方式和内容或生存的某一方式和内容呈现出来的水平、程度和现状。

（三）教师生存状态

“教师生存状态”是指教师在其学校生活中表现出来的状况或态势，既包括他们生存状态理性化的因素，也包括非理性的因素；既关注物质的，也关注精神的，涵盖教师在保存生命时为履行教师职责、谋求事业发展和自身发展的各种状况，如其所处的生存环境及自身素质、工作负荷、工作回报、社会地位、生活水平、健康保障等全部的情形与状况。无疑，教师在学校教育中的发展状况是通过各种生存状态的取得、保持或改变来体现的。教师的发展“作为一种开放的生成性动态过程”，不是外铄的，也不是内发的，而是在他所处的各种关系中、在他所参与的各种活动中，通过与其他人和事物多种形式的交互作用得以获得的。① 本研究将打破以往只侧重从教师的生活内容、经济待遇、教学条件、健康状况、工作性质、社会地位等“物的层面”来进行探讨的模式，从多个角度去观察和研究教师，从更多侧面描绘一个更为丰满的“教师生存形象”。这一形象不仅是从“物”的层面，还是从“精神”的层面进行描绘的；不仅有从教育外部看到的“教师形象”，还有教育内部教师对自己进行的“自画像”。

教师的生活世界是教育世界与日常生活世界的统一，它既具有一般人生活世界的直观经验性和前提基础性，又具有教育世界的个性特征。总体来看，“教师生存状态”具有以下几个特征：（1）整体性。教师的生活是丰富完整的，既有物质的享受，也有精神的追求；既有“教书育人”的教育生活，也有“会桃李之芳园，序天伦之乐事”的日常生活。在某种程度上，可以说教师的一生都是在和学生打交道，学生的生活与教师的生活交织在一起，成为教师生活中必不可少的一部分。因此，教师的生活世界是物质生活与精神生活、理性生活与感性生活、现实生活与理想生活、教育生活与日常生活、教师生活与学生生活的完整统一。（2）文明性。由于职业的特点，教师的生活被打上了“文明”的烙印。首先，传播人类知识遗产的工作是教师生活世界文明性的典型表现；其次，教师面对的主要是未成年人，基于“育人成人”的教育理想，他们总是在言谈举止、穿着打扮、校内校外自觉或不自觉地注意树立“为人师表”的文明形象。因此，在某种程度上，教师不能像普通人那样可以或多或少地改变自己的价值观和生活态度，而应在形形色色的文化思潮中进行理性的判断和选择，取其精华、去其糟粕，自觉保持“为人师表”的文明形象，为培养学生正确、积极的价值观和人生观承担着不可替代的使命和责任。（3）生成性。教师的生活处于不断的生成与变化中，具有无数的可能性。首先，教师面对的学生是正在成长中不断发展着、变化着的孩子，这也是教师生活中最难以预设的因素；其次，教育中没有一成不变的“金科玉律”，尤其是处在改革发展中

① 借鉴了叶澜在《重建课堂教学价值观》一文中对于“生存状态”的理解。

的教育更没有一成不变的模型，教师不仅在教育教学过程中会不断遇到“突发事件”，也会在自身的专业发展中面临众多的机遇和挑战；最后，教师是有理想、有追求的人，总是渴望以更全面的方式展示自我，因而需要不断地学习、反思、实践、创造。（4）复杂性。教师的生活世界是教育世界与日常生活世界的统一，也是一个“工具理性”与“交往理性”不断交错、融合的过程。教育世界的目的性、规范性、科学性、预设性、确定性、学术性、工具性等特点，与日常生活世界的非目的性、日常性、人文性、生成性、不确定性、经验性、交往性等特点共同交织、融合，构成了一个复杂的教师生活世界。更重要的是，教师面对的是个性多种多样、处于不断发展变化中的学生，人性的复杂以及教育的反复使教师的工作几乎无规律可循，加之逐步深化的改革给教师的生活世界更增添了复杂的色彩。①

二、生存状态的哲学基础——“生存论转向”

生存论（existentialism）是立足于人的生存直观性和可能性的现象学描述和历史性分析，它使哲学兴趣从普遍必然转向当下直觉，从逻辑理性转向前逻辑的体悟，从形而上学思辨转向具体的现象学呈现。生存论哲学是西方哲学发展中具有典型现代意义的哲学形态，它是对传统哲学的逆反，是新的哲学范式的萌动的一种标志，即哲学不再醉心于形而上学的思辨而置人的存在本身和生活世界于不顾，转而关注人的存在方式和生存结构，力图回归生活世界，寻求理想化的人类生存方式。

当代“生存论”是指人对自身生命、存活的自觉，包括人对身体、感觉、情绪、欲望、潜能、意志、理想与精神意境的觉悟和觉识。生存论是人对属于自身的生命、生活的自觉及其哲学表达，它重视的是人在世生存的感性现实性、自成目的性和意义的澄明。研究中国思想史、康德哲学和美学的学者李泽厚在20世纪90年代以“人活着”这个“原始现象”作为出发点，按时间顺序自下而上地展开了由“工具本体”到“心理本体”、由

① 孙彩霞．论教师的“生活世界”[J]．江西教育科研，2007，(11)．

"人类主体性"到"个人主体性"的推移，解释了人"如何活"和"为什么活"的问题，引出了"人活得怎样"这一最高最后的问题，并以满足人的情感审美作为人的生活的最高境界和人生的精神归宿。[①] 高清海教授则从马克思主义哲学角度解释"生存"，他认为马克思主义哲学的伟大贡献就在于从造成对立世界的根源中，发现把属人世界与自然界、主观世界与客观世界统一起来的现实基础。属人世界与自然世界的统一基础，就是人作为主体的实践活动——即感性自主性活动。高清海教授说："在我看来，哲学是真理与信念的统一体，它的任务不但要使我们的思想和行为做到合规律性，而且要做到合于情理性。人是有理想、愿望、欲求、情感的社会性动物，人的活动不能没有追求，追求表现着人作为实践主体、认识主体、价值主体的内在需要……马克思主义哲学在这两个方面，都超越于一切其他哲学之上，真正做到了既'实事求是'，又'合情合理、通情达理'。"[②] 在20世纪90年代，高清海教授继续深入思考哲学范式的变革，提出了马克思主义哲学人学应是"类哲学"的命题，指出了人扬弃"个体"本位和"群体"本位而成为"类存在"的发展前景，从而打开了过去长期被忽略的人的存在本身的自为性、应然性、目的性，人的生存的需要、实现和意义之域，使哲学切实地走向人的真实存在，走向人的生活世界。

三、生存状态的基本构成

"教师生存状态"是一个非常复杂的体系，是教师保存生命时表现出来的形态、现状。"生存状态"虽然是属己的，但既不能将其认为是人的基本生命活动状态，是一种物性的因而是对象性的实存，是最接近一般生物或动物的状态，也不能完全理性化，割舍掉感性、欲望、情感、意志等所谓的"非理性"因素。我们既要关注物质的，也要关注精神的、活动的状态；既要研究现存的，更应关注未来的、可能的状态。由此而来，研究"中学

---

① 李泽厚．世纪新梦［M］．安徽：文艺出版社，1998.7—32.
② 高清海．哲学与主体自我意识［M］．长春：吉林大学出版社，1988.9.

教师生存状态”，必定就要关涉“本质直观”的身体的、物质的、精神的、成长发展的、关系的等范畴。根据这一分类，本文认为：“身心健康状态”“物质生活状态”“专业发展状态”“精神世界状态”以及“教师在职业场域”和“教师在私人场域”是构成“中学教师生存状态”的基本方面或者是主要方面（当然，教师生存状态还可能有其他方面，这里不再一一列举）。本文将从“身心健康状态”“物质生活状态”“专业发展状态”和“精神世界状态”四方面对“中学教师生存状态及改进对策”进行研究。

第二章

如何提升教师的身心健康状态

随着经济的迅速发展，人们沟通、交流的方式也越来越多，但这一切又为教育、教师带来了一系列的问题：教师面临教学压力，学生接收知识的途径增多，教师的课堂主体地位被动摇，从而导致教师面临生存压力，这一切都在考验着教师的身心。本章分析了教师身心健康的状态及原因，并从宏观和微观两个方面提出了以解决教师面临的身心健康问题的策略。

> 如果我们希望人成为更完善的人，那么我们就必须帮助他们认清自己的健康一面，同时也要帮助他们认清不健康的一面。只有充分认识疾病与健康之间的这种辩证法，我们才能在成长的道路上趋向更健康！
>
> ——马斯洛《马斯洛人本哲学》

人的身心健康是人生存状态的重要表现。近年来，随着我国经济的飞速发展，信息化的快速普及，人的价值取向的多元化，以考评教风气的愈演愈烈，教师面临的职业压力越来越大，超负荷的工作及各种考评让教师颇感工作吃力，严重威胁着中学教师的身心健康。

一、健康的含义

“健康”是大家耳熟能详的词语，但要深究其含义，大多数人并不能给出一个确切的答案。1948 年，世界卫生组织率先提出：“健康是一种身体上、精神上和社会上的完好状态，而不仅仅是没有疾病和不虚弱。”1978 年，国际初级卫生保健大会发表的《阿拉木图宣言》重申，健康不仅是无疾病和体弱，而且是身心健康、社会幸福的完美状态。1989 年，世界卫生组织又进一步深化了健康概念，认为健康包括躯体健康、心理健康、社会适应良好和道德健康。显而易见，除了生理、心理、社会适应之外，道德健康也被纳入健康的范畴。不仅如此，世界卫生组织还提出了十分具体的健康标志：（1）有充沛的精力，能从容不迫地应付日常生活和工作，而不感到疲劳和紧张；（2）积极乐观，勇于承担责任，心胸开阔；（3）精神饱满，情绪稳定，善于休息，睡眠良好；（4）自我控制能力强，善于排除干扰；(5) 应变能力强，能适应外界的各种变化；(6) 能抵抗普通感冒和传染病；(7) 体重适当，身材匀称而挺拔；(8) 眼睛炯炯有神，善于观察；(9) 牙齿清洁，无空洞，无痛感，无出血现象；(10) 头发有光泽，无头屑；(11) 肌肉和皮肤富有弹性，步态轻松自如。

近年来，人们对于“健康”的理解已经突破了“身体层面”的局限而更加关注“心理层面”，对于“心理健康”衡量标准的探讨也十分丰富。所谓心理健康，是一种心理功能状态，在这种状态下，人不仅没有主观上不适的感觉，而且能使自己所具备的心理潜能得到充分的发挥。心理健康的人从事某种活动一般能达到比较理想的水平，自身也能得到比较充分的发展；反过来说，如果一个人在某种活动中不能充分地发挥自身的潜能，不能达到理想的水平，就说明他在心理功能的发挥上受到了某种干扰，遇到了某些障碍，也就意味着他的心理发展处于不健康的状态中。

世界卫生组织提出的心理健康标准是：(1) 具有健康心理的人，人格是完整的；自我感觉是良好的；情绪是稳定的，且积极情绪多于消极情绪；有较好的自控能力，能保持心理平衡；能自尊、自爱、自信，有自知之明。(2) 一个人在自己所处的环境中，有充分的安全感，且能保持正常的人际关系，能受到他人的欢迎和信任。(3) 心理健康的人，对未来有明确的生活目标，并能切合实际不断地进取，有理想和事业上的追求。

我国学者俞国良提出的教师心理健康的标准是：(1) 对教师角色认同，热爱教育工作，勤于教育工作，能积极投入到工作中去，将自身的才能在教育工作中表现出来并由此获得成就感和满足感，并免除不必要的忧虑。(2) 有良好和谐的人际关系。具体表现在：了解交往双方彼此的权利和义务，将相互之间的关系建立在互惠的基础上，个人思想、目标、行为能与社会要求相互协调；能客观地了解和评价别人，不以貌取人，也不以偏概全；与人相处时，尊重、信任、赞美、喜悦等正面态度多于仇恨、疑惧、妒忌、厌恶等反面态度；积极与他人做真诚的沟通。教师良好的人际关系在师生互动中则表现为师生关系融洽，教师能建立自己的威信，善于领导学生，能够理解并乐于帮助学生，不满、惩戒、犹豫行为较少。(3) 正确地了解自我、体验自我和控制自我。对现实环境有正确的感知，能平衡自我与现实、理想与现实的关系。在教育活动中主要表现为：能根据自身的实际情况确定工作目标和个人抱负；具有较高的个人教育效能感；能在教学活动中进行自我监控，并据此调整自己的教育观念，完善自己的知识结构，作出更适当的教学行为；能通过他人认识自己，学生及同事的评价与自我评价较为一致；具有自我控制、自我调适的能力。（4）具有教育独创性，在教学活动中不断学习，不断进步，不断创造。能根据学生的生理、心理和社会性特点富有创造性地理解教材，选择教学方法，设计教学环节，使用语言，布置作业等。（5）在教育活动和日常生活中均能真实地感受情绪并恰如其分地控制情绪。由于教师劳动和服务的对象是人，因此情绪健康对于教师而言尤为重要。具体表现在：保持乐观积极的心态；不将生活中不愉快的情绪带入课堂，不迁怒于学生；能冷静地处理课堂情境中的不良事件；克制偏爱情绪，一视同仁地对待学生；不将工作中的不良情绪带入家庭。[①]

本文从中学教师的身、心两个方面阐述中学教师的健康状态。

二、教师身心健康的当前状态

（一）身体健康现状

2005 年 8 月 27 日，中国人民大学公共管理学院组织与人力资源研究所和新浪教育频道联合启动了“2005 年中国教师职业压力和心理健康调查”项目。截至 2005 年 9 月 6 日 24 时，共有 8699 名教师填写了调查问卷。根据李超平博士采用的专业统计软件与技术对调查数据的分析，中国教师的生理健康状况如下图 2—1 所示：

调查结果表明，有 49.2％的被调查教师的生理状况较好。但是，我们也要看到这样一个数据，有 20.7％的被调查教师的生理健康状况不是很理想，因此，有必要进一步加大力度，采取措施来保证教师的生理健康处于相对理想的状态，如为教师定期体检、组织教师参加体育活动等。

① 俞国良，曾盼盼．论教师心理健康及其促进［J］．北京师范大学学报（社会科学版），2001，（1）：21—22.

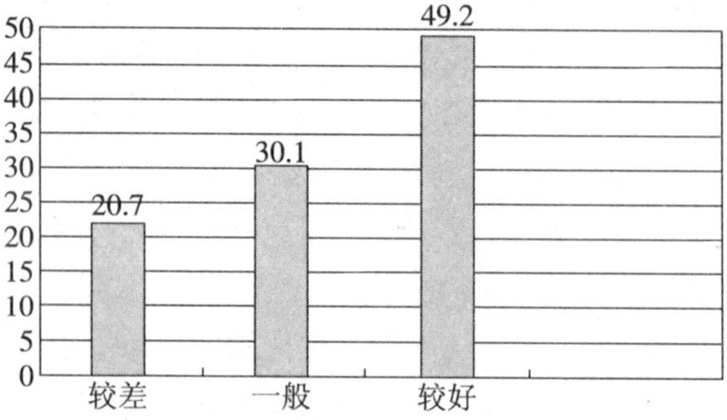

图 2—1　中国教师生理健康状况分布图（单位：%）

本文还对深圳市 S 初级中学的教师进行了个案调查，结果表明，该中学教师的身体健康已经处于"亚健康"状态。由于教师职业的特殊性，咽炎、颈椎病、腰椎病、心脏病等病症在教师群体中屡见不鲜。在该学校的 QQ 群里，老师根据自己的生理健康状态编了这样一个"顺口溜"：

要想死得快，请教语数外；要想死得急，去上早自习；要想死得早，赶快去辅导。

根据深圳市 S 初级中学 2003 年、2004 年、2006 年三年来教师体检报告的统计情况，从三年体检的结果比较来看，该校教师患病率高，三年的总患病率分别是 98.4%、97.1%、98.5%，其中一些职业病，如心脏病、咽炎、鼻炎等，在教师中呈增多趋势（如下图 2—2），尤其是患有咽炎的教师，根据教师 2006 年的体验报告情况可知，75%的教师患有不同程度的咽炎。

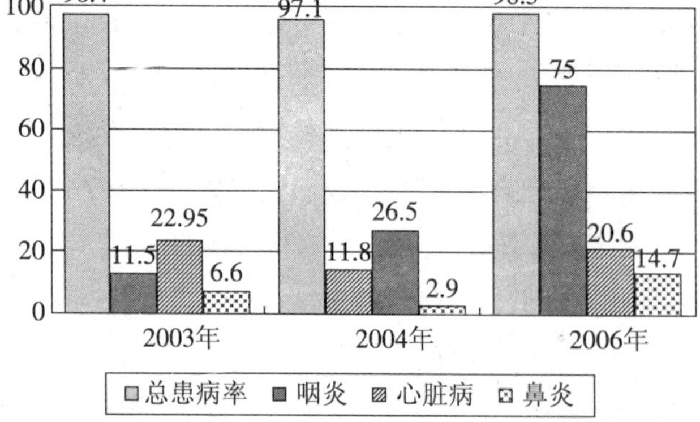

图 2—2　近三年深圳市 S 初级中学总患病率和个别职业病患病率（单位：%）

（二）心理健康现状

根据 2005 年 8 月 27 日中国人民大学公共管理学院组织与人力资源研究所和新浪教育频道联合启动的“2005 年中国教师职业压力和心理健康调查”项目结果分析（数据来源于新浪网），中国教师心理健康状况如下图 2—3 所示：

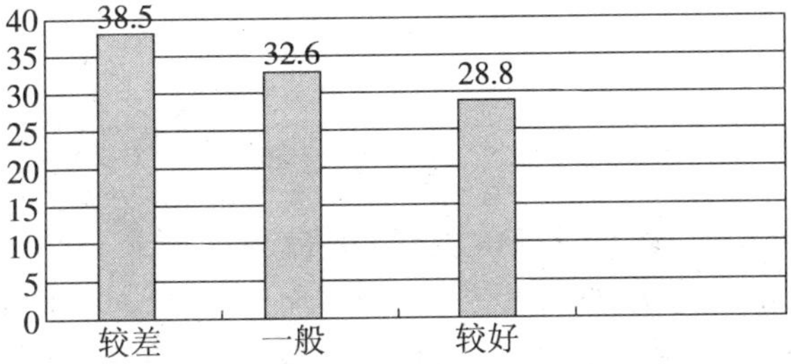

图 2—3　中国教师心理健康状况分布图（单位：％）

由图 2—3 可知，有 38.5％的被调查教师的心理健康状况不佳，只有 28.8％的被调查教师心理健康状况比较好。

过重的工作压力导致教师心理空间被严重挤压和扭曲。以下是深圳市 S 初级中学 L 老师的一段话：

> 我一向不服输，在过去，不管工作再苦再累我都能忍受，可近来不知是何故，我开始变得脆弱、多虑，常常是事情还没开始做，我便事先设想出各种后果，如老是担心自己教不好学生，担心教学质量上不去，担心学生考不过别人……总之，那些考不完的试，做不完的活，操不完的心，压得我几乎透不过气来，整日惶恐不安、心绪不宁，几乎无法正常工作和生活。

这段话反映了当前在教学任务繁重、升学压力过大、工作超负荷的现实情况下，许多中学教师真实的生存状态。据国家中小学生心理健康教育课题组对辽宁省 168 所城乡中小学的 2292 名教师进行的心理检测结果表明，中小学教师心理障碍的发生率高达 50％。从调查数据来看，教师的强迫症状、人际敏感度、忧郁化，以及偏执倾向都比一般人群要高，具体表现为一些教师有时无法控制自己的思想、与人交往不自在、容易猜疑等。

图 2—4 是笔者在 2008 年 9 月在深圳市 S、N 两所中学做的“你现在的

心理健康状况如何”问卷调查结果，从图 2—4 中，我们可以看出，只有 25%的被调查教师心理健康属比较健康状况，20%的被调查教师认为自身心理不太健康，这个问题很值得关注。

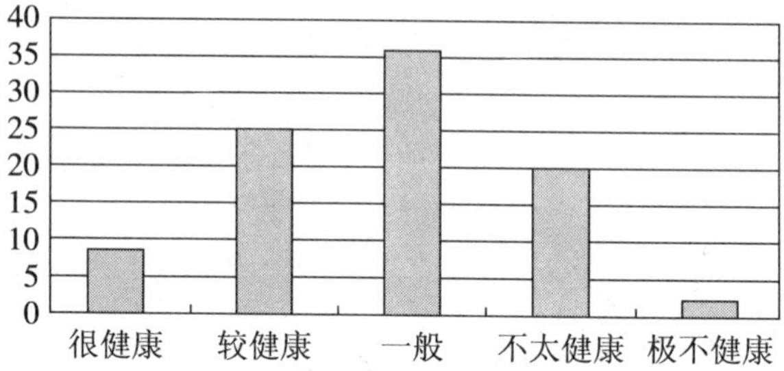

图 2—4　你现在的心理健康状况如何

2006 年 11 月，笔者对深圳市 S 初级中学 31 名教师和 N 高级中学 48 名教师做了《症状自评量表（SCL-90）》的调查，并对数据进行了分析。按中国常模结果，如果测试者 SCL-90 的总分超过 160 分、单项均分超过 2 分，就应作进一步检查；若测试者 SCL-90 的总分超过 200 分，则说明测试者有很明显的心理问题，可求助于心理咨询；若测试者 SCL-90 的总分超过 250 分，则表明测试者的心理问题比较严重，需要作医学上的详细检查，很可能要进行有针对性的心理治疗或在医生的指导下服药。根据上述标准，笔者研究了深圳市 S、N 两所学校教师的心理健康状况。通过统计分析，笔者发现在两所中学的教师中，有明显的心理问题的教师比例很大，并且高中教师的心理问题比初中教师要严重（如下表 2—1）。

表 2—1　《症状自评量表（SCL-90）》教师心理不正常状况统计结果（单位:%）

项目 学校	总分超过 160 分，单项均分超过 2 分	躯体化均分超过 2 分	强迫症状均分超过 2 分	人际敏感均分超过 2 分	抑郁症状均分超过 2 分	焦虑症状均分超过 2 分	敌对症状均分超过 2 分	恐怖症状均分超过 2 分	偏执症状均分超过 2 分	饮食睡眠症状均分超过 2 分
S 初级中学	38.7	51.6	38.7	29	45.2	32.2	38.7	12.9	22.6	29
N 高级中学	52.1	43.8	58.3	39.6	43.8	35.4	43.8	27.1	43.8	37.5

从表2—1可知，深圳市S初级中学教师的心理健康情况是：(1) SCL-90总分超过160分、单项均分超过2分的被调查教师所占比例是38.7%，即存在一定程度的心理问题的被调查教师所占比例是38.7%；(2) 躯体化均分超过2分、远超过正常人群均分1.85分的被调查教师所占比例是51.6%；(3) 抑郁症状均分超过2分的被调查教师所占比例达45.2%；(4) 强迫症状、敌对症状均分超过2分的被调查教师所占比例都达到了38.7%；(5) 焦虑症状均分超过2分的被调查教师所占比例达32.2%。深圳市N高级中学教师的心理健康情况是：(1) SCL-90总分超过160分、单项均分超过2分的被调查教师所占比例达52.1%；(2) 强迫症状超过2分的被调查教师所占比例达58.3%；(3) 躯体化、抑郁、敌对、偏执等四项症状超过2分的被调查教师所占比例都达43.8%；(4) 人际敏感症状超过2分的被调查教师所占比例是39.6%；(5) 饮食睡眠症状超过2分的被调查教师所占比例是37.5%，说明有心理健康问题的高中教师比例更大。

通过调查，深圳市S、N两校教师的主要单项心理异常问题是：(1) 躯体化障碍严重，主要表现为身体不适感，包括心血管、胃肠道、呼吸和其他身体系统的不适感，还有头痛、背痛、肌肉酸痛，以及焦虑的其他躯体表现。有这种状况的被调查教师的比例在深圳市S初级中学高达51.6%，在N高级中学达到了43.8%。(2) 有强迫症状的被调查教师的比例两校都较大。强迫症状主要指那些明知没有必要，但又无法摆脱的无意义的思想、冲动和行为，在深圳市S初级中学，有38.7%的被调查教师出现该症状，在N高级中学有强迫症状的被调查教师比例高达58.3%。(3) 抑郁症状明显。抑郁症主要以苦闷的情感与心境为典型症状，还以生活兴趣的减退、动力缺乏、活力丧失等为特征，还反映失望、悲观以及与抑郁相联系的认知和躯体方面的感受。另外，抑郁症状还包括有关死亡的思想和自杀观念。有这种情况的被调查教师在深圳市S初级中学占45.2%，在N高级中学占43.8%。(4) 有敌对症状的教师比例较大。敌对症表现为厌烦的感觉，摔物，争论直到不可控制的脾气暴发等特征。在深圳市S初级中学，有38.7%的被调查教师有不同程度的敌对症状，在N高级中学有敌对症状的被调查教师的比例高达43.8%。(5) 有焦虑症状的被调查教师所占比例较大。焦虑症一般表现为烦躁、坐立不安、神经过敏、紧张，以及由此产生的躯体征象，如震颤等。有这种状况的被调查教师在深圳市S初级中学占32.2%，在N高级中学占35.4%。(6)有偏执症状的教师所占比例偏高。偏执症主要表现为投射性思维、敌对、猜疑、关系妄想、被动体验和夸大等。在深圳市S初级中学，22.6%的被调查教师有偏执倾向。在N高级中学，情况则更严重，高达43.8%的被调查教师有偏执症，25%的被调查教师的该单项均分在3分以上，说明这些教师是有严重的偏执症。

三、教师身心健康现状的原因分析

中学教师的身心健康问题是比较普遍的，产生这些问题的原因是教师要面临来自社会方方面面的压力，这些问题在某种意义上是社会问题在教师身上的反映，如马克思所说："人的本质不是单个人所固有的抽象物，在其现实性上，它是一切社会关系的总和。"社会关系产生和造就现实的人，产生和规定人的现实的特性、本质和本质力量。通过具体分析，笔者认为这些问题产生的最主要的根源在于教师的"职业压力"和"职业倦怠"。

(一) 职业压力

同大多数学术概念一样，"教师职业压力"也是一个众说纷纭的概念。不同学者因各自研究角度的不同，赋予它的含义也不尽相同。

1. 压力

压力是指个体对在环境中受到的威胁有所知觉或对未来可能发生的不安有所预期，因而对机体产生刺激、警告或使其产生某种活动。具体包括：(1)使人感到紧张的事件或环境刺激；(2)主观反应；(3)人体对伤害侵入的生理反应。从压力的类型上看，压力主要有生活压力和工作压力。从量的角度看，以个体对压力的心理承受力为判断标准，压力可分为强度压力、适度压力和轻微压力。①

我们常常应用的是压力的一般定义，即在要求得不到满足而产生重要

① 孙慧、罗秋期．转型明教师职业压力及其产生的心理机制［J］．教育探索，2004，(12)．

后果（所感知的）的条件下，在需求和反应能力之间的不平衡。换句话说，压力是一种对压力因素中固有要求的心理反应，它有可能使一个人感到紧张或忧虑，因为这个人感到自己没有能力满足这些要求。我们应该认识到，压力本质上并不都是坏的。所有人都要求自己所处的环境有一定程度的刺激性，适当的压力能够起到刺激的作用。但是，当压力造成人高度忧虑和紧张时，它就变成一个严重的问题。人们在承受压力的能力方面表现出个人的差异。有的人个性羞怯，却有高成就需求，这种需要使他在面对挫折时产生很大的忧虑，而一个成就需要较低的人遇到同样的挫折可能不会这么忧虑。

2. 教师职业压力

职业压力归根结底取决于职业特征和压力承受者的个体特征。教师职业压力是教师个体通过评估与对比而感受到工作环境中无法应付的情境，或工作环境不能满足其需要时所产生的一种心理变化和生理反应。引起教师职业压力的环境因素主要有两方面：一是个人的技能和能力与工作环境和职业要求不相符或短时间内完成过多的工作量（即职业要求超过其负荷）；二是个人的需要在工作环境中得不到满足。

一些国外的研究资料表明，教师职业的压力相当大，以至于5年教龄以下的教师离职率很高。“教师中有78%的教师深受压力之苦，压力可能是教师要解决的最糟的健康问题之一。”① 近年来，我国基础教育领域正在进行全面的改革，如职称评定、教师聘任、末位淘汰、按绩取酬等。对教育改革力度的不断加大，既给中小学教师带来新的发展机遇，也对他们形成了更大的挑战和压力。中学教师不仅要承受教育改革带来的巨大压力，还要承受教师职业本身的特殊性带来的各种压力，如学生压力、考试压力、社会期望压力、工作负荷压力等。作为我国经济改革的前沿城市，深圳的人口结构复杂，社会环境复杂，家长层次参差，学生流动性大且其理想观念多元，在这种背景下，中小学教师的压力不言而喻。

3. 中学教师压力现状

2005年8月27日，中国人民大学公共管理学院组织与人力资源研究所

---

① Yvonne Gold, Robert A. Roth. Teacher Managing Stress and Preventing Burnout: The Professional Health Solution [M]. London, The Routledge Falmer, 1993. 18—20, 50—561.

和新浪教育频道联合启动了“2005年中国教师职业压力和心理健康调查”项目。截至2005年9月6日24时，总共有8699名教师填写了调查问卷。调查显示，教师生存状况堪忧，减压势在必行。

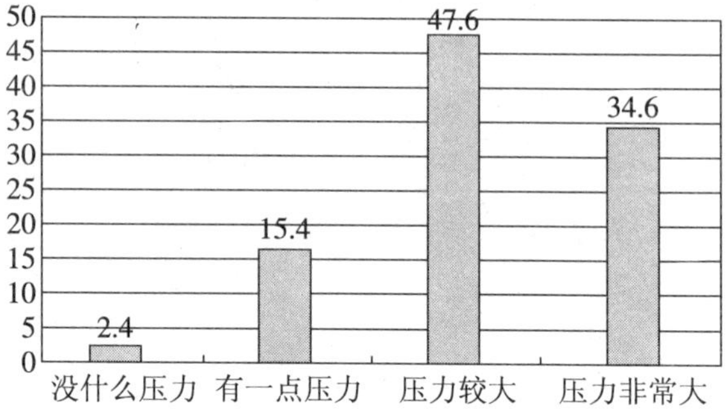

图2—5　中国教师压力状况分布图（单位:%）

根据调查的统计结果（见图2—5）表明，有34.6%的被调查教师反映压力非常大，有47.6%的被调查教师反映压力比较大，这说明绝大部分教师感觉压力大。教师的压力已经成为我国教育改革必须关注的问题之一。教师为什么会感觉压力很大？为什么部分教师会出现心理健康问题？本次调查结果表明，对我国教师来说，有10种最主要的原因导致了压力的产生（见表2—2）

表2—2　我国教师压力源重要性程度表

压　力　源	重要性程度
自己的工作得不到客观、公正的评价与回报	▲▲▲▲▲
规章、制度与要求不合理	▲▲▲▲▲
过多僵化的考核与评比	▲▲▲▲▲
工作得不到领导的理解与支持	▲▲▲▲
被动地适应单位的各种改革	▲▲▲▲
教学管理负担过重	▲▲▲▲
工作缺乏成就感	▲▲▲▲
学校与家长过分关注学生的分数	▲▲▲▲
社会地位不高	▲▲▲
经济负担重	▲▲▲

（注：▲越多，表明压力源越重要）

造成中国教师生存状况不佳的主要原因可以划分为：（1）薪酬与回报（包括工作得不到客观、公正的回报，工作缺乏成就感，经济负担重）；（2）管理制度与体系（包括规章、制度与要求存在很多不合理的地方，被动地适应单位各种改革，工作得不到领导的理解与支持）；（3）绩效管理（包括过多僵化的考核与评比，教学管理负担过重）；（4）社会环境（包括社会地位不高，学校与家长过分关注学生的分数）。

2005 年 9 月，《南方日报》开展了“深圳教师生存状态大调查”，在教师节前夕，该报社联合深圳新闻网，以及深圳实验中学、深圳市南头中学、深圳市园岭小学、深圳市福田区竹园小学、深圳市梧桐小学等学校，有针对性地制作了“学生篇”“教师篇”和“社会篇”3 份问卷调查，并回收到 2500 多份有效问卷，数据统计结果如下图 2—6 所示：

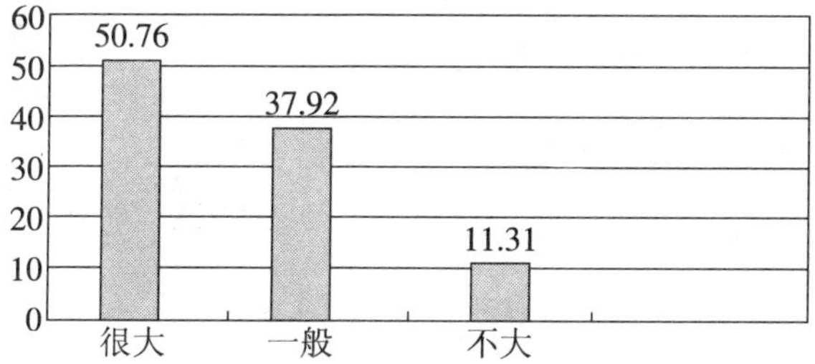

图 2—6　深圳市中小学教师压力状况分布图（单位：%）

由上图 2—6 可知，关于深圳市中小学教师的压力，有 50.76%的教师认为压力很大，有 37.92%的教师认为压力一般，只有 11.31%的教师认为压力不大。

2007 年 3 月，笔者就工作强度和压力问题在深圳市 S 初级中学做了问卷调查，调查表明，该校教师普遍感到工作强度大，压力大。有 85%的被调查教师认为教师职业是高工作强度的职业，认为相当有压力的被调查教师占 62.5%（见下图 2—7）。

深圳市 S 初级中学教师“压力源”的调查结果表明，造成教师“压力很大”的最主要因素依次为（见表 2—3）：

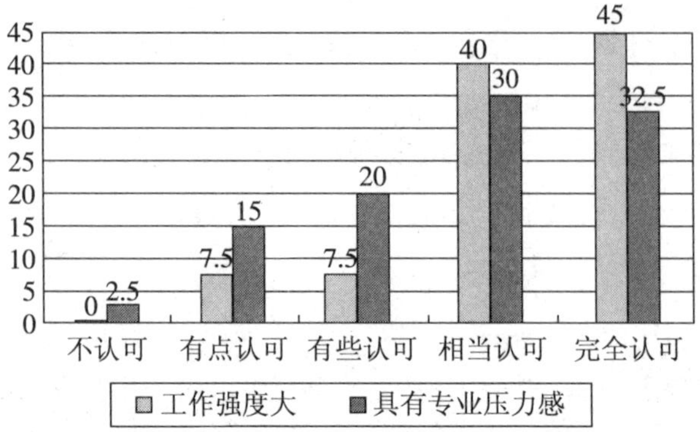

图 2—7　深圳市 S 初级中学教师工作强度和压力情况分布图（单位:%）

表 2—3　深圳市 S 初级中学教师压力源重要性程度表

压　力　源	重要性程度	感到压力很大的教师比例（%）
11. 学生缺乏学习动机，对学习没兴趣 28. 担心所教学生的考试成绩不理想	▲▲▲▲▲	48.9
10. 学校或教育行政部门的各种要求太多	▲▲▲▲▲	46.7
29. 担心所教班级学生的升学率 41. 有些学生的成绩总提不上来	▲▲▲▲▲	40
39. 平均日工作时间太长 40. 社会对教师期望和要求过高 46. 个别差生的工作难做	▲▲▲▲	37.8
20. 学生家长不理解教师工作	▲▲▲▲	35.6
12. 担心学生的安全 27. 学校用学生考试成绩衡量教师的工作水平 38. 教学准备、批改作业等工作量太大 45. 学生家长对老师期望很高	▲▲▲▲	33.3
42. 学校各种形式主义的活动或检查太多 44. 担心学生考试排名太差 13. 学生不礼貌，不守纪律	▲▲▲▲	31.1

续表

压 力 源	重要性程度	感到压力很大的教师比例（%）
34. 教师必须对学生的考试成绩负责 35. 每天说话太多、太累	▲▲▲	28.9
1. 班级人数太多 2. 教师社会地位低 9. 担心被辞退 32. 学生不能及时、准确掌握所教的知识 33. 学校根据学生考试成绩评定教师的职称、奖金	▲▲▲	24.4
3. 报酬少，在经济上感到窘迫	▲▲▲	22.2

将深圳市S初级中学的上述问卷中的“压力较大”和“压力很大”两项合起来归为“压力大”进行统计，结果显示该中学教师压力源主要来自以下诸方面（见表2—4）：

表2—4 深圳市S初级中学教师压力源重要性程度表

压 力 源	重要性程度	教师压力大的教师比例（%）
10. 学校或教育行政部门的各种要求太多	▲▲▲▲▲	77.8
11. 学生缺乏学习动机，对学习没兴趣	▲▲▲▲▲	75.6
40. 社会对教师期望和要求过高	▲▲▲▲▲	73.3
39. 平均日工作时间太长 41. 有些学生的成绩总提不上来	▲▲▲▲	68.9
46. 个别差生的工作难做 12. 担心学生的安全	▲▲▲▲	64.4
28. 担心所教学生的考试成绩不理想 44. 担心学生考试排名太差 42. 学校各种形式主义的活动或检查太多	▲▲▲▲	62.2

续表

压　力　源	重要性程度	教师压力大的教师比例（%）
1. 班级人数太多 6. 教师晋级困难 29. 担心所教班级学生的升学率	▲▲▲▲	60
13. 学生不礼貌，不守纪律 27. 学校用学生考试成绩衡量教师工作水平 38. 教学准备、批改作业等工作量太大 45. 学生家长对老师期望很高 34. 教师必须对学生的考试成绩负责	▲▲▲▲	57.8
35. 每天说话太多、太累 33. 学校根据学生考试成绩评定教师的职称、奖金 32. 学生不能及时准确掌握所教的知识 3. 报酬少，在经济上感到窘迫	▲▲▲▲	51.1
20. 学生家长不理解教师工作	▲▲▲	46.7
2. 教师社会地位低 9. 担心被辞退 16. 学生不服从指令	▲▲▲	44.4

调查结果表明，造成深圳市S初级中学教师压力的直接因素按重要程度依次为：(1) 管理制度的不合理，如“学校或教育行政部门的各种要求太多”，制约了教师的自主性和积极性的发挥，教师觉得自己在控制中工作，压力极大；“学校各种形式主义的活动或检查太多”，过多僵化的考核与评比、被动地适应单位各种改革导致教师面临的事情繁多，因劳累而形成压力。(2) 学生成绩不佳。由于“学校根据学生考试成绩衡量教师工作水平，评定教师的职称、奖金”，教师对学生的学习成绩十分关注，有75.6%的被调查教师认为“学生缺乏学习动机，对学习没兴趣”是自己压力的来源；“有些学生的成绩总跟不上”“担心所教班级学生的升学率”等成为教师的压力。(3) 绩效管理，负担过重。“教学准备、批改作业等工作

量太大”“平均日工作时间太长”直接导致教师要承受精力、体力的重担。(4) 社会环境，如“教师社会地位低”“学生家长对老师期望很高”“社会对教师期望和要求过高”导致教师精神压力极大。(5) 薪酬与回报，如“工作得不到客观、公正的回报”“报酬少，在经济上感到窘迫”，经济基础决定上层建筑，教师没有很好的经济保障也是压力的来源之一。

另外，通过研究发现，“缺少进修和接受继续教育的机会”“知识日新月异，自己有些跟不上形势”“缺乏必要的设备和教学材料”等并没有给教师造成压力，而“自己的家庭关系不太融洽”“家人不理解、不支持自己的工作”或者“与某些学生、同事关系紧张”等更没有构成对教师的压力，教师的压力既不是来源于自己具备的知识，也不是因为家庭或者学校的人际关系，更多的是被外在赋予的。

4. 中学教师压力的成因

总体来说，教师职业压力的成因可以分为与教师职业相关的外部环境因素和教师个人因素两大类。

(1) 外部环境因素

① 学生因素

教师的劳动对象是不断变换的生命个体，其个性、思想及在课堂中的行为都在不断发生变化。面对这些变化，有许多教师在努力适应，也有许多教师感到束手无策，只得感叹“现在的学生真难教”，而家长、社会和学校对教师的要求与期望却又比以往都高。可以说，“学生因素”是形成教师职业压力的最重要外因。通过对深圳市 S、N 两所学校的 182 名教师的调查得出（如下图 2—8)，62%的被调查教师希望自己的工作得到学生的认可，这也说明学生给予教师的思想压力是教师目前思想压力的来源之一。

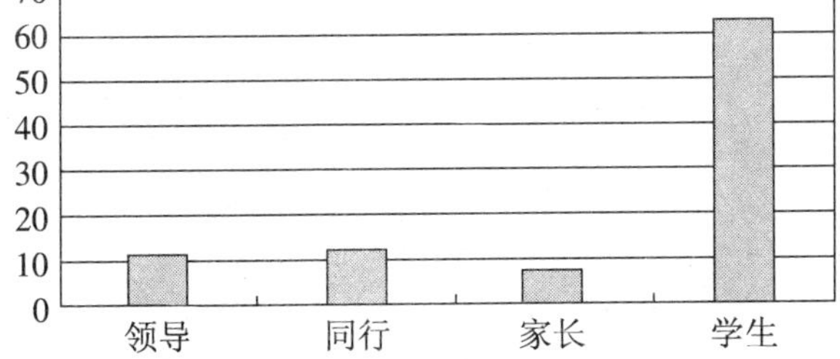

图 2—8　你最希望自己的工作得到谁的认可（单位：%）

首先，随着信息化时代的到来，传播信息的途径也愈来愈多，学习与外界之间的“围墙”已经不复存在，学生获得知识和信息的渠道增多，他们在接受学校正面教育的同时，也面临着社会上美与丑、文明与愚昧、先进与落后、规范与不规范的矛盾冲突，接收的信息可谓良莠不齐。因此，要做到有良知、尽责任，教师必然要比以往付出更多的精力和时间。

其次，学生的个性愈发张扬，在“给予学生主体地位”的呼声下，教学愈发侧重学生的个性自由。然而，学生在获得这种思想上的学习自由时，往往把它扭曲为纪律上的随意，于是，教师的权威地位受到不应有的挑战。有的教师面对学生的这种“个性自由”时感到无所适从，而自身的责任感、家长的要求和社会的期望又迫使教师不得不日复一日地面对这种局面并作出相应的回应，过度的职业压力也就随之产生。

最后，复杂的家庭环境下成长起来的学生个性各异。现代社会的发展变化导致传统的核心家庭结构变成混合家庭、单亲家庭或祖父母代养等复杂结构，也使学生的思想、行为复杂化，给中学教师的教育教学造成了极大的压力。

② 社会对教师的高要求、高期望及教育改革的频繁进行

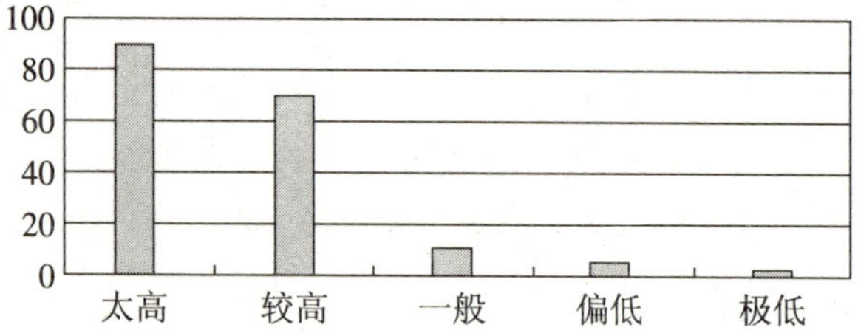

图 2—9　你认为社会对老师的要求（单位:%）

第一，社会对教师的要求和态度不时让教师感到压力的存在。通过对深圳市 S、N 两所学校的 182 名教师的问卷调查表明（见图 2—9），认为社会对教师要求太高及较高的被调查教师高达 92%，社会要求与教师自身要求存在强烈反差。随着社会对教师监督的不断增强，教师的职业压力也愈来愈大，教师取得的成绩可能不为人知晓，可教师但凡做错事情，便会被社会媒体和新闻机构大肆渲染，这种新闻宣传也给教师带来不同程度的压力。调查表明，高达 71%的被调查教师认为社会媒体对教师的社会舆论导向主要起消极作用（见图 2—10），可以说这给教师造成一定的困扰。教师

被比喻成“生活在鱼缸中的人”，领导、家长和学生都在注视着他们，不断地被监督必然会让教师在做事情时要谨小慎微，也就对某些老师造成了难以承受的压力。

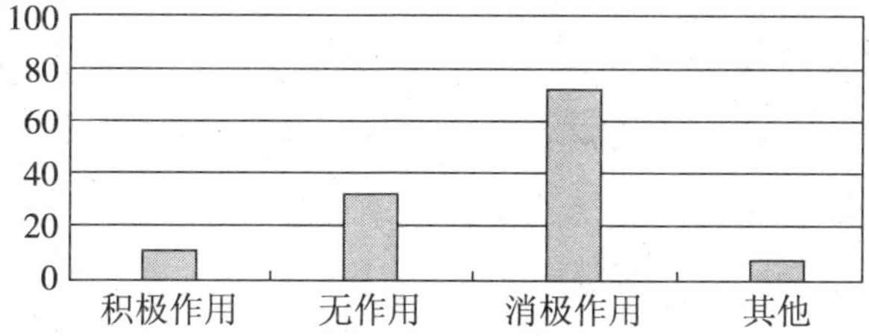

图 2—10　社会媒体对学校教师的社会舆论导向的作用

第二，中高考是教师难以承受的痛。社会、家长、行政主管部门对学校的评价以学生在中考和高考的考试成绩为标准，中学教师在中高考的“指挥棒”下苦苦耕耘，几乎不堪重负。调查表明，37%的被调查教师每天的工作时间是 10～11 小时，相对于其他职业的朝九晚五的工作时间来说，教师每天的工作时间过长，这不利于身心健康的发展（见图 2—11）。

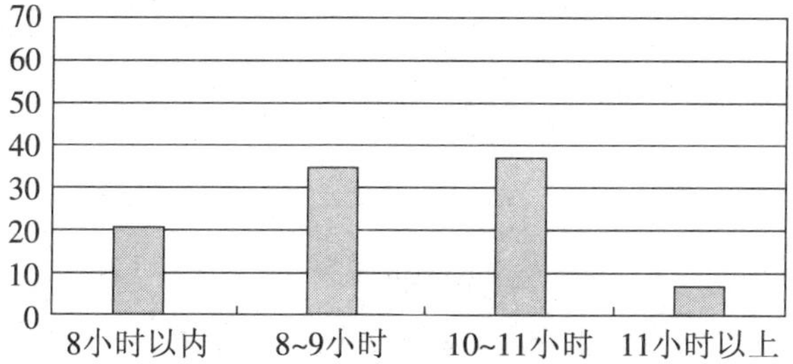

图 2—11　你每天工作的时间是多少

第三，各级各类评级、评估、评比等更是教师不得不承担的重负。在学校，教师要面临各种各样的评估或评比，当然，不能否认，这些评比的作用是激励教师发挥主观能动性，更好地促进学生的发展，但是，很多活动都带有功利的目的，如职称的评选与教师工资等福利挂钩，优秀班集体的评比等更考验教师管理班级、管理学生的能力，有评比就会有竞争，教师的压力也就随着这些评比活动产生了。

③ 教师职业地位的相对低下

教师的职业地位是指教师职业在整个社会职业体系中所处的位置。人的职业地位主要由三个要素构成：职业声望、报酬和权威。我们应该看到，教师的职业声望是“朦胧的”；教师的薪水“比付给蓝领工人的薪水要高，而比多数专业人员的薪水要低”；教师的权威一般也不大，在课堂上和面对家长时的传统权威现在也面临挑战。

④ 教师职业角色的多重性和角色冲突

一个人在扮演或充当多种角色时就有可能面临角色冲突的情况发生。教师生活在错综复杂的社会关系中，拥有多重社会身份，也扮演多重社会角色。仅在教学过程中，教师就要充当如下多种角色：知识的传播者、学习的发动者、组织者和评定者；父母长者、朋友和管理人员；榜样和模范公民[①]；学生灵魂的塑造者；教育科学研究人员。当教师对这些角色无法协调时，角色冲突就可能产生，并会导致如紧张、焦虑等消极情绪的产生或工作效率与角色实践的降低等。

⑤ 教师承载的权力关系复杂

教师承载的权力关系复杂，其权力运行的轨迹呈现反“E”形（如下图2—12）。

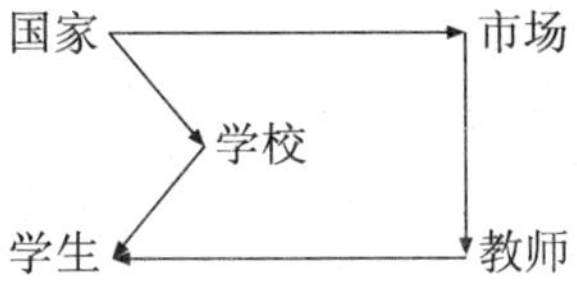

图 2—12

对教师而言，承载多种权力关系不但不意味着权力的拓展，反而意味着义务的增加，因为教师在承担繁重的教育教学工作的同时，还要在不同的权力主体之间做大量的协调、解释、沟通和调节工作，各种权力主体之间一旦产生冲突，教师就无可避免地成为矛盾的焦点，因为在很多人看来，各种矛盾的产生的根源在于教师缺乏敬业精神或教师整体素质不高。

⑥ 师生、同事及与上司之间的人际关系

人际关系的紧张是教师经常面临的一个问题。教师在工作中不可避免地要与他人交往并发生关系，这既包括与上司的关系、与教师群体内部的

① 社会对教师的期望远远高于其他行业人员，教师劳动的特点决定了教师需要始终扮演模范公民的角色，不仅要通过“言传”而且更重要的是要通过“身教”影响学生。

人际关系，也包括与学生以及与学生家长的人际关系。而教师劳动的特殊性使教师难以扩展人际关系网，因此便缺乏可靠的社会支持系统。于是，由人际关系及其处理方式导致的压力便不可避免地产生了。调查表明（如图 2—13），57％的被调查教师认为领导的要求是自己工作压力的主要来源。

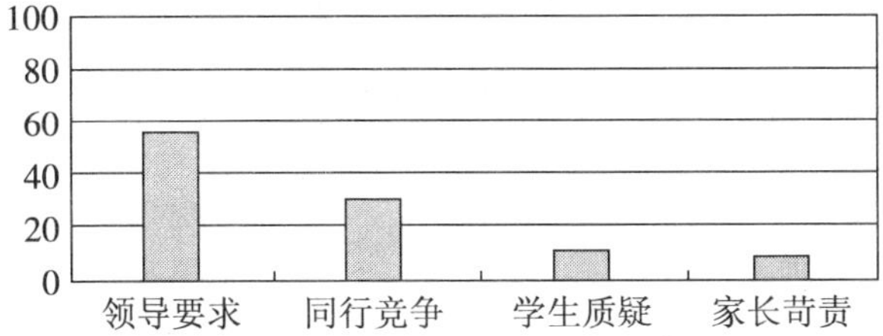

图 2—13　你的工作压力主要来源于哪里（单位：％）

（2）教师个人的因素

① 教师的职业价值观。职业价值观是人们对待职业的一种信念和态度，也是人们在职业生活中表现出来的一种价值取向，它对人的一生有重要的影响。教师的职业价值观主要包含三个因素：第一个是“保健”因素，包括职业环境好、收入高、福利待遇好、职业稳定等与物质利益保障有关的因素；第二个是“声望地位”因素，包括有较高的社会地位、较高的经济地位、较高的声望和较多晋升机会等；第三个是“发展”因素，包括能充分发挥自己的才能、机会均等、公平竞争、自主性大、能提供进一步受教育的机会、与个人的才干发挥和发展等有关的因素。当教师发现自己的价值取向与现实条件和要求不一致或不能很好地实现时，教师的内心就会产生冲突，并会产生压抑、迷茫、焦虑等消极情绪。

② 教师的感受力。第一，它主要表现为教师个体狭隘的生活：一是指物质生活空间的相对狭小，二是指教师精神生活的相对狭隘。教师的类生存方式已将教师基本的生存居所规定为学校和教室。作为类的样品，教师个体在学校的生活时间占据了其日常生活的绝大部分时间。另外，学校教育与日常生活有一定程度的相对隔离，也造成了教师“两点一线”式近乎单调的生活方式。生活空间的相对狭小以及来自各方面的教学压力使教师少了应有的从容和闲情。除此之外，由于社会的高度期望以及教师自己强烈的责任感，很多教师埋头于教育教学，甚至于“两耳不闻窗外事”。为了提高自己的教学水平和教学成绩，以及应付各种学历要求，很多教师会从

本就很少的课余时间中抽出时间来参加各种短期培训和学习班，他们倾心于各种关乎自己生计并能够有立竿见影效果的实用知识、技术和技巧。繁重的教学任务以及课余众多此类方式的“充电”，使他们很难有更多的时间思考自己的人生、社会理想和伦理观念等，他们的精神生活因此也就显得相对狭隘。第二，教师个体重复的生活。教师使用的几乎是相同的教材，面对的是相近的教法、相似的学生，如此日复一日、年复一年，教师似乎每天都在重复着“备课—讲课—批改作业”的工作。重复而又繁忙的生活往往形成一种惯性，它不仅会消融教学生活应有的新意和情趣，而且会消磨教师的生命感受和生命活力，久而久之，教师容易形成职业倦怠。更为严重的是，如果教师在缺乏突破和改变的日常生活中生活时间过长，就会对这样的生活方式习以为常、自我满足，从而缺失寻求新的更高的目标和意义的意愿和行动。

③ 教师的自我期望与自身能力不一致。教师对自己不切实际的职业预期与自己实际的能力水平之间的差距，也是造成教育职业压力的主要来源之一。

（二）职业倦怠

1. 内涵

所谓“倦怠（burnout）”，一般是指“失败、精疲力竭，或因过度消耗精力、资源而变得枯竭”。“职业倦怠”一词是由美国心理学家费登伯格于1974年首次提出的，它被用来描述那些服务于助人行业的人们因工作时间过长、工作量过大、工作强度过高所经历的一种疲惫不堪的状态。职业倦怠主要包括三部分：（1）情绪衰竭，指个体情绪情感处于极度疲劳状态，工作热情完全丧失；（2）非人性化，指个体以消极、否定或麻木不仁的态度对待来访者；（3）低个人成就感，指个体评价自我的意义与价值的倾向降低的现象。根据费登伯格的描述，我们认为，职业倦怠实际上就是指人们对自己所做工作缺乏主动性，兴趣不高，感到厌烦，不得已而为之，从而产生一种身心俱疲的状态，导致工作能力和工作绩效降低的现象。国际上普遍认为，工作倦怠（job burnout）指个体因为不能有效地应对工作上延续不断的各种压力，而产生的一种长期性反应，包括情绪衰竭、玩世不恭或者去人性化和成就感低落等。所谓“教师的职业倦怠”，指教师对从教工作缺乏动力和兴趣，勉强维持教学工作，在教师内心产生的一种对教书育人的厌烦和心力俱疲的状态，导致教育能力和工作绩效降低的现象，它是教师不能顺利应付工作的一种应激反应，是教师在长期压力体验下所产生的情绪、态度和行为的衰竭状态。国外研究表明，教师是职业倦怠的高发群体。我国相当比例的中学教师都存在心理问题，部分教师的心理压力已对教学产生了消极影响，明显地表现出职业倦怠的症状——工作满意度低、工作热情和兴趣的丧失以及情感的疏离与冷漠等。

台湾学者刘淑君综合了多位学者的调查研究，归结出教师职业倦怠的下列症状：

（1）生理症状。此方面的症状反映出生理能量耗竭的状态，主要表现为：① 耗竭感、缺乏精力、持续疲惫、虚弱；② 对疾病抵抗力薄弱，常感冒或有各种生理上的小毛病；③ 心身症状，如偏头疼、紧张性头疼、胃肠不适、失眠等；④ 滥用药物、酒精或其他刺激性食物；⑤ 饮食习惯或体重骤然改变。

（2）认知症状。此方面的症状反映出心智耗竭的状态，涉及负面自我态度及对他人、工作、生命的负向态度之发展。① 在自我态度方面倾向于低自我概念，包括不适应、无能感、失败感、低自尊；② 在对他人态度方面，对当事人采取非个人化的态度，并常责备当事人的防卫，缺乏动机，没有头脑，以合理化自己的失败，对同事则持多疑、妄想的态度；③ 在工作态度方面，因不满意而常迟到、请假、中断工作、消极，同时丧失理想，缺乏动机，欠缺热忱及人道主义的观点，缺少心理上的投入，抗拒改变，固执而无创造力，注重个人工作上的舒适及福利，不相信努力会有结果；④ 在生命态度方面，采取悲观、否定主义，愤世嫉俗。

（3）情绪症状。此方面的症状反映出情绪耗竭的症状，包括各种纷扰、矛盾的情绪。① 感到沮丧、无助、无望，失去控制感，乃至被极端的心理病态所困；② 罪恶感，想逃避当事人却又觉得不应该；③ 无聊、空虚，觉得自己无法给任何人任何东西；④ 易怒、神经质、容忍度低；⑤ 冷漠；⑥ 悲观。

（4）行为症状。在人际关系上变得疏离、退缩、摩擦增多，在工作上变得机械化，工作能力降低，此外，可能采取一些冒险行为，以打破长期以来单调的例行工作。①

2. 现状

“得天下英才而教之”和“太阳底下最光辉的职业”是社会对教师职业的赞美，也透露出社会对教师这一职业的界定。能得到如此荣耀的赞美，教师应该感到快乐和幸福。然而，当日复一日、年复一年的重复性劳动和轨道式生活取代了对教师职业的憧憬和向往之后，在三尺讲台站立的教师逐渐开始出现职业倦怠。经过调查发现，有相当一部分教师，特别是背负着学生升学率和职称评定等压力的中学教师，在自己的工作中并没有感受到太多的快乐和幸福，而是逐渐出现职业倦怠。

根据 2005 年 8 月 27 日，中国人民大学公共管理学院组织与人力资源研究所和新浪教育频道联合启动的“2005 年中国教师职业压力和心理健康调查”项目结果显示，我国教师的工作倦怠主要表现为情绪衰竭、玩世不恭、成就感低落三个方面。

(1) 情绪衰竭

情绪衰竭是指个人认为自己所有的情绪资源（emotion resources）都已经耗尽，感觉工作特别累，对工作缺乏冲劲和动力，在工作中会有挫折感、紧张感，甚至出现害怕工作的情况。

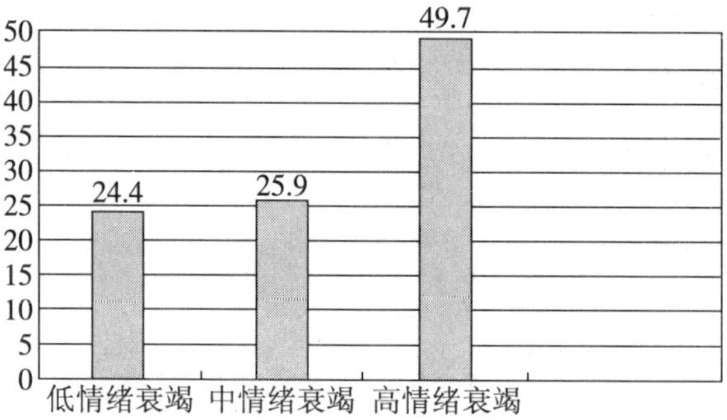

图 2—14　中国教师情绪衰竭情况分布图（单位：%）

图 2—14 表明，有 49.7%的被调查教师有较明显的情绪衰竭，只有

---

① 苏素美．美国教师的“职业倦怠”之探讨［J］．台湾：教育资料文摘，1995，(3)：135—147.

24.4%的被调查教师情绪衰竭程度较低或者没有出现情绪衰竭的情况。从该柱状图我们可以看出，国内有很大一部分教师在工作中有比较累的感觉，对工作缺乏冲劲和动力，情绪衰竭的程度比较严重。

（2）玩世不恭

玩世不恭是指个体会刻意与工作以及其他与工作相关的人员保持一定的距离，对工作不像以前那么热心和投入，总是很被动地完成自己分内的工作。

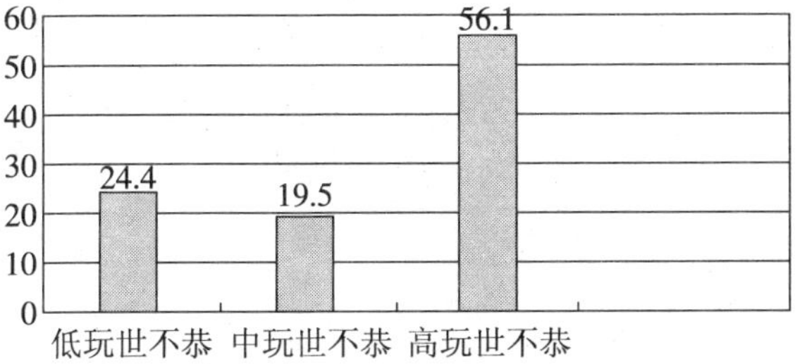

图 2—15　中国教师玩世不恭情况分布图（单位:%）

调查结果表明，在玩世不恭这一维度上，有 56.1%的被调查教师得分比较高，只有 24.4%的被调查教师得分较低。由此可以看出，教师中有超过 50%的人对工作不像刚参加工作的时候那么有热情和动力，总是很被动地完成自己分内的工作，或者抱着一种“应付”的心态在工作，有时甚至还会有不关心教学质量与成效、不关心学生成长的情况发生。

（3）成就感低落

成就感低落是指个体会对自身持有负面的评价，认为自己不能有效地胜任工作，或者认为自己的工作对社会、对组织、对他人并没有什么贡献。

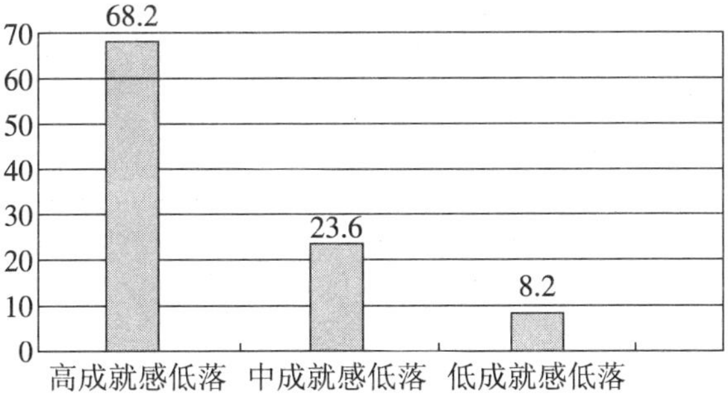

图 2—16　中国教师成就感低落情况分布图（单位:%）

调查结果表明，在所有被调查的教师中，有68.2%的教师成就感低落，对工作没有成就感，只有8.2%的教师对自身的评价较高，具有较高的成就感，认为自己能有效地胜任工作。

为了对所有被调查教师的工作倦怠情况有一个整体的认识，这项调查还分别以“一项指标出现工作倦怠”“两项指标均出现工作倦怠”“三项指标均出现工作倦怠”为标准，对所有被调查教师进行了分析。结果如下（见图2—17）：

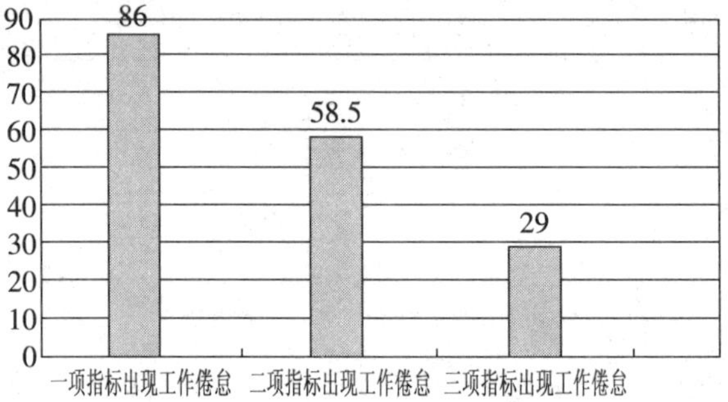

图2—17　中国教师工作倦怠总体情况分布图（单位:%）

调查结果表明，如果以“一项指标出现工作倦怠”作为标准，有86%的被调查教师出现工作倦怠。也就是说，如果我们把“一项指标出现工作倦怠”作为轻微工作倦怠的标准，则有86%的被调查教师至少出现轻微的工作倦怠；如果以“两项指标均出现工作倦怠”作为中度工作倦怠的标准，则有58.5%的被调查教师出现了中度的工作倦怠；如果以三项指标均出现工作倦怠为标准，也就是教师出现“高度工作倦怠”，则我们可以发现有29%的被调查教师符合这一标准。从这一调查结果我们可以看出，绝大部分被调查教师有轻微的工作倦怠，或者说出现了一定程度的工作倦怠；而有29%的被调查教师出现比较严重的工作倦怠。

那么，深圳的中学教师职业倦怠又有哪些表现呢？通过“教师专业地位问卷”①，从职业认同、职业成就感、专业权力、工作强度与压力及发展机会等方面的调查情况来看，主要问题表现为以下几点：

① “教师专业地位问卷”调查情况可参见“教师专业发展”中关于“专业地位”的问卷调查情况。

（1）职业认同感不高

在深圳市S中学教师中，“自我认同该专业，认为从事教师职业有一种尊严感，不为外力所动”的教师所占比例只有25%，42.5%的被调查教师职业认同感低（见图2—18）。“只有当人们觉得有些事是他们真心想要和关心时才会产生执着感”，不认同自己从事的职业当然就缺乏工作热情和积极性，更不会有执着感。

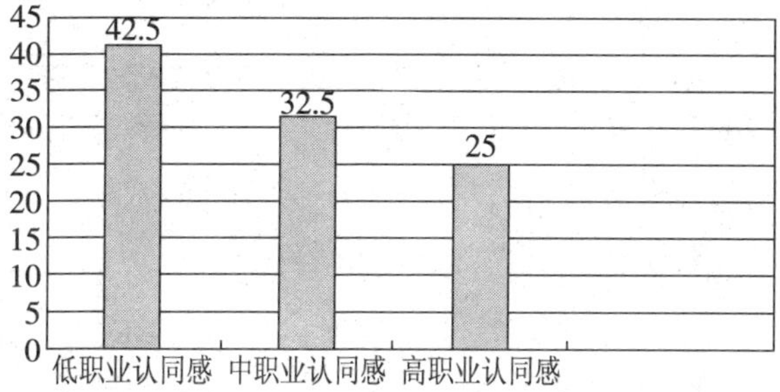

图2—18　深圳市S初级中学教师职业认同感情况分布图（单位：%）

教师职业认同感低与职业成就感、专业待遇、从业权力、被尊重感和发展机会等因素有关。我们可以从这些问题的调查结果中发现问题所在。

（2）工作中成就感较低

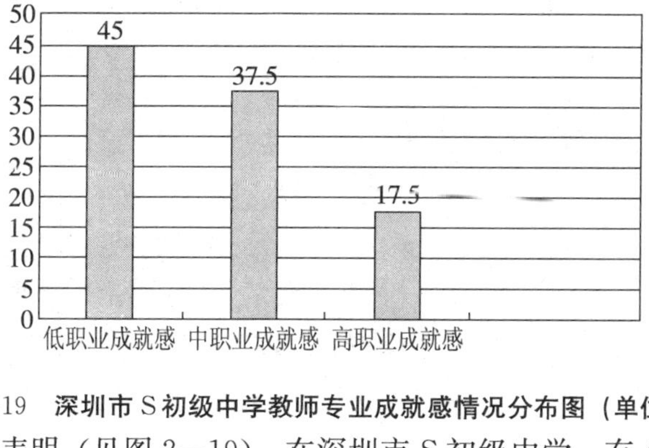

图2—19　深圳市S初级中学教师专业成就感情况分布图（单位：%）

调查结果表明（见图2—19），在深圳市S初级中学，有45%的被调查教师成就感低；有17.5%的被调查教师对自身的评价较高，具有较高的成就感，认为自己能有效地胜任工作。

（3）专业权力缺失

调查表明（见图2—20），在深圳市S初级中学，有60.8%的被调查教

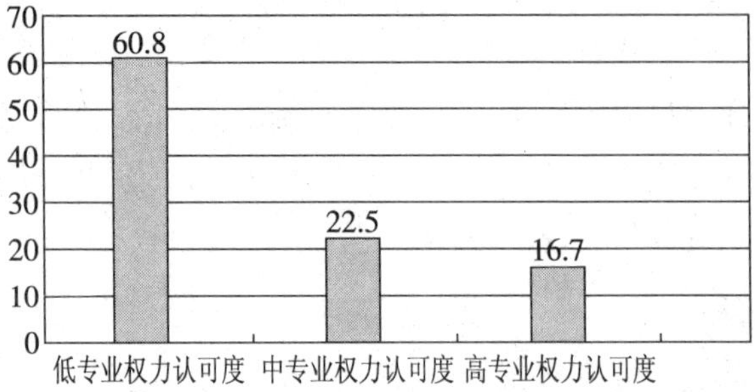

图 2—20　深圳市 S 初级中学教师专业权力认可度情况分布图（单位：%）

师认为自己的专业权力低，只有 16.7%的被调查教师认为自己有相对大的专业权力。尤其是在对教师进行的“从事该职业拥有的权力大”的调查中，很认可自己有专业权力的被调查教师比例只占 2.5%，97.5%的被调查教师认为自己没有什么专业权力。另外，教师认为“在确定工作任务时有发言权”“在教学上能独立思考、自主决策和行动”等方面都很少有自主权。

（4）没有得到校内外应有的尊重

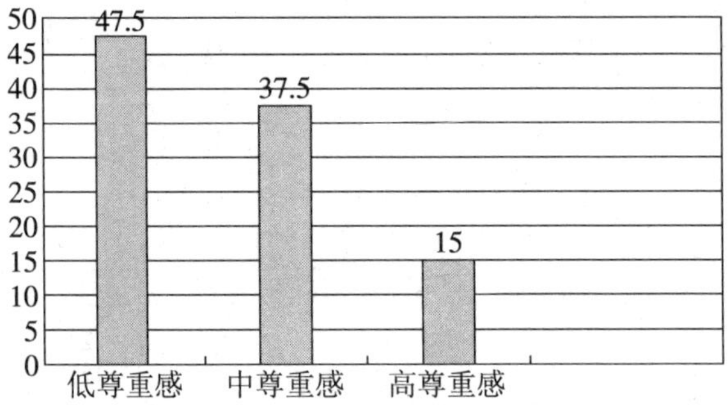

图 2—21　深圳市 S 初级中学教师被尊重感情况分布图（单位：%）

教师职业虽然被誉为“太阳底下最辉煌的职业”，教师也拥有“人类灵魂的工程师”等美誉，但教师的被尊重感并不高。调查结果表明（见图 2—21），在深圳市 S 初级中学，有 47.5%的被调查教师感到没受到应有的尊重，或被重视和肯定，只有 15%的被调查教师有被尊重感。尤其是在对教师进行的“在校外受到尊重”的调查中，70%的被调查教师不认为自己在校外受到尊重，只有 5%的被调查教师很认可自己受到尊重。

（5）发展空间有限

调查表明（见图 2—22），教师对“专业稳定，发展空间广阔”“拥有平等的专业成长与发展机会”“拥有平等的职称、行政职务晋升机会”明显不认可，认为自己的工作发展空间有限，发展机会少。

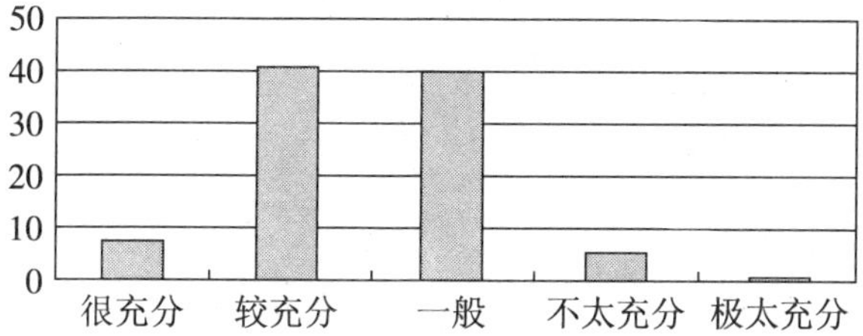

图 2—22　学校为你的发展提供的机会充分吗（单位:%）

职业成就感低下、专业待遇不能满足需求、从业权力小、没有充分的被尊重感和发展空间有限等因素，导致教师职业认同感很低，教师经常会感到“无聊”和“单调”，甚至感觉自己的工作没有太大意义。“无聊”和“单调”是意义的空虚感，它说明人们的生命活动已经囿于某种既定的模式或格局，陷入单调的重复和简单的循环之中，失去了生机、活力和创造性，失去了自觉自由的向度，所以人会感到“空虚”，从而出现职业倦怠。

3. 成因

教师职业倦怠是由工作压力引起的，但教师职业倦怠却不是对工作中某一特定事件的及时反应，而是在较长一段时期内，教师对工作中所遇到的压力，在情绪上产生的一种低强度递进的反应过程。导致中小学教师工作压力及职业倦怠的原因是多方面的。

（1）职业因素

教师自身的一些特点决定了其在工作中常常处于持续的高压力之中，易产生倦怠。

首先，工作负担过重，工作时间过长。工作时间的连续性和空间的广延性是教师职业的显著特点。教师除了在上班时间要进行的紧张忙碌的工作外，还有大量的工作如查阅资料、对学生进行家访、做科研等需要利用下班时间去做。另外，为了适应知识经济时代知识更新加速以及持续不断的教育改革的需要，教师还必须利用“业余时间”不断学习本学科领域的最新进展和教育教学理论的最新知识。长时间的超负荷运转，使不少教师在心理上和情绪上处于极度疲劳和衰竭的状态。

其次，教师角色冲突和角色模糊。当个体面对种种冲突而又被期望做出角色行为时，角色冲突就会出现。这时，如果个体不能妥善调和这种不和谐，压力就会随之产生。教师所要扮演的角色越来越多重化，而这些角色行为有时是相互矛盾的。教师因在工作中常常面对的角色冲突和角色模糊的情境，不可避免地感到心力交瘁。

最后，教师职业的相对封闭性是导致教师职业倦怠的重要根源。与从事其他职业的人相比，教师很少有时间与家人、朋友进行轻松的交谈，即便在同一个学校里，教师之间的教学互助和合作行为也不多。因此，教师职业实际上是一个“孤独的职业”。正是由于这种职业特性，教师的交往需要与获得支持的需要经常得不到满足。教师因此而感到压抑、孤独、紧张和焦虑，最终导致职业倦怠。

（2）社会因素

其一，社会期望过高。教师不但承担着传递人类千百年来所积累的文明成果的重任，而且承担着为国家建设培养合格的各级各类人才的重任。当学校和教师没有达到社会的期望时，人们便不约而同地把指责的目光投向教师。这时教师所体验到的不仅仅是工作的劳累，更有不被理解、有付出而无回报的失落感，教师的成就感因此而降低。如果这种状况长期得不到改善，教师的倦怠心理自然产生。

其二，工资待遇低，社会地位不高。教师对社会进步的巨大作用决定了教师应当享有较高的工资待遇和社会地位。近些年来，国家虽然出台了一系列政策、法规来不断提高教师的工资待遇和社会地位，但从总体上来看，与劳动性质和强度相当的其他行业相比，中学教师的工资待遇依然偏低。理想和现实的巨大反差大大挫伤了教师的工作积极性，于是教师产生职业倦怠。而所有教育理论与实践工作者旨在“维护课程秩序并将之组织得井井有条”，追求操作的科学、量化与效率，因而教师实际上扮演的是“课程技师”或“娴熟技工”的角色。

（3）学校因素

首先，人际关系紧张。学校是一个复杂的社会组织，其中的组织氛围不仅影响教师工作的效率，而且直接影响教师工作的情绪状态。如果学校领导独断专行，普通教师就被排除在学校决策之外，或者教师之间明争暗斗，处处防范，教师就会感到紧张、压抑、烦躁和郁闷。这种体验迁移到工作中，就会导致教师压力增大，容易诱发倦怠。

其次，评价机制不合理。实施素质教育已成为国家教育工作的指导方针，但在实际工作中，分数、升学率依然是评价教师工作好坏重要的，甚至是唯一的尺度。分数如同“紧箍咒”，迫使教师围绕着分数来开展一切教育教学活动，教师成为追逐分数的机器而失去了教育教学的自主和自由，原本丰富多彩的教育教学活动变得机械、呆板、枯燥和乏味，这严重地削弱了教师工作的积极性和创造性。久而久之，教师感到身心俱疲，倦怠心理由此产生。

最后，学生品行和学习问题。教师的工作对象是活生生的人，学生中的矛盾、不良行为、厌学情绪，以及对教师的不良态度等是教师每天必须面对并需要加以解决的问题。尤其是在价值多元化和追求个性化的今天，学生的品行问题更是层出不穷。“现在的学生越来越难教了”是许多教师的共同感慨。所有这些往往使教师感到厌倦和疲惫不堪。

（4）教师个人因素

研究表明，属于A型人格或低自尊者或外控型的教师容易产生职业倦怠。A型人格者总是试图掌握对周围环境的支配权，当觉得自己的努力没有获得成功或由于外界干扰而不得不作出妥协让步时，他们就会很生气并感受到压力而出现倦怠。低自尊者通常在人际交往中体验到无能感，面对各种压力时，他们很少能够借助其他资源来消除这些不良感觉，而且，低自尊者更容易感受到外界的压力，因此他们容易产生倦怠。而外控型的教师则认为命运不是掌握在自己手里，而是由外部事件控制的，这种无能为力的感觉容易导致他们产生倦怠。

四、改善教师身心健康状态的策略

面对教师身心健康状况的现实，教师自己确实应该行动起来，改变自己，通过自己改变自己的环境，引起社会的重视，使我们生活得更美好。笔者认为，首先，教师应从自身做起，虽然改变其他因素不容易，但改变自己是比较容易掌控的。其次，相应的主管部门，尤其是学校等教育系统，为广大教师提供更理想的管理体制和机制也是非常重要的。我们更希望整个社会，能够形成健康的人才观，不再以分数、考名校等作为评价人才的唯一标准，要形成多元价值体系，让不同的人有不同的发展空间。

（一）从"我"做起，学会生活

1. 改变生活方式

生活方式对人的身心健康的影响非常大，我国古代春秋时期齐国的管仲就曾提出："起居时，饮食节，寒暑适，则身利而寿命益；起居不时，饮食不节，寒暑不适，则形体累而寿命损。"（《管子·形势解》）20世纪80年代初，我国研究证明，生活方式因素导致的死亡人数在全部死亡人数中占44.7%。

教师改变自己的生活方式，为自己创造一种放松、惬意的生活状态，要做到：（1）心胸豁达，情绪乐观；（2）劳逸结合，坚持锻炼；（3）生活有规律，善用闲暇；（4）营养适当，防止肥胖；（5）不吸烟，不酗酒；（6）家庭和睦，适应环境；（7）与人为善，自尊自重；（8）爱好清洁，注意安全。[①] 选择和坚持健康的生活方式是获得健康和减少疾病的最基本的、最容易的和最经济有效的途径。[②]

2. 了解心理健康

教师若想达到修身养性、养生保健之目的，首先就得从调整心态、保持心理健康做起。有以下五种心理保健术值得推荐。

（1）友善术。友善的心态能使人体神经系统的兴奋水平处于最佳状态，可促进体内分泌有益的激素，而这些激素能将人体中血液的流量、神经细胞的兴奋调整到最佳状态，从而提高肌体的控病能力。而不友善的人往往怨天尤人，动辄怒气中烧，引起肾腺素等应激激素大量释放，使血管收缩、心跳加快、肌肉发紧，从而导致不良情绪加剧，造成心理、行为的恶性循环。因此，提倡友善的处世方法，是现代教师尤为要注重的。

（2）宽心术。营造有利于自己宽松工作与生活的环境，使自己始终保

---

① 王玉波，王辉，潘允康．生活方式［M］．北京：人民出版社出版．1986.

② 洪昭光．生活方式与身心健康［M］．武汉：湖北人民出版社．2002.

持心情舒畅的状态，以达到健康益寿之目的。如果一个人价值错位、名利熏心、心胸狭隘、目光短浅，整天过着消沉、灰暗、呆板、枯燥的生活，看到的都是阴暗和肮脏的一面，久而久之，他就会丧失对生活的审美观，内心便会充满仇恨、嫉妒和不满。这样的人，无论身处何方，其生活氛围都不可能和谐、宽松。为此，教师要做一个有正确价值观的人，就应该有良好的心理素质，做到心胸豁达，淡泊名利，对周围的人宽宏大度。

（3）戒逸术。好逸恶劳是一种不良的生活方式，中国医学认为“饥、饱、劳、逸”四者致病。随着生活的安定和富裕，人们的饮食起居比过去有了很大的改善，但膏粱厚味、安逸少动常导致“逸病”的发生。患逸病的人，大多“饱食终日，无所事事”，百无聊赖，起居无常，不是发懒贪睡，就是闲坐不动。谚语告诉我们：“坐了等瞌睡，睡了等病来。”而教师逸病的防治则在于勤勉、多劳，重要的是克服意志消沉、不求上进的消极情绪。教师应根据自身的条件，选学一两门艺术，每日安排一些家务和体育锻炼，促进身心健康。

（4）敬业术。有关专家认为，敬业是教师心理健康的标志之一，在工作上具体表现为以下四个方面：① 乐于工作，并能从工作中获得满足感；② 能在工作中与他人建立和谐关系，且乐于与人交往，对人的态度是正面的态度；③ 对自己所从事的工作有适当的了解，并乐观积极，愿意努力发掘其自身潜能，对于无法救补的缺陷也能安然接受而不过于自卑；④ 对工作中的问题，能用实效之法解决。

（5）安详术。安详是教师的一种良好状态，主要是安定情绪，即保持思想清净，不贪欲妄求，精神内守而不耗散。此外，对于地位，教师能随遇而安，不羡慕地位高的人，没有嫉妒心和高傲心，这样才合于养生之道。现代医学研究表明，在安详的情况下，人的免疫功能会增强，代谢旺盛，气血和畅，从而达到“阴平阳秘，精神乃治”的目的。

另外，梁兆松先生写的“十不”心理保健歌可能会让教师有所启发：

人生在世不生气，心平气和病不欺，暗生闷气发脾气，气出病来无人替。

正视现实不攀比，知足常乐要铭记，富贵名利莫妄求，怡然自得少病疾。

胸怀坦荡不小气，“小心眼儿”要丢弃，生活琐事由他去，有了矛盾冷处理。

创造条件不孤寂，广交益友寻乐趣，寂寞孤单寿命短，爱好广泛身受益。

心情愉悦不疑疾，“杯弓蛇影”不可取，心理扭曲早就医，病魔定会绕道去。

乐观向上不消极，信心十足有毅力，拥有积极好心态，顽疾恶魔何所惧。

人到老年不自卑，应把花甲当花季，人老当要心不老，童心常在神采奕。

出言行事不挑剔，顺其自然心如意，严于律己宽待人，搬弄是非更当忌。

去掉私心不妒忌，妒火损人又害己，嫉贤妒能是小人，正直豪爽真君子。

遵纪守法不惹事，强暴蛮横遭人议，温柔行善康而寿，作恶多端必早死。

3. 憧憬未来，成为自我实现的人

正如马斯洛所说，大多数的人生活在匮乏性世界里，我们的中学教师更是如此。那么，怎样才能走出匮乏性世界进入存在性领域，获得存在性价值，成为自我实现的人呢？“自我实现的人能够充分开拓和利用自己的天赋、才能、潜力等因素，能够实现自己的愿望，对自己力所能及的事情总是尽力去完成，使自己不断趋于完美。”而很多教师缺少的就是这种职业的自由和自觉。我们知道，生活本身是向多种“可能生活”敞开着的，就如同思想向多种“可能世界（possible worlds)”敞开一样，生活的意义就在它的各种可能生活中展开和呈现。生活的目的性表现为对生活的无限可能性的发现、开掘和实现，因而表现为生活的创造性，“有创造性才能使人的生活具有不可还原的意义，才能标明人的存在身份。”① 正是教育生活的创造性才使教师的人生意义不断生发，才使教师的教育生活变得丰富和充实。

---

① 赵汀阳．论可能生活［M］．北京：三联书店，1994.84.

（二）由科学管理转向文化管理、人化管理

学校管理和教育制度是改善教师压力的重要方面，应从如下四方面入手：（1）对教师的能力与业绩进行客观、公正的评价，在职位评价与业绩评价的基础上确定教师的薪酬，建立一套总体薪酬回报体系，在提高对教师物质回报的同时，关注教师的工作体验；（2）重新梳理学校管理的业务流程，吸引教师参与到学校的管理中来，为教师各项工作的开展创设一个支持性的环境；（3）借鉴企业的做法，在教育系统中引进绩效管理体系，给教师制订 SMART 的工作目标，并通过适当的指导、反馈来为教师提供支持；（4）改变教育观念，注重对学生胜任特征（competency）的培养，而不要过分关注学生的分数。

第三章

如何改善教师的物质生活状态

教师被誉为“人类灵魂的工程师”“蜡炬”等，这些美誉却从一个侧面反映出人们关注更多的是教师精神层面上的生活，却缺乏对教师物质生活状态的理解。本章的内容就从物质层面对教师的生活状态予以分析。

人是一种不断需求的动物，除暂短的时间外，极少达到完全满足的状况，一个欲望满足后，往往又会迅速地被另一个欲望所占领。人几乎整个一生都总是在希望着什么，因而也引发了一切……

——马斯洛

一、物质生活的理论阐释

人类的生活分为物质生活与精神生活两部分，精神生活与物质生活都是人类实践活动的动力系统，物质生活是精神生活的基石与手段。物质生活是人类得以生存和发展的前提，只有在这一前提下，精神生活的要求才能得以满足。马克思在《德意志意识形态》一书中曾明确指出："一切人类生存的第一个前提也就是一切历史的第一个前提，这个前提就是：人们为了能够'创造历史'，必须能够生活。但是为了生活，首先就需要衣、食、住以及其他一些东西。因此，第一个历史活动就是生产满足这些需要的资料，即生产物质生活本身。同时，这也是人们仅仅为了能够生活就必须每日每时都要进行的（现在也和几千年前一样）一种历史活动，即一切历史的一种基本条件……因此任何历史观的第一件事情就是必须注意上述基本事实的全部意义和全部范围，并给予应有的重视。"① 同时，物质生活又必须为精神生活服务。只有当物质上的繁荣能够成为推进精神生活进步的手段时，物质生活才是有意义的，才有其真正的价值。

每个人都有物质需要，这是一个基本的事实。物质需要的满足是良好

---

① ［德］卡尔·曼海姆．文化社会学论集［M］．艾彦，郑也夫，冯克利译．沈阳：辽宁教育出版社，2003.

生存状态的前提。人就是人，不能把人想象成——更没有理由把人理解成——不知痛苦为何物的有生命的、终究要死的存在物。[①] 个人利益这种被贬为利己主义和个人主义的情感是不可摧毁的。弗雷德里克·巴斯夏说："个人利益是人类的巨大动力，对此我们不应怀疑。我们还应达成共识：个人利益这个词是用来表示一个普遍存在的、无可争辩的事实的，它源自人的性质，它不像'自私'一词那样含有贬义。"[②] 从经济学观点来看，需要、努力、满足就是人。人作为被动存在物是有痛苦或愉悦的感觉的，而作为主动存在物，人则尽力驱赶痛苦的感觉，增加愉悦的感觉，其结果对于作为被动存在物的人来说便是满足。[③] 也就是说，人通过付出努力，即付出劳务换取满足，这首先是物质生活的满足。付出的劳务所产生的价值与物质性、可积累性、使用性、稀少性有关。

首先，经济收入是人生存的基础，是人存活于世的立足之本。在探讨中学教师的物质生活状态时，经济收入是不可回避的内容。一个人首先要生存，才能更好地从事一种职业。工资是指用人单位依据国家有关规定和劳动关系双方的约定，以货币形式支付给员工的劳动报酬。其形式多样，如月工资、季度奖、半年奖、年终奖。但依据法律、法规、规章的规定，由用人单位承担或者支付给员工的下列费用不属于工资：(1) 社会保险费；(2) 劳动保护费；(3) 福利费；(4) 用人单位与员工解除劳动关系时支付的一次性补偿费；(5) 计划生育费用；(6) 其他不属于工资的费用。工资的高低常常被人们视为衡量社会地位高低的一种标准。在《中华人民共和国教师法》中有规定："教师的平均工资水平应当不低于或者高于国家公务员的平均工资水平。"但事实上，我国中小学教师工资还是偏低的。1996年，据全国各行业职工平均工资统计情况来看，教育行业的平均工资居倒数第三位，这一情况不容乐观。教师的收入不仅少，而且还拖欠严重，以至于事关教育振兴大计的《中华人民共和国教师法（1993年）》列入"不能拖欠教师工资"这一条规定，不能不让人感慨。2002年3月，朱镕基总理政府工作报告中提到"保证教师工资按时足额发放"，拖欠教师工资问题之

---

① ［法］弗雷德里克·巴斯夏．和谐经济论［M］．北京：中国社会科学出版社，1995.77.
② ［法］弗雷德里克·巴斯夏．和谐经济论［M］．北京：中国社会科学出版社，1995.70.
③ ［法］弗雷德里克·巴斯夏．和谐经济论［M］．北京：中国社会科学出版社，1995.70.

严重可见一斑。另据《中国青年报》报道，尽管几年来教师的收入在不断上涨，但要说教师成为一个有吸引力的职业还为时尚早，我们看到现在师范院校红火，其实很大程度上是因为许多家庭看上了它相对低廉的学费和一定数量的补助。山区的贫穷教师多得不胜枚举，即使是繁华的城市中，也有相当一部分教师的收入处在“金字塔”的底层。一项对于教师生存状态的大型调查的结果表明，仅有5.8%的被调查教师认为自身的“收入高，福利待遇好”。问及对目前工资待遇的看法时，认为“满意”的被调查教师只有2.5%。

其次，关于“福利待遇”问题。待遇是对人的劳动应给予的权利、社会政治地位和物质报酬的总称，包括政治待遇、经济待遇和社会声望各个方面，其核心是工资报酬的问题，它通常是某种劳动及从事该种劳动的人在社会中被重视程度的标志。工资问题在前面已经谈过，这里不再赘述，而着重谈一谈“福利”问题。

“福利”一词在《现代汉语词典》里的解释是“生活上的利益，特指对职工生活（食、宿、医疗等）的照顾”。深得人心的福利，比高薪更能有效地激励员工。高薪只是对短期内人才资源市场供求关系的体现，而福利则反映了企业对员工的长期承诺。也正是福利这一特点，使在企事业里追求长期发展的众多员工，更认同福利而非仅仅是高薪，因此，福利被称为“软性”的薪水。员工的福利待遇又称为劳动福利，它是企事业为满足劳动者的生活需要，在工资和奖金收入之外，向员工本人及其家庭提供的货币、实物及其他服务的劳动报酬，它是薪酬组成的一个重要部分，是工资和奖金等现金收入之外的一个重要补充，也是目前在西方发达国家推行的全面薪酬战略中的一个关键环节。在激励因素中，福利属于物质性激励方面的内容。

合理的员工福利可以起到激励员工的积极性、提升员工的凝聚力的作用，同时可以提高企业的竞争力，也可以帮助企业吸引、保留员工，另外，还可以提高企业在员工和其他企业心目中的形象。企业提供高薪是吸引人才的一个重要手段，但良好的福利待遇也是吸引人才和保留人才的一个关键。提高公司员工福利能体现企事业的人情化关怀，有利于凝聚人心，增强员工的归属感，激发员工奋发有为。尽管提供各种各样的福利同样需要花费企业的部分利润，但福利让员工感到这样的企业更富有人情味，也能感到企业最贴心的关怀和帮助，会使员工心情舒畅，工作效率也将提高。高薪虽然可以对吸引人才产生快速的冲击力，但是却带有很强的金钱雇佣关系，对于真正地、长期留住员工却不一定奏效，因为其他的企业同样可以用更高的薪水把人才挖走，也就是说，高薪在吸引人才、留住人才、激励人才方面并不具有持久的优势。企业要想拥有吸引、留住、激励人才的核心竞争力，就必须有别的企业不可能模仿的薪酬体系，从而在共同利益和共同目标的感召和驱动下，使员工的主动性、积极性和创造性得以发挥，向心力得以增强。提高单位福利，是以“温情脉脉”的方式吸引员工，单位也因员工的努力工作得到快速发展。

福利可分为两种基本类型：

1. 法定强制性福利。按国家劳动法律法规的规定，企业必须为员工购买养老保险、医疗保险、失业保险等保险。

2. 单位自愿性福利。具体包括：

（1）免费工作餐。很多单位会为员工提供免费的工作午餐，通常是单位有自己的食堂或餐厅供员工就餐。还有的单位也会采取发放固定的午餐补助来福利员工。但免费的工作午餐或午餐补助并不能起到很大的激励作用，不能让员工满意，因为员工会认为这是理所应当的事。但是，员工若没有该项福利，根据赫兹伯格的双因素理论，既没有激励作用，又无保健因素，则会造成员工的不满意，或者员工对工作失去积极性。因此，单位应尽量提供此类福利。

（2）提供交通服务或交通补贴。大多数企业会为员工提供这一福利。从成本的因素考虑，单位会为集中住在某几处的员工提供交通服务，形式多为班车，方便员工上下班，这样做可以提高员工的工作效率，降低企业的成本，当然，在员工人数较多且较为集中的情况下，企业多用此方式。若员工人数不多，单位则采用现金补贴的形式来福利员工，这种福利会起到和免费工作餐相似的作用。

（3）住房福利。为员工提供住房福利已成为企业吸引和挽留员工的重要方法，因此，提供住房福利已经成为各企业普遍采用的福利。提供住房福利的形式主要为现金津贴、房屋贷款利息补助计划，提供公司公寓、宿舍等。

(4) 购车福利。目前，一些效益较好的企业为公司高层提供了购车的福利项目。这样做一方面缓解了公司的用车压力，另一方面也达到了留住关键人才的目的。

(5) 补充养老福利。为员工提供补充养老计划也是企业的主要福利形式，这一福利既符合社保的需要，也能吸引人才。此计划可以为员工提供合理的退休福利保障。在缴费方面，通常是公司承担缴费，员工不承担费用。

(6) 带薪假期。带薪休假是企业员工享受的国家法定福利项目，按国家规定，员工一般每年都有一周以上的假期。随着员工为企业服务年限的增加，企业可以让员工带薪休假。一般情况下，企业进入成熟期，可以考虑采用该项福利，来缓解内部工作量不饱和的状况。

(7) 卫生设施及医疗保健。有很多单位为员工提供每年一次免费体检的福利，一方面让员工对身体健康状况有所了解，另一方面，也可以起到吸引人才的作用。

(8) 文娱体育设施。一个蓬勃发展的年轻化企业，提供这类福利可以丰富员工的业余生活，提高员工的身心健康，从而提升企业的工作效率。

(9) 教育福利。单位为员工提供教育方面的资助，为员工支付部分或全部与正规教育课程和学位申请有关的费用，非岗位培训或其他短训的费用，甚至包括书本费和实验室材料使用费。

二、教师物质生活的当前状态

本研究立足于深圳市 S、N 两所中学，对中学教师的“工资水平”“福利待遇”“住房和交通状况”三方面进行研究。

(一) 工资水平

深圳市教师的工资与全国同行业相比是比较高的。2006 年 8 月 31 日，深圳市教育局相关部门负责人在答记者问提及深圳市教师待遇时说，深圳历来有“尊师重教”的传统，早在 20 世纪 90 年代，深圳市中小学教师工资就比同等条件的党政干部的工资高出 20%。本文以一所普通高中和一所普通初中为样本进行了问卷调查，并以普通初中的教师的 2007 年 4 月份工资和该区公务员工资作对比，大致得出深圳市中学教师工资的基本情况。

1. 教师工资分配存在“大锅饭”现象

表 3—1　深圳市 S 初级中学 2007 年 4 月份教师工资

教师姓名代号	特区津贴档次	职务档次	实发工资（元）	社保基数（元）
1	39	副高 8	6842.27	406
2	38	高级教	6598.99	419
3	36	高级 6	6283.73	386
4	35	高级 6	6188.32	379
5	36	高级 5	6166.15	377
6	34	副高 6	6088.65	372
7	34	副高 6	5966.97	364
8	33	副高 5	5867.31	357
9	33	高级 4	5766.85	350
10	32	高级 4	5663.94	343
11	31	高级 4	5573.75	342
12	31	高级 4	5572.78	337
13	30	中 9	5414.41	326
14	30	中 8	5335.27	320
15	30	高级 2	5296.92	318
16	30	高级 2	5296.92	318
17	30	中 7	5242.38	314
18	28	副高 2	5129.27	307
19	28	助教 7	5095.89	363
20	28	中 7	5084.08	303
21	29	中 7	5080.65	303
22	28	高 1	5028.72	300
23	28	高 1	5028.71	304
24	27	中 7	4993.80	297

续表

教师姓名代号	特区津贴档次	职务档次	实发工资（元）	社保基数（元）
25	27	中 5	4839.74	286
26	26	中 6	4831.21	286
27	26	中 6	4831.21	286
28	25	中 7	4827.84	286
29	26	中 5	4748.61	280
30	24	中 6	4665.26	275
31	24	中 5	4609.00	269
32	23	中 6	4607.30	270
33	24	中级 4	4544.54	266
34	23	中 5	4523.62	264
35	23	中 5	4520.92	264
36	22	中 4	4393.37	255
37	21	中 4	4319.05	260
38	20	中 4	4255.81	247
39	19	中 3	4122.66	247
40	18	中 2	3996.09	230
41	18	中 3	3934.92	243
42	17	中 1	3866.56	218
43	17	中 1	3864.84	221
44	17	中 1	3864.84	221
45	17	中 1	3864.84	221
46	17	中 1	3864.84	221
47	17	中 1	3864.84	221
48	17	中 1	3864.84	221
49	13	助理 4	3550.65	201
50	13	助理 4	3550.65	201
51	13	助理 4	3550.65	201

续表

教师姓名代号	特区津贴档次	职务档次	实发工资（元）	社保基数（元）
52	13	助理 3	3546.15	201
53	13	助理 3	3538.43	215
54	12	助教 3	3437.34	194
55	12	助教 3	3437.34	194
56	12	助教 3	3437.34	194
57	12	助教 3	3437.34	194
58	12	助教 3	3437.34	194
59	12	助教 3	3437.34	194
60	11	助教 3	3387.27	190
61	11	助教 3	3387.27	190
62	11	助教 3	3387.27	190
63	9	助教 2	3245.39	181
64	9	助教 2	3245.39	181
65	9	助教 2	3245.39	181
66	9	助教 2	3234.10	202
注：每月区里补发平均每人工作量 1500 元。				

该普通初中在编正式教师共 66 人，教师平均工资是 4507 元，加上补贴的每个月的课时费 1500 元左右，教师实际平均每月能获得 6000 元左右的收入。

工资是民生之本，制度是实现社会公平正义的根本保证，也是促进个人和事业发展的内在动力。从上表 3－1 可以看出，现行的工资体制并不能真正激发教师从教的满腔热情，因为这是计划经济时代的工资制度，工资差别甚微，工资基本上是随教师的年龄而增长的，并没有将教学效益与教师收入有机地结合起来，没有反映教师潜在的技能差别和静态的岗位差别，更没能反映出教师动态的劳动差别和合理的工资差别。现行工资制度存在着与责任制不相适应的问题，主要表现在以下几个方面：

（1）人头工资总体差别不大，差别主要在教师的教龄长短和职称高低上，而不在工作业绩上。教龄长、职称高的教师工资相对高于教龄短、职称低的教师工资，工资差可能会有大约3500元。水无落差，难有一泻千里激越之势，教育界也是如此。在这种状况下，很多教师就靠时间和资格去获得高工资。

（2）职务（职等）工资与教师的技术等级和技术水平相脱节。职务（职等）工资是反映职工技术和业务能力的工资单元，但现行职务（职等）工资没有充分体现教师教学质量水平的基本功能，教师的实际教学质量水平与所得工资等级不符的矛盾相当严重，从而导致了工资高而技能低等劳动报酬的不合理现象的发生。职称具有终身制，许多教师便努力追求职称，一旦职称稳定，而又无高职称指标时，便“休养生息”。在中学，有的教师一旦拥有了高级职称，工作表现便从第一名落到了倒数第一名。教师得到高级职称犹如拥有了军功章，这就使得许多年龄大、职称高的教师即使教学水平、师德都极差也仍然可以拿到高工资，而教学质量高、深受学生欢迎的年轻教师工资却低得可怜。

（3）普遍的晋级差别。各晋级之间差别太小，对自己是否晋到某级，多数教师并不在意，或者说没有刻意地去追求。

（4）岗位之间利益均分的格局仍然存在。岗位工资没有区别同类别岗位、职务因素，受客观条件影响而造成工作责任和工作强度等基本劳动要素的劳动差别不大。岗位与岗位间，同一岗位间利益均分现象严重，合理的工资差别没有体现出来，比如，班主任工作比单独任课教师辛苦、劳心得多，但两者的工资差别很小，仅仅差一两百元。

（5）奖金工资占工资收入的比重过小，平均化现象严重。岗位工资是反映职工工作岗位的劳动技能、劳动责任、劳动强度、劳动条件差别的工资单元，目前，奖金却只占教师工资收入的15%左右，并且它也是与职称、年龄相关联的，没有体现出教师工资绩效。另外，办学经费被严格限制，学校的自主空间很小，学校无法提供费用来专门奖励教学成果好的教师，于是，教师的工作积极性受到较大的影响。

2. 教师工资绝对值高，相对值低

该普通中学的教师的平均工资在6000元左右，只看绝对值这个工资是比较高的。2006 年 11 月，笔者就教师生存状态做了一次问卷调查，通过问卷调查得知，在编教师的工资基本上均在 3000 元以上。在深圳市 S 初级中学，工资在 4000～6000 元的教师占绝大多数，约 84.8%，工资在 6000 元以上的教师占 13.0%（见表 3—2）；在 N 高级中学，工资在 4000～6000 元的教师占 77.2%，工资在 6000 元以上的教师占 14.7%（见表 3—3）。这样的工资在中国可以说是很高的，从中也可看出改革开放以后，教师工资确实有很大改观，尤其是《中华人民共和国义务教育法》在深圳也得到了很好地落实。但在深圳这个消费水平相对比较高的城市，这样的工资并不意味着教师的生活是高水平、高质量的。

表 3—2　深圳市 S 初级中学教师月收入调查统计（单位:%，2006 年 11 月）

月收入 年龄	3000 元以下	3000～4000 元	4000～5000 元	5000～6000 元	6000 元以上
30 岁以下		10.9	13.0	10.9	
31～35 岁	2.2（代课）		6.6	4.3	
36～40 岁		6.5（雇员）	13.0	4.3	8.6
41～45 岁		4.3		6.6	
46～50 岁					2.2
50 岁以上			2.2	2.2	2.2
合计（%）	2.2	21.7	34.8	28.3	13.0

表 3—3　深圳市 N 高级中学教师月收入调查统计（单位:%，2006 年 11 月）

月收入 年龄	3000 元以下	3000～4000 元	4000～5000 元	5000～6000 元	6000 元以上
30 岁以下		4.9	19.7	13.1	1.6
31～35 岁			6.6	3.3	
36～40 岁		1.6（代课）	3.3	8.2	1.6
41～45 岁		1.6（雇员）	5	8.2	4.9
46～50 岁			1.6	8.2	3.3
50 岁以上					3.3
合计（%）	0	8.1	36.2	41.0	14.7

(1) 和社会其他领域成员的工资相比，中学教师工资不高

在深圳市S初级中学教师进行的“您认为教师每月的收入和社会其他领域成员的收入相比”调查中，认为中学教师工资和其他领域的成员相比较高的教师只占2.4%，而认为一般的教师占67.2%，认为较低的教师占30.4%（见表3—4）。在深圳市N高级中学，认为中学教师工资和其他领域相比比较高的教师只有1.6%，60.7%的教师认为一般，37.7%的教师认为较低（见表3—5）。这说明教师对工资的满意度不高，为什么出现这种现象呢？这与深圳市的高消费水平有关。

表3—4 深圳市S初级中学教师关于月收入与其他领域比较问卷统计（单位:%，2006年11月）

月收入水平 / 年龄	较高	一般	较低
30岁以下		21.7	13.0
31～35岁	2.4	8.7	2.2
36～40岁		21.7	8.7
41～45岁		10.7	2.2
46～50岁		2.2	
50岁以上		2.2	4.3
合计（%）	2.4	67.2	30.4

表3—5 深圳市N高级中学教师关于月收入与其他领域比较问卷统计（单位%，2006年11月）

月收入水平 / 年龄	较高	一般	较低
30岁以下		21.3	18.0
31～35岁		6.6	4.9
36～40岁		8.2	6.6
41～45岁	1.6	16.4	4.9
46～50岁		8.2	3.3
50岁以上			
合计（%）	1.6	60.7	37.7

（2）地区日常消费高

在“您的家庭月开销（元）”一项调查中，在深圳市S初级中学，教师家庭月消费在2000元以下的教师只占19.6%，49.2%的教师家庭月消费在3000元～4000元，有31.2%的教师家庭月消费在5000元以上（见表3—6）。在深圳市N高级中学，教师家庭月消费在2000元以下的只占16.4%，49.1%的教师家庭月消费在3000元～4000元，有34.5%的教师家庭月消费在5000元以上（见表3—7）。

表3—6　深圳市S初级中学教师家庭月开销问卷统计（单位:%，2006年11月）

年龄＼月消费	1500元	2000元	3000元	4000元	5000元以上
30岁以下	6.5	6.5	4.3	10.1	6.5
31～35岁		2.2	8.7		2.2
36～40岁		2.2	6.5	13.0	8.7
41～45岁			2.2	2.2	8.7
46～50岁					2.9
50岁以上		2.2		2.2	2.2
合计（%）	6.5	13.1	21.7	27.5	31.2

表3—7　深圳市N高级中学教师家庭月开销问卷统计（单位:%，2006年11月）

年龄＼月消费	1500元	2000元	3000元	4000元	5000元以上
30岁以下	9.8	4.9	11.8	3.3	8.2
31～35岁		1.7	1.6	4.9	3.3
36～40岁			1.6	5.3	9.8
41～45岁			6.7	5.0	6.6
46～50岁			1.6	5.7	6.6
50岁以上				1.6	
合计（%）	9.8	6.6	23.3	25.8	34.5

教师的收入来源仅仅是工资，但日常消费却比较高，主要消费是在住房、餐饮、交通、通讯、物业管理费上。其中，教师的住房消费最高，在2008年8月，深圳市福田区的平均房价已达到10000元/平方米；深圳肉、菜等食品价格是比较高的，每个家庭每月餐饮平均消费在1000元左右；物业费用一般在每平方米住房3元左右；交通费也是教师较大的花销，尤其是家庭购置私家车的教师，一部车月消费大概1500元。所以，每月总体消费在5000元左右的家庭占了近1/3。

（3）年度存款额度很少

高消费导致教师存款额度低，在“您一年存款额度”调查中，深圳市S初级中学的84.8%的教师认为自己的存款额度较低，15.2%的教师没有存款（见表3—8）。在深圳市N高级中学教师中，有74.7%的教师认为自己的存款额度较少，25.3%的教师没有存款（见表3—9）。

表3—8　深圳市S初级中学教师年存款额度问卷统计（单位:%，2006年11月）

月存款水平／年龄	较多	较少	无
30岁以下		30.4	4.3
31～35岁		10.9	2.2
36～40岁		23.1	6.5
41～45岁		13.1	0
46～50岁		0	2.2
50岁以上		6.5	0
合计（%）		84.8	15.2

表3—9　深圳市N高级中学教师年存款额度问卷统计（单位:%，2006年11月）

月存款／年龄	较多	较少	无
30岁以下		27.2	9.8
31～35岁		9.8	1.6
36～40岁		8.2	6.6

续表

月存款 / 年龄	较多	较少	无
41～45 岁		16.4	4.9
46～50 岁		11.5	2.4
50 岁以上		1.6	0
合计（%）		74.7	25.3

（二）福利待遇

2006 年 9 月实施的新《中华人民共和国义务教育法》第三十一条规定："各级人民政府保障教师工资福利和社会保险待遇，改善教师工作和生活条件……教师的平均工资水平应当不低于当地公务员的平均工资水平。"这一规定保障、提高了义务教育阶段教师的地位与待遇，能更好地调动中小学教师的积极性，也会对提高教育质量产生重要的影响。深圳市对教师的福利待遇是比较关注的，主要是从以下几方面得以体现的：

1. 卫生设施及医疗保健。各中学都配有校医室，对常见的感冒、胃肠不适等疾病，教师可以在校内及时进行免费医治。每位教师都有"深圳市职工社会保险卡"，可享受和深圳市其他职工同样的医疗保险金，平均 1000 元左右。深圳市还制订了新政策，规定教师的体检由每两年一次改为一年一次，每年为女教师专项检查一次。

2. 养老福利。深圳市严格执行《中华人民共和国义务教育法》的规定，教龄满 30 年的退休教师均享受全额工资待遇。

3. 住房福利。通过调查发现，深圳市中学教师中享受福利房的教师所占比例为 18.8%左右。在深圳市 S 初级中学，全体教师住房福利平均为 1203 元。

4. 带薪假期。深圳市初中教师能享受到周末两天带薪休假和大约 60 天的寒暑假，因为深圳各区教育局都规定义务教育阶段不允许补课、办辅导班等，老师和学生都得到了充分的休息。但根据深圳市招办通过报纸和深圳招考网公布的各高中高一新生开学报到的时间（见下表 3－10）。可以看出，大多数的高中学校是在9月1号之前开学的，高中老师一般享受的假期时间稍短。但这也保证了每个教师休息的时间，这与其他行业相比还是比较有优势的。

表3—10　深圳市2007年中招第一批录取学校高一新生报到日期

学校名称	报到日期	学校名称	报到日期
高中A	8月26日	高中N	8月19日
高中B	9月2日	高中O	8月19日上午9时
高中C	8月26日上午	高中P	8月24日
高中D	9月2日下午	高中Q	7月18日～8月5日
高中E	9月1日下午	高中R	7月18～23日
高中F	8月15日	高中S	8月29日
高中G	9月2日	高中T	8月31日
高中H	8月4～5日	高中U	8月19日上午9时
高中I	8月23日	高中V	8月27日上午8点30分
高中J	8月27～28日	高中W	9月1日
高中K	8月16日	高中X	7月21～22日
高中L	8月10日下午	高中Y	9月2日上午9时
高中M	8月31日上午		

5. 继续学习、教育。《深圳市中小学教师进修暂行规定》中指出，对已取得教师资格的在职中小学教师进行提高思想政治素质、职业道德和文化业务素质的继续教育。教师继续教育的内容包括：思想政治教育和师德修养；教育法规；本学科专业知识扩展和更新；现代教育科学理论学习和教学科研与实践；教育教学能力培养和技能训练；现代科技知识的普及与提高等。进修的主要形式有：（1）新任教师培训。新任教师的各类院校毕业生，必须在试用期内参加以培养教育教学实践能力为主的培训。其中，师范类毕业生进修时间应不少于60学时，非师范类毕业生进修时间应不少于120学时。（2）教师职务进修。教师参加职务进修时间每5年累计不得少于300学时，每学年不得少于60学时，其中，由本校组织的业务学习12学时，由培训院校组织的集中学习48学时。教师完成职务进修是晋升上一级教师职务的必备条件。（3）骨干教师培训。选派思想政治业务素质好的中青年教师通过研修班、导师课、课题研究等形式，参加以培养骨干教师为

目的的培训。参加骨干教师培训，培训时间每5年累计不得少于350学时，每学年不得少于70学时，其中，由本校组织的业务学习20学时，由培训院校开设的课程学习50学时。(4) 教师学历进修。已具有合格学历的中青年教师，也可参加高一层次学历或第二学历进修。该规定第十二条指出，中小学教师进修经费以政府财政拨款为主，按市、区两级财政拨款渠道，分别由市、区教育行政部门统一筹措。并规定教师人均进修经费标准按不低于中小学教师工资总额的2%，从教育事业费的职工教育经费中专项列支。在政府开征的教育费附加中，每年应有不低于5%的费用用于中小学教师进修，并且应逐年有所提高。该规定第十五条明确规定，经教育行政部门和学校批准参加培训的中小学教师所需学费、差旅费应按有关规定报销，教师进修期间工资、福利等待遇不受影响。

6. 提供交通服务情况。各学校有所不同，以深圳市S初级中学为例，该校是一所区属学校，福田区教育局提供一辆中巴车作为学校机动用车，接送教师上下班，给校长、副校长配备了商务用车。另外，福田区教育局有两辆全区中小学教师共用班车，分时间段接送教师上下班。

7. 免费工作餐。深圳市S初级中学为教师提供免费工作餐，按早上3元、中午7元的标准供给教师工作餐。

8. 文娱体育设施。深圳市S初级中学有羽毛球、乒乓球、篮球等场地和教师健身房等供教师健身，有“教工之家”等文娱活动场所。

(三) 住房和交通状况

住房是现代人经济压力的主要来源，而私家车是当今中国家庭消费水平的一个主要标志。在“您的住房和购私家车情况”调查中，深圳市S初级中学有福利房的教师所占比例为16.6%，而且是年龄大部分在40岁以上的教师居多；按揭贷款购房的教师所占比例为36.1%，其中女性教师占77.6%，男性教师只占22.4%；有11.8%的教师自购房，其中女性教师和男性教师所占比例差别不大，无房的教师占35.5%，有私家车的教师占21.7%，无私家车的教师占78.3%（见表3—11）。在深圳市N高级中学，有福利房的教师占18.1%；按揭购房的教师占24.6%，其中男性教师所占比例较大；有9.7%的教师自购房，其中女性教师占83.5%；无房的教师占

47.6%，有私家车的教师占24.6%，无私家车的占75.4%（见表3—12）。

表3—11 深圳市S初级中学教师住房和自购车问卷统计（单位:%，2006年11月）

项目 / 年龄	福利房	按揭贷款自购房	自购房	无房	有车	无车
30岁以下		2.2（男）、10.7（女）	2.2（男）、4.3（女）	15.2	2.2（男）、2.2（女）	30.4
31～35岁		2.2（男）、4.3（女）		8.5	2.2（男）、2.2（女）	12
36～40岁	5	5（女）	2.3（女）	7.5	2.2（男）、5（女）	14
41～45岁	2.2	8（女）	1.5（男）	4.3	1.3（女）	12
46～50岁	2.9	3.7（男）				5.2
50岁以上	6.5		1.5（女）		2.2（男）、2.2（女）	4.7
合计（%）	16.6	36.1	11.8	35.5	21.7	78.3

表3—12 深圳市N高级中学教师住房和自购车问卷统计（单位:%，2006年11月）

项目 / 年龄	福利房	按揭贷款自购房	自购房	无房	有车	无车
30岁以下	1.6	6.6	4.9（女）	26.2	4.9（女）、1.6（男）	32.8
31～35岁	3.4	1.6（男）、1.6（女）		3.3	3.3	6.6
36～40岁		3.3（男）、3.3（女）	1.6（女）	6.6	1.6（男）、1.6（女）	11.4
41～45岁	4.9	3.3（男）、3.3（女）	1.6（男）1.6（女）	8.2	3.3（男）、1.6（女）	18.0
46～50岁	6.6	1.6（女）		3.3	4.9	6.6
50岁以上	1.6				1.6	
合计（%）	18.1	24.6	9.7	47.6	24.6	75.4

由此可以看出，教师住房大部分是自购房或无房，有私家车的教师占少数。深圳中学教师的工资看起来并不低，尤其和全国同行业相比是比较高的，但深圳市房价较高，在 2007 年 7 月，深圳的楼房均价已达 15000 元左右，住房问题如果只靠教师自己解决，他们多半依靠按揭贷款购房，如此一来，教师的工资就要被贷款占去大部分。

三、教师物质生活现状的原因分析

2007 年 3 月 6 日，《南京晨报》刊登了一篇张贵峰的短文：《师范生免费后还应提高教师待遇》。

为了“鼓励更多的优秀青年终身做教育工作者”，温家宝总理于 2007 年 3 月 5 日提出，在教育部直属师范大学实行师范生免费教育，并建立相应的制度。

任何一项社会职业之所以能吸引优秀青年并使他们得到社会的尊重，除了培养成本以及一般抽象的道德评价这些相对外在的因素外，其职业本身内在的因素，如更好的职业待遇、收益等，才是真正的原因。

那么，时下的教师职业待遇状况是怎样的呢？《中华人民共和国教师法》规定“教师的平均工资水平应当不低于或者高于国家公务员的平均工资水平”，然而实际情况并非如此。一方面，从总体上看，教师的福利待遇并没有公务员好，教师的实际收入甚至根本无法与公务员等量齐观；而另一方面，囿于权力的相对弱势，原本便不高的教师工资并不能充分到位。

长期以来，在各种有关教师职业吸引力的描述中，除了“优秀学生不愿意报考师范院校”外，我们经常听到的还有“师范毕业后学生并不愿意当教师”“现有教师不安于教育工作，弃教从仕、从商者屡见不鲜”。显然，“师范生免费教育”办法至多只能对前一个问题有效，无法避免后一种现象的出现，而要从根本上解决这两个问题，出路只能是：加大政府投入，落实《中华人民共和国教师法》，确保教师职业待遇的优越、丰厚、均衡。

（一）传统文化对教师职业存有偏见

忽视个体乃至抹杀个体，注重群体、社会本位是中国传统文化基本的价值取向。这种价值取向使得人们的思想与规范常常表现为传统的义利观。古代社会，“贵义贱利”“重义轻利”的思想具有普遍的道德意义，它对人的影响也非常深远。义利观贯穿于整个封建社会，最终发展成为极端化的义利观。从孔子的“君子喻于义，小人喻于利”，到西汉董仲舒的“正其谊不谋其利，明其道不计其功”，这些都体现了儒家学说的“贵义贱利”思想。后来的宋明理学更是把义和利对立起来，其中朱熹就提出了“存天理，灭人欲”的口号。这些传统文化反映到教师文化中，就是提倡教师“安贫乐道”“谋道不谋食”。我们必须看到，这种义利观仍然深深地影响着今天教师的地位与待遇。“蜡炬”“春蚕”，是我们耳熟能详的对教师的比喻，“春蚕到死丝方尽，蜡炬成灰泪始干”是对教师生活的真实写照，“只讲奉献、不求回报”才是教师的美德，于是乎，整个社会认为教师的奉献是理所当然的。在这样的观念指导下，教师的待遇与地位必然很难得以提高。

（二）对教师职业特点认识不够

教师职业是令人羡慕的，但现实中的中学教师的工作是十分辛苦的。在一定程度上，正是因为人们对于教师职业特点的认识还不够，教师的工资水平和福利待遇才难以提高，也就造成了他们的物质生活水平比较低。教师工作的辛苦主要表现为劳动时空的无限性，工作的繁重、琐碎、劳累具有隐蔽性，是需要贡献脑力、心力的心智型工作。

1. 劳动时空的无边界性

教育的无边界性就是指教师的工作无论在时间、空间都具有连续不断扩张的性质，教师的职域与责任同时也被无限制地扩大。这就是教师职业的时空特点，他们的劳动时空具有无限性。

这是一位中学教师的一段话：

每天在去上班的车上，我都感受颇深，早上6点多钟的深圳大街上、公共汽车上，99%的乘客是学生和教师，他们每天和太阳一起起来，忙碌一天，太阳落山了，老师还没有休息。

表 3－13 深圳市 S 初级中学 2005～2006 学年第 2 学期作息时间表

上午	下午
早读 07：20～07：40	预备 13：50～14：00
早操 07：40～07：55	第六节 14：00～14：40
第一节 08：00～08：40	第七节 14：50～15：30
第二节 08：50～09：30	第八节 15：40～16：20
眼保健操 09：30～09：35	第九节 16：30～17：10
第三节 09：45～10：25	
第四节 10：35～11：15	
第五节 11：25～12：05	

深圳市 S 初级中学一直顶着家长等各方面的压力，没有安排教师在放学后或利用周末时间给学生补课。该校的老师一般要早上 7 点钟左右到校，晚上 5 点半才可以回家（见表 3－13），但一般在晚上 6 点以后才到家。从早上 6 点多钟多出来到晚上 6 点多钟回去，老师的工作时间长达 12 个小时。当然，一些老师在放学后利用休息时间与家长沟通、备课、组织活动等时间并没有算进这 12 个小时。在深圳，中小学教师在周六、周日还要接受继续教育。

《深圳观察》在 2005 年教师节前夕，联合深圳新闻网，以及深圳市实验中学、深圳市南头中学、深圳市园岭小学、深圳市福田区竹园小学、深圳市梧桐小学等学校，有针对性地制作了“学生篇”“教师篇”和“社会篇”3 份问卷调查，并回收到 2500 多份有效问卷。通过数据统计，在“教师篇”中对“老师一天的工作时间大概是多少”以及“您的寒暑假能休全吗”两问题的问卷调查中，分别有 82.91％的教师工作时间都在 10 小时以上，60.68％的教师认为自己的假期没有全休（分别见表 3－14 和表 3－15），因为要准备接下来的一个学期的课、参加培训、写论文、整理资料等其他教学事务。

表 3—14　老师一天工作时间大概是多少

	比例（%）
8 小时以内	8.56
8 小时	8.56
早 7 晚 6，10 个小时左右	27.35
早 7 晚 6，但下班后仍要回家批改作业、接受家长来电	55.56

表 3—15　寒暑假能休全吗

	比例（%）
基本能完整休全假期	39.32
只能休一半，因为要备接下来的一个学期的课	33.33
只能休 1/3 的时间，因为要备课、参加课改培训，以及其他教学事务	27.35

2. 工作的繁重、琐碎、劳累具有隐蔽性

以下文字摘自深圳市 S 初级中学一位年轻数学教师（该教师于 2002 年大学毕业，现教授初一数学学科并任备课组长、班主任）一个月的班主任工作记录①：

（1）2005 年 9 月 6 日

① 仪表问题。

② 礼貌问题：见老师要问好。

③ 安全问题：课间不能追逐打闹。

④ 卫生问题：自己带垃圾袋，不要随便丢垃圾。

⑤ 中午吃饭：要排队，养成良好的自律意识。

⑥ 上洗手间：不要用老师的洗手间。

⑦ 离开教室时，要记得关灯、关电脑、关门。

⑧ 清查资料。

⑨ 全班努力将因课堂纪律问题扣的分补回来。

① 这份材料摘自该教师的班主任工作手册。

⑩ 作业问题：缺交英语作业。

⑪ 办板报。

⑫ 让班委会讨论班规，如果可行明天张榜执行。

（2）2005 年 9 月 7 日

① 交相片的同学：蔡思敏、庄雄杰、施晓雨、陈浩锐、聂贞贞、郭徐南。

② 学生交 10 元钱买数学练习册。

③ 订正作业。

④ 让每个学生带 5 个小正方本。

⑤ 布置学生办一份关于《庆祝抗战胜利 60 周年》的小报。

⑥ 布置下周单元测试考试。

（3）2005 年 9 月 12 日

① 查常规项目被扣分的原因。

② 规定学生一定要带校卡。

③ 将班纪班规在全班公示。

④ 领校服，发练习册。

⑤ 询问学生是否有伴奏带。

⑥ 评选手抄报。

（4）第三周学校工作安排

① 宣传栏。

② 练歌、排队形。

③ 周三开家长会。

④ 上交学生资料。

⑤ 交教案、备课组计划。

（5）个人工作周安排

① 班主任写工作计划，本周上交。

② 班会课，规定 10 个题目，其余题目由学生自定。

③ 9 月 26 日举行班会“丛飞精神大家谈”，要准备班会材料。

④ 9 月 26 日，交学校手抄报《祖国宝岛——台湾》，9 月 29 日，办黑板报。

⑤ 找同学打印美术字。

⑥ 将学生登记表交教务处。

⑦ 掌握班级情况，不允许学生混穿校服。

⑧ 9 月 13 日召开初一家长会，要做好幻灯片。

（6）继续教育

①《朗诵艺术研究与技巧训练》，计 12 学时。

地点：3055

时间：10 月 29 日、11 月 5 日

②《新课标下的数学与数学教学法》，计 12 学时。

地点：3028

时间：12 月 18 日、12 月 25 日

③ 讲座：《诗性智慧与诗化人生》

地点：3063

时间：10 月 30 日

（7）2005 年 9 月 13 日：家长会

① 关于购买校服问题，给家长一个解释。

② 让中午要留校吃饭的同学的家长写一个申请，保证自己的孩子遵守学校的纪律。学校可以提供午餐，5 元一餐。

③ 仪表：男生不准留长发，定期剪发；女生不准披发，不能染发，不能剪碎发。学生在学校不可以戴首饰，不可以留长指甲。学生在学校必须穿校服，不可以自己随意修改校服。学生每天上学要佩戴校卡。

④ 注意学生的作息时间。

⑤ 本学期计划：

第一阶段（前一个月）：培养学生良好的行为习惯和学习习惯。

a. 懂礼貌、讲文明、孝敬父母；

b. 在学校热爱劳动、积极参与各项活动，参加体育锻炼，培养自己的兴趣爱好；

c. 学习上要自觉，上课积极发言，独立认真地完成作业。

第二阶段（第二个月起）：打好基础，将各学科成绩提高。

第三阶段（期末）：培养自己的兴趣爱好，做一名优秀的学生。

⑥ 将座位表公布出来。

(8) 2005年9月19日

① 整顿午休纪律，禁止学生在午休时间出去买东西。

② 作业要求：要抄题、订正，将学生的作业情况写在其作业本的右侧。

③ 练歌。

④ 收塑料瓶，由龙翔负责。

⑤ 互相监督校卡佩戴情况，开始实行扣分制。

⑥ 向40分钟要质量。(班会)

⑦ 养成记作业的好习惯。

(9) 2005年9月19日：深圳市某中学德育工作培训班。

(10) 2005年9月23日

① 找音乐老师来给学生排练歌曲。

② 检查学生的班会安排、自习课纪律。

③ 星期六上午办板报，下午2：00排练合唱节目。

④ 爱心捐款问题，由官徽负责。

⑤ 科技节的设想，由吕文书负责。

⑥ 办板报，由徐晓娜负责。

⑦ 数学作业：订正试卷，写试卷分析。

⑧ 找龙翔、庄雄杰、钟志鹏谈话。

(11) 2005年9月25日

① 买一块桌布、一盆花、一瓶空气清新剂。

② 做道具。

③ 备好课，想想5班怎么管理。

④ 做班会的幻灯片。

(12) 2005年9月26日

① 在早自习上，评选出手抄报办得好的前5名学生。

② 带数码相机拍照。(班会、板报)

③ 让同学设计艺术字、剪贴画（早读后带同学们参看他人的作品，并进行学习）。

④ 班会、劳动课后让陈老师教歌咏比赛歌曲。

⑤ 为了提高学生学习语文的兴趣，让学生准备摘抄本，每周至少抄三段文字，并在每段后写说明：为什么选这段，写景、写人、叙事情况，写下读后感。

⑥ 利用国庆节 7 天假，让同学们组队排练童话剧，自备道具、服装。

⑦ 在班级里，向学生征集科幻画，找老师辅导个别学生。

⑧ 选两三个爱演讲的同学讲童话故事。

这只是一位班主任记录的按照学校要求督促学生应该做的事情，可以说是最常规的事情，也是耗费体力的事情。除此之外，她还要做很多脑力工作，如每天要备课；上午两个班级上两节数学课；批改两个班级的 100 名学生的作业；课间要把没有完成好作业的学生叫过来进行指导；下午要到两个班上讲解作业或个别辅导；业余时间要思考班级如何管理、如何教育个别学生的问题；和家长沟通；参加课题研究；写论文；思考个人的发展等。教师在 8 个小时内完成这么多工作几乎是不可能的，因工作琐碎，教师会感到劳累，而这都有隐蔽性。

很多工作事无巨细，面对学生，教师必须耐心、细心、爱心、苦心均具备。教师所做的很多工作是他人看不见、感受不到的，只有学生能体会一二而已，因而有人说，中学教师工作繁重是说不出的辛苦。

在《深圳观察》2005 年教师节前夕联合深圳新闻网做的问卷调查中，经过统计，在“学生篇”，对学生的调查问题“你觉得老师辛苦吗”，有 90.68%的学生认为老师很辛苦或比较辛苦（见表 3—16），原因在于他们自己亲眼看到、亲身体会到老师的工作有多辛苦。

表 3—16　你觉得老师辛苦吗

项目	比例（%）
很辛苦	61.44
比较辛苦	29.24
一般	8.05
不太辛苦	1.27

其实，对教师的工作，我们不能只看能够算得出的工作时间，有很多隐性的脑力工作是很难用时间衡量的。教师的辛苦很难用文字完全表述出

来，导致这个结果的原因有社会、家长的不理解，更有现行教育体制本身的因素，尤其是应试教育。

3. 教师劳动是贡献脑力、心力的心智型劳动

教师付出的是高成本、深内涵的劳动，即教书育人之功。劳动力即人的工作能力，是最基本和最特殊的社会问题。劳动力依附在劳动者身上，个人素质对劳动能力具有决定性的影响，形成劳动力质量的绝对个性化。劳动力是劳动者脑力、体力和心理的同时支出，但不同劳动者在不同劳动岗位上，其脑力和体力支出的比例和形式是不同的。在传统的教师角色定位中，“传道、授业、解惑”是教师的基本职责。但按照柯兰迪宁长期对教师实践性知识的研究可知，教师同时能够建构生产知识和实践性知识。柯兰迪宁是这样界定教师实践性知识的：“个人实践性知识”的“知识”是指从经验中出现的……和个人行动中表现出来的有意识或无意识的信念体，它浸透并构成一个人存在的所有经验知识。它的意义来自一个人的经验历史——包括专业与个人历史——并为其理解。[①] 总之，根据柯兰迪宁的实践性知识观，教师是知识的生产者，而不仅仅是知识的使用者。所以，教师属于智力型劳动，即高级知识的归集、传授以及实践性知识的生产。知识归集即“一桶水”的积累，知识传授即“一杯水”的传授，这决定了教师劳动的开始和进入必须有高等教育的背景和教学心理及教学方法的训练，教师要付出终生努力才能满足这个岗位的需要，并且要脑、体、身、心和情感全面付出。教师劳动不仅包括知识的归集和传授，而且包括大量的知识再造，即对新现象（自然界现象和社会现象）的定义以至于形成概念。矫正一个概念和创造一个新概念将为政府的公共选择（法律和政策）和企业新产品开发注入血液。在知识经济时期，由于生产工具——计算机的广泛使用，信息传播多元化，概念更新加速，知识再造需求迫切，教师劳动的压力和风险都在不断上升。所以，教师需要进行大量的科学研究和归纳整理的创造性劳动，这类劳动无法完全用时间来计算，而必须在他们一生积累的知识的基础上展开，自然，其劳动价值也无法完全用金钱来计算。

---

① 王修智．马克思主义发展观与时俱进的新成果［N］．人民日报，2005－6－3（9）．

(三) 国家对教育投入不足

收入不高是教师地位不高的重要原因。虽然我国相关法律中规定教师待遇不低于国家公务员的待遇，但对于义务教育阶段的教师而言，这还需要多年才能达到。可以说，在所有导致教师生存状况不良的原因中，经济是最根本的原因。众所周知，我国政府早在1993年颁布的《中国教育改革和发展纲要》中就明确提出，要“逐步提高国家财政性教育经费支出（包括各级财政对教育的拨款，城乡教育费附加，企业用于举办中小学的经费，校办产业减免税部分）占国民生产总值的比例，本世纪末达到4%”。该纲要颁布至今已有多个年头，但我国的财政性教育经费支出究竟在国民生产总值（GDP）中占多大比例呢？1998年，全国财政性教育经费占国民生产总值的比例走出了低谷，持续6年保持增长，由1995年的2.41%提高到2001年的3.19%；2002年，我国财政性教育经费占国内生产总值的3.41%，比上年的3.19%增加了0.22%，为1989年对此项指标进行监测以来的最高水平。而同期，这一指标的全球平均水平为4.8%，发达国家的财政性教育经费占国民生产总值的比例基本稳定在5%～6%，而在发展中国家，这一比例也平均超过了4%。从上述数据不难看出，教师收入不高的最重要原因是国家的教育投入不足。

四、改善教师物质生活的策略

(一) 高品质生活

人们对“生活质量”的研究始于20世纪60年代，当时主要是对社会发展指标的研究，这也是西方社会在发展过程中对自会发展目标的一种反省。“生活质量”这一概念的提出，大大动摇了当时以提高物质生活水平为最终目的的社会目标的统治地位。由于以纯粹的经济视角衡量社会发展的局限性越来越明显，视物质财富为社会发展唯一目标的观点逐渐被强调多元视野的生活质量概念所替代或拓展。对国外现有的生活质量的概念的界定，主要有以下四种：(1) 生活质量是指个体生活的质量，生活条件很有可能影响到个人的满意度；(2) 生活质量是指个体对其生活条件的满意度；(3) 生活质量是生活条件和个人满意度的综合；(4) 生活质量包括生活条件和个人满意度，同时在评价生活质量时，依据个人价值观赋予客观条件和主观感受以不同的权重。①

弗拉纳根（Flanagan）和美国研究学会（American Institutes for Research）在 1978 年定义了美国人的“生活质量”，并依此列举了 5 个大项及其属下的 15 个小类。具体如下：

1. 健康的身体状况和舒适的物质生活

(1) 舒适的物质生活和安全的财务状况；

(2) 身体健康和个人安全。

2. 人际关系

(1) 与配偶（或与男友、女友）的关系；

(2) 拥有和养育孩子；

(3) 与父母、兄弟姐妹或其他亲属的关系；

(4) 与朋友的关系。

3. 参与社会的、团体的和所在城市的活动

(1) 与帮助和激励他人有关的活动；

(2) 与地方和国家政府有关的活动。

4. 个人发展与自我实现

(1) 智力发展；

(2) 个人理解能力和规划能力；

(3) 职业角色（工作）；

(4) 创新能力和个人表达能力。

5. 娱乐活动

(1) 社交活动；

(2) 被动的、旁观性的娱乐活动；

---

① 卢汉龙．来自个体的社会报告——上海市民的生活质量分析［J］．社会学研究，1990，(1)．

(3) 主动的、参与性的娱乐活动。

由此可以看出，生活质量和物质条件直接相关联，教师的高品质生活对于培养高品质人才、营造优雅的社会氛围有重要的引领意义，所以我们提倡教师过高品质的生活。当然，高质量的生活和物质相关，但还与更多其他因素相关，要综合地看待这个问题。

(二) 追求高品质生活

高品质的生活是每一个人都希想能够得到的，可高品质的生活并不是轻易就能得到的，而是要通过不断的努力来提高自己的能力，努力去追求才能获得。现在提倡人要有“十商”，对于教师来说，笔者觉得这“十商”更为重要。

智商（Intelligence Quotient，缩写为 IQ）是一种表示人的智力高低的数量指标，但也可以表现为一个人对知识的掌握程度，它反映人的观察力、记忆力、思维能力、想象力、创造力以及分析问题和解决问题的能力。

情商（Emotional Intelligence Quotient，缩写为 EQ），就是人管理自己的情绪和处理人际关系的能力。

逆商（Adversity Intelligence Quotient，缩写为 AQ），是指人面对逆境承受压力的能力，或承受失败和挫折的能力。当今和平年代，应付逆境的能力更能使人立于不败之地。

德商（Moral Intelligence Quotient，缩写为 MQ），是指一个人的德性水平或道德人格品质。德商的内容包括体贴、尊重、容忍、宽恕、诚实、负责、平和、忠心、礼貌、幽默等各种美德。

胆商（Daring Intelligence Quotient，缩写为 DQ），是一个人胆量、胆识、胆略的度量，体现了一种冒险精神。

财商（Financial Intelligence Quotient，缩写为 FQ），是指人的理财能力，特别是投资收益能力。财商是一个人最需要的能力，也是最被人们忽略的能力。

心商（Mental Intelligence Quotient，缩写为 MQ），就是维持心理健康，调试心理压力，保持良好心理状况和活力的能力。在 21 世纪，人类面临比以往更大的心理压力，提高心商，保持心理健康已成为时代的迫切需要。现代人渴望成功，而成功越来越取决于一个人的心理状态，取决于一个人的心理健康。从某种意义上来讲，心商的高低，直接决定了人生过程的苦乐，主宰人生命运的成败。

志商就是意志智商（Will Intelligence Quotient，缩写为 WQ），指一个人的意志品质水平，包括坚韧性、目的性、果断性、自制力等方面。如能为学习和工作具有不怕苦和累的顽强拼搏精神，就是高志商。

灵商（Spiritual Intelligence Quotient，缩写为 SQ），就是对事物本质的灵感、顿悟能力和直觉思维能力。

健商（Health Intelligence Quotient，缩写为 HQ），是指一个人所具有的健康意识、健康知识和健康能力。

教师这一职业的目的是为了教人知识、教人做人，教师本人更应身先示范，努力提高自己的这“十商”，成为“富裕”的人。韩愈要求教师“以身立教”，这一要求激发教师要不断努力。

第四章

如何促进教师的专业发展状态

教师专业发展这一问题涉及的是教师自身的发展，它关系着教育的品质和学生的质量，更关系着教师怎样才能够做一个真正意义上的“教师”。本章主要采用调查访谈的方式，对中学教师的专业发展状况进行描述，对现有状态及其原因进行了分析，并给出了相应的应对策略。

人是现实的产物，现实规约着人，但人对现实不满，要改变现实，超越性和否定性就是人的生命的本质。“否定性就意味着人的生命的自我生成与自我实现，意味着人的生命价值的不断跃迁和提升，同时也意味着人逐渐扩大其自由空间，不断走向新的自我解放超越的自我。”①

一、教师专业发展的理论阐释

纵观历史，教师在社会发展中的作用、“教师”的内涵和外延都在发生着变化，即教师的社会影响、作用（社会职能）在减弱，取而代之的是教师的专业职能在增强。以前，有两种职业的人被称为“先生”，一是乡村医生，二是乡村教师。作为医生的“先生”，他们是先于病人了解病因、病理，知道解除病患良方、能帮助病人恢复健康的人；作为教师的“先生”，他们就是在培养人为人处事的应变能力方面非常值得信赖的人，即陶行知所说的“自己会变而又会教人变的是先生”。但今天，这两种“先生”的专业化程度和专业地位明显不同于往日了。随着科技和人力资源成为社会发展的核心要素，教育的地位越来越重要。教育的发展有赖于教师的专业发展，因此，当代教师的专业发展问题已经成为全世界教育的关注焦点，也是全球教育研究的重心之一。教师专业发展或教师职业专业化，关系着教育的品质和人才质量，关系着教师的生存状态和生命质量。

① 高清海，胡海波，贺来．人的“类生命”与“类哲学”［M］．长春：吉林人民出版社，1998.45.

"人类社会的伟大在于自身的不断修正、发展和完善。教师专业化的提出和实践，既是教师教育步入新的历史发展阶段的体现，也是教师教育自我提升的必然结果。"①

(一)"专业"的内涵诠释

专业社会学的研究表明，专业的形成是以内部的高深知识和服务精神来换取外部对其赋予地位和权力的，即以知识博弈权力。由于顾客和社会对高深、独特、专门化的专业实践和知识的无知，他们需要把事务交由专业人员来处置，并出让权力、待遇和地位，因为这是人类的本性：当我们因对情境不熟悉而缺乏足够的知识和解决能力的时候，就会寻求专业人士的帮助。而专业人士则必须不断地提升自身的实践水平，严把入职门槛，以确保服务的高质量，这反过来也会使社会和顾客对其认可和赋权。处于这种情境中的从业人员一般能够形成自律意识，自觉地以高质量的实践服务于顾客和社会。这样一来，一个围绕着"知识（内部）—权力（外部）"之间的关系展开的良性循环便形成了，这种良性循环所体现的结构性内涵正是专业的关键所在。这种良性循环状态是职业发展的理想状态，也是社会所期望的状态。专业得以成立的根本原因在于其职业知识和实践内涵的独特神秘性、高深复杂性和科学有效性。我们可以把这种特点称为"专业性或者专门化"。

由于研究的角度和研究者的价值取向有异，人们对什么是"专业"的理解也不相同。凯尔·桑德斯首次为这一术语作出解释："专业是指一群人在从事一种需要专门技术的职业，这种职业需要特殊的智力来培养和完成，其目的在于提供专门性的社会服务。"② 近代西方哲学家怀特海认为，专业是一种行业，其活动有理论的根据、有科学的研究，可以验证，并且能从理论分析与科学验证中积累知识来促进这个行业的活动。日本学者石村善助把专业理解为："通过特殊的教育或训练掌握了业经证实的认识（科学或高深的知识），具有一定的基础理论的特殊技能，从而按照来自特定的大多

① 柳海民．当代教育理论专题［M］．长春：东北师范大学出版社，2002.40—41.
② 台湾师范教育学会．教师专业［M］．台湾：台湾师范大学书苑，1992.1—18.

数公民自发表达出来的每个委托者的要求，从事具体的服务工作，借以为全体社会利益效力的职业。”① 我国有学者把专业理解为：“专业，若从职业的角度上讲是指具有高度专门知识和技能的职业，所以也称为‘专门职业’，英文为 profession，是相对于普通职业而言的。”② 所以，专业是指经过专门教育或训练、具有比较高深且专门的知识和技能，按照一定的专业标准实施的特定社会服务活动。

总之，作为“职业”的较高发展阶段，“专业”的内涵主要体现在三个方面：（1）知识。拥有深奥复杂的知识技能，为社会和顾客提供高质量的服务和产品，这种知识技能常常是在高校里形成的成熟的学科体系，获得的途径只能是接受高等教育。（2）权力。形成了强大的自治组织，享有充分的专业自主权，能够控制与之合作的其他社会群体，与此相应的是，收入、地位、声望极高。（3）伦理。秉持服务的奉献精神，严格自律，不以谋取个人利益为最终目的。这些职业一方面是科学、复杂、实证的知识技能和奉献的伦理精神，另一方面是较高的收入、地位和自主权。

对于“专业”的认定，在国际上通常有三条人们公认的标准：第一，其成员的职业实践有系统理论作依据，有专门的技能作保证，有不断的研究作支持；第二，其成员把服务对象的利益放在首位，有严格的职业道德规范；第三，其成员的行为不受外力的限制，有专业性的自主权，就整体而言，专业工作者的聘用、晋级、解聘，实行严格的专业评审制度（如实行专业证书制度），行业群体有权从整体上制订本行业的工作标准和实施程序，就个体而言，其成员有权依据其专业知识进行职业判断，有个体承担责任的“处方权”。

（二）“教师专业发展”的含义诠释

国内外研究者对“专业发展”一词的理解是多种多样的。霍伊尔（Hoyle，E.）认为，教师专业发展是指在教学职业生涯的每一阶段，教师掌握良好的专业实践所必备的知识与技能的过程。佩里（Perry，P.）认为，教

① 日本筑波大学教育学研究会．现代教育学基础［M］．钟启泉译．上海：上海教育出版社，1986.441.

② 陈孝彬．教育管理学［M］．北京：北京师范大学出版社，1999.293.

师专业发展意味着教师个人在教师专业生活中成长，包括信心的增强、技能的提高、对所任教学科知识的不断更新拓宽和深化以及自己在课堂上为何这样做的原因意识的强化。就其积极意义来说，教师的专业发展包含更多的内容，它意味着教师已经成长为一个超出技能范围而有艺术化的表现，成为一个把工作提升为专业的人，把专业智能转化为权威的人。戴（Day）综合众多学者的观点提出一个颇具包容性的界定：教师专业发展包含所有自然的学习经验和有意识组织的各种活动，这些经验和活动直接或者间接地让个体、团体或学校得益，进而提高课堂的教育质量。教师专业发展是一个过程。在该过程中，具有变革力量的教师独自或与人一起检视、更新和拓展教学的道德目的；在与儿童、年轻人和同事共同度过的教学生活的每一阶段中，教师不断学习和发展优质的专业思想、知识、技能和情感智能。他们的学习和发展具有批判性，因为教师不只是知识和技能的收容器。韦登指出，教师专业发展有以下含义：（1）协助教师改进教学技巧的训练活动；（2）学校改革的整体的活动，以促进个人的最大成长，营造良好的气氛，增强效果；（3）是一种成人教育，要依据教育原理，增进教师对其工作和活动的了解，不仅仅是提高教学成果而已；（4）是利用最新的教学成效的研究以改进学校教育的一种手段；（5）专业发展本身就是目的，协助教师在受尊重的、受支持的、积极的气氛中，促进个人的、专业的成长。

我国教育学者郑金洲认为，教师成为研究者，意味着教师能对自身的教育教学实践进行持续不断的反思，并将反思体现在教育教学过程的始终，意味着将反思作为汇总教育教学经验、提升教育教学智慧的基本手段，且意味着反思已经成为其基本的生活状态或方式。

总之，教师的专业发展是指教师作为专业人员，在专业思想、专业知识、专业能力等方面不断完善的过程，即由一个专业新手逐渐发展成为一个专家型教师的过程，是一个教师终身学习的过程，是一个教师不断解决问题的过程，是一个教师的职业理想、职业道德、职业情感、社会责任感不断成熟，不断提升，不断创新的过程，是“教师专业能力熟练程度由一般化到专业化的持续发展过程”[1]，是教师生命潜能和价值的有目的、有方

---

① 柳海民．当代教育理论专题［M］．长春：东北师范大学出版社，2002.48.

向、有策略地延伸与扩展。作为一个专业成长过程，教师专业化发展是一个多侧面（如佩里所提出的专业信心的增强、技能的提高、对所任教学科知识的不断更新拓宽和深化以及对自己在课堂上为何这样做的原因意识的强化等）、多等级层次的发展过程（如利思伍德所提出的发展“求知”技能，形成教学基本技能，拓展教学灵活性，掌握教学专业知识，促进同事专业成长和参与领导的决策等）；作为教师教育过程，教师专业发展也具有多种层次。

二、教师专业发展的当前状态

随着新课程改革的深入，传统教师的“传道、授业、解惑”职责角色受到挑战；随着知识经济的到来，教师的知识权威受到威胁；随着“以生为本”的呼吁，教师的“师尊”地位在动摇。现在的中学教师在无奈中徘徊、在困惑中追寻。

教师是一群普普通通的生命体，他们在生活和工作中有许许多多的负担、困惑和烦恼。各级教育决策者、管理者，以及专家、学者们在思考问题，研究问题，解决问题时，应当对教师有一个最基本的定位：他们是人，一群普普通通的人，让他们提升精神境界、设计形象、积极追求并严格要求自己，都是合理正当的。但绝不能把教师当作不食人间烟火的天外来客予以虚化、泛化、神化，也不能把他们物化、工具化、机械化。当务之急是从生活、待遇、心理、业务、环境等方面关注教师的生存状态，为教师的发展搭建一个和谐、温馨、广阔的平台。只有这样，教师专业化发展才能真正实现。

（一）专业地位

专业地位是就职业的独特性、垄断性、专门性和科学性而言的。专业地位以复杂深奥的知识技能为基础，职业实践的内涵对非专业人员具有神秘性，不经过专门的学习和训练的人是无法从事某职业的。我们必须看到，自古以来，教师就缺乏专业性，人们总是错误地认为，掌握文字就能当老师、有文化就能当老师、有学问就能当老师。“人们除了认识到教育在传递知识方面的作用外，对教育本身的发展漠然无视，认为为师的资格在学问，有学问者就自然具备了从教的资格。”① 由此，我们已经形成了一种共识：教师目前顶多只能算是一个“准专业”。说到底，教师作为一种职业还不具备“职业生涯”② 的终生性、独特性、综合性和互动性的固有特点。

影响社会地位分层的因素的理论有很多。美国社会学家布劳把影响社会分化的各种因素分为两个类别：一是影响社会类别结构分化的因素，称之为“名义参数”，包括个人的性别、职业、种族和宗教等，这些因素能够直接引起人们在类别上的差异；二是影响社会层次结构分化的各种因素，称之为“等级参数”，包括人们的经济收入、受教育程度、权力等，这些因素会引起人们在等级上的差异。德国社会学家马克斯·韦伯在分析人们社会地位的高低时，所引用的分析参数是经济收入、社会声望和权力。而法国社会学家布迪厄在分析这一问题时，却引入了“资本”的概念，并以对各种资本占有的状况作为影响人们社会地位的主要因素。他提出了四种资本：经济资本、社会资本、文化资本和符号资本。日本学者天野郁夫也指出，现代社会里，人们社会地位的高低，取决于其拥有多少社会资源（财富、权力、威望、知识和技能），人们对这些资源拥有量越大，其社会地位就越高。③

现实中，中学教师的专业权力一直深受严格的教学计划或课程计划、教学法以及漏洞百出的教学评价的限制，更受到现代工场型学校官僚制的约束，“教师的劳动从本质上说，与产业工人并没有什么区别，都是服从于一定的职业技术规范而从事生产。他们不能随心所欲地按自己的意愿去教学，只能在教育理论、教学理论所提供的各种形式化的教学技术中去加以选择，他们有自己固定的操作程序、职业技术以及职业道德。换言之，今

---

① 王建军．中国师范教育百年简论［J］，新华文摘，2002，（11）．

② 职业生涯是指一个人一生中所有与工作相联系的行为与活动，当然，也包括相关的态度、价值观、愿望的经历过程。所谓职业生涯发展，是指为达到职业生涯计划所列出的各种职业目标而进行的知识、能力和技术的发展性活动。

③ 谢维和．教育活动的社会学分析：一种教育社会学的研究［M］．北京：教育科学出版社，2000.310.

天的教师劳动的方式方法从理论上说，受到了教学法的严格控制。”[①] 总之，无论是就参与国家的教育决策、管理，就学校重大事务的决定权而言，还是就自主、自由地选择教学内容、教学方式、教学评价、教学形式而言，教师都已经变成了“对他人设计的课程进行解释的技术人员”。

笔者对深圳市S初级中学教师进行的“专业地位”的调查问卷，反映出了目前中学教师专业地位低下的现状。笔者于2006年11月在深圳市S初级中学做了关于“深圳市S初级中学教师专业地位调查问卷”，从16个方面来调查中学教师对自己专业地位状况的认可程度，共收到有效问卷80份，通过统计、分析，主要发现以下几方面的问题：

1. 职业尊严感失落、职业认同感偏低

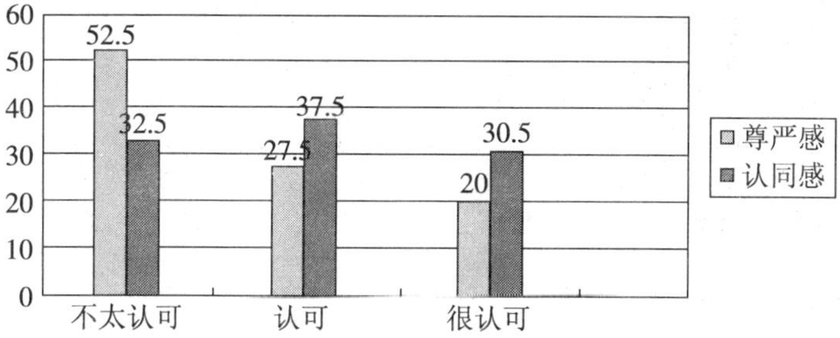

图4—1 深圳市S初级中学教师职业尊严感和认同感情况分布图（单位：%）

尽管人们用“人类灵魂的工程师”“太阳底下最光辉的职业、最高尚的职业”等很多美好的语句来赞美教师，但是通过统计分析发现，对“从事教师职业有一种尊严感”不太认可的教师所占比例为52.5%，很认可的教师只占20%；对“自我认同该专业，不为外力所动”不太认同的教师所占比例为32.5%（见图4—1），这说明教师本身自我职业认同感很差，尊严感失落。自我职业认同感的高低，与教师在职业中是否受到应有的尊重，是否有应有的职业权力、专业发展空间、成就感等因素有直接关系。

2. 专业成就感低下，专业权力缺失，在校内外没有得到应有的尊重

由图4—2可知，教师的专业成就感不高，只有17.5%的教师肯定认可具有高专业成就感，45%的教师对具有专业成就感持否定态度。

① 周浩波．教育哲学［M］．北京：人民教育出版社，2000.239.

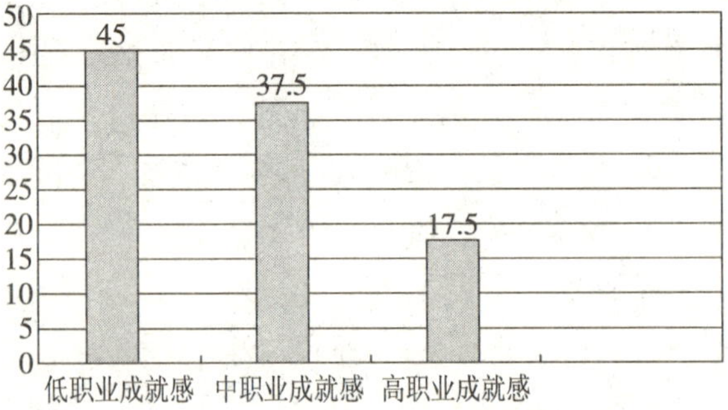

图 4—2　深圳市 S 初级中学教师专业成就感情况分布图（单位:%）

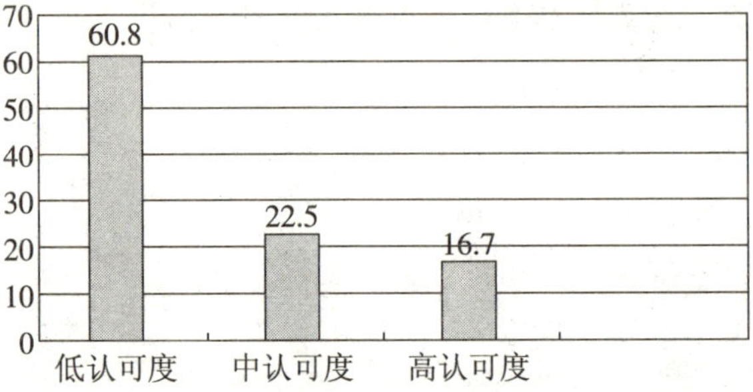

图 4—3　深圳市 S 初级中学教师专业权力认可度情况分布图（单位:%）

而提及“从事该职业拥有的权力大”时，60.8%的教师认为自己并没有得到应有的专业权力（见图 4—3），这说明教师的专业权力缺失严重。此外，教师们不仅是处于无专业自主权的工作状态下，而且他们也感到没受到应有的尊重和重视。

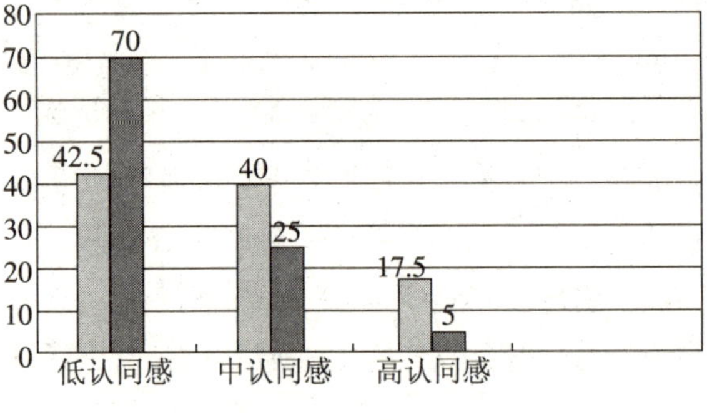

图 4—4　深圳市 S 初级中学教师校内外受尊重认可度情况分布图（单位:%）

对“在校内受到尊重”，42.5%的教师不太认同，比较认同的占17.5%；对“在校外受到尊重”，70%的教师不太认可，仅仅5%的教师很认可（见图4—4）。笔者还在深圳市一所普通高中做了问卷调查，对“您认为目前教师职业是否受到了社会的应有尊重”，只有34.9%的教师持肯定态度，65.1%的教师认为没有受到应有的尊重。看来，中学教师在学校和社会上的普遍感觉是不被尊重，教师的工作被动感较大，专业自主感很差。

3. 教师发展平台有限，对专业待遇不满

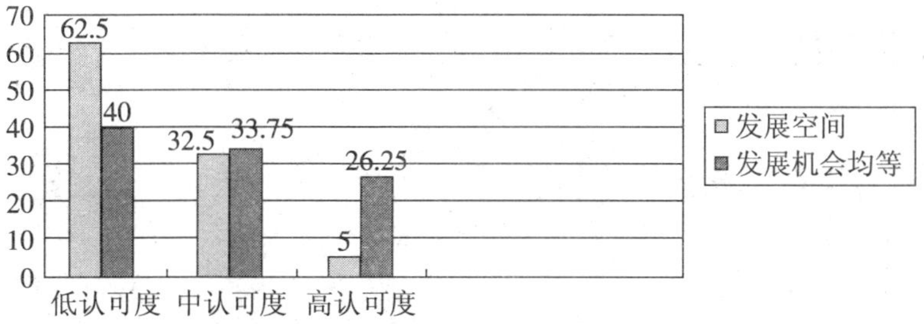

图4—5　深圳市S初级中学教师对发展空间和发展机会认可情况分布图（单位:%）

由图4—5可知，分别有62.5%和40%的教师对自己有大的发展空间和发展机会均等持低认可的态度，说明教师普遍感到发展空间有限，发展机会不均等。发展空间有限说明教育制度、学校管理等没有给教师提供足够的展示自我、发展自我的机会。发展机会不均主要是因为教师职称评定的自主权不在学校，而在评定部门，而专门的评定部门又不了解教师工作的真实状况，所以经常会出现在学校工作中出类拔萃的教师职称多年都评不上这样的情况。

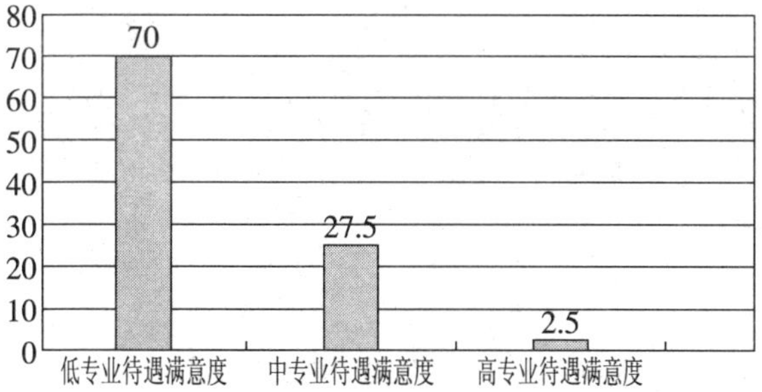

图4—6　深圳市S初级中学教师专业待遇满意度情况分布图（单位:%）

由图4—6可知，有70%的教师对自己的专业待遇满意度很低，说明教师的专业待遇并不高。专业发展空间有限，导致了专业成就感低。职业权力缺失、职业被尊重感差，导致了专业待遇的满意度低下。以下文字是深圳市S初级中学某一QQ群里的一段对中学教师生存状态的嘲讽描述：

投身教育英勇无畏，西装革履看似高贵，其实生活极其琐碎，为了生计吃苦受累，鞍前马后终日疲惫，家长投诉照死赔罪，点头哈腰就差下跪，校长一叫立即到位，一年到头吃苦受罪，劳动法规通通作废，身心憔悴暗自流泪，屁大点事反复开会，迎接检查让人崩溃，工资不高自己完税，走亲访友还得破费，抛家舍业愧对长辈，身在其中方知其味，教师哪有社会地位，全靠疯疯傻傻自我陶醉。

这一段话在一定程度上表达了教师顺从屈服、抵制颠覆、无奈被迫、悬置冷漠的种种心境。由此，我们可以看出，中学教师的专业地位与以往相比确实并没有太大的改观。近年来的经济发展改善了教师的经济生活，教育改革解放了教师的思想，但教师的专业地位一直在低谷中徘徊，教师职业越来越受规约。教育应该作出一种颠覆性的变革，必须悬置起固有的习惯，真正改善教师的专业地位，才能解放教师，给教师充分的专业自由与自主。

（二）学习和培养

随着知识社会的到来，学生知识与信息获取渠道的多样化，教师作为学生唯一知识源的地位已被彻底动摇。教师需要重新对自己进行定位，以学习来促发展，改善自己的生存状态。显然，21世纪的教师责任之一是终身学习。在心理学中，“学习”与“发展”是一对孪生概念，有时边界并不清晰，在教师认知研究中，教师学习与教师发展也是如此。“教师学习”的英文对应词是“learning to teach”或“teacher learning”，泛指一个人从新手教师成长为熟练教师，其专业知识技能不断提升的过程，常被用作“教师发展”的同义词。本研究主要从中学教师的学历状况、知能状况和培养状况三方面阐述中学教师的“学习和培养”现状。

1. 中学教师专业学历状况缺少发展性

根据2004年的统计数据，深圳市普通中学教师共11 625人，初中教师中有本科学历以上的教师比例为78.7%，高中教师中有本科学历以上的教师比例达97.4%。[①] 福田区教师队伍的学历结构相对比较更好，初中教师中有本科及以上学历的教师所占比例为93.2%，高中教师占97.4%。[②]

笔者通过调查福田区的S、N两所中学发现，S初级中学共有84名教师，其中第一学历为硕士的教师所占比例为9.5%，有本科学历的教师占88%，有专科学历的教师占2.3%；N高级中学共有61名教师，第一学历为硕士的教师有2人，占3.2%；有本科学历的教师共54人，占88.5%，有专科学历的教师共5人，占8.1%。经过继续学习或进修，其中有5位教师由本科升为硕士学历，5位教师由专科升到本科学历。据了解，原始学历是专科的教师，一部分是年龄较大的教师，另一部分是外语教师，他们是从专科外语学校毕业的，由于实际需要现在大部分教师已经进修到本科学历了。

由于各学校中学教师紧缺，加上深圳市是个新兴城市，高等学校较少，尤其是缺少高等师范学校，老师们很难有机会继续学习、深造，因深圳也没有出台相关政策鼓励老师们重返高校继续学习，所以教师再回到高校学习的机会较少。前面提到的由本科继续深造得到硕士学位的教师均是从外地调来的，而很多学校鼓励教师在职继续深造，并创造各种机会鼓励教师到大学进行提升学位的在职学习，如东北师范大学附属中学鼓励教师到东北师范大学攻读在职硕士、博士学位。通过在职继续深造，本科毕业的教师得到了一定研究能力的熏陶和培养，并能不断补充新知识和新理念，因而这种深造深受教师的欢迎。东北师范大学附属中学还制订了教师硕士毕业后晋升一级工资、博士毕业后晋升三级工资的方案，更进一步激发了教师学习的积极性。深圳学校的很多年轻教师也希望能有再深造的机会，但只能感慨没有机会，以下是对一些教师的相关访谈：

问：您希望有到高校继续学习、深造的机会吗？

师：我特别希望能够趁年轻多学点东西，更希望能获得硕士、博士学位证书。但是，在职学根本不可能啊！我们学校本来教师就很缺乏，加上每年教学规模也在扩大，被临时调走的老师也多，每学期学校都招进一些新老师，

---

① 尚强，张彦玲．深圳教育蓝皮书（2005年卷）[M]．深圳：海天出版社，2005.65.

② 尚强，张彦玲．深圳教育蓝皮书（2005年卷）[M]．深圳：海天出版社，2005.74.

而这些新老师大多没有什么教学经验，且教育局又不让学校聘用临时教师，在这样的情况下，学校怎么会能让我们年轻老师去学习、深造呢！

师：我非常想有机会学习，希望到大学去深造，但我就是怕考试，要是没有考试我自己花多少钱去学习都行，但是，像现在的这种继续教育，对我一点用也没有。

笔者还通过和一些年轻老师在网上 QQ 聊天得到类似的观点。以下是 2007 年 4 月 13 日，笔者与一个年轻教师在网上聊天的相关内容：

问：现在的年轻老师希望到高校去深造，如再读个硕士学位什么的，你怎么看？

师：我也希望自己能在现有层次上有所提高，但现实的工作、生活、家庭不允许我这么做，哪个领导允许自己的员工脱产去进修呢？目前编制这么紧张，每个教师各司其职，怎么能长时间离岗去参加培训？更别提单位提供学费了，也许你前脚刚走后脚就没有岗位了。

总体上说，深圳市中学教师专业学历起点在本科的比例较大，但是，教师缺乏在职进修、提高学历的机会。

2. 中学教师专业知识呈现危机状态

(1)“教师专业知识”的基本构成

总体来说，教师的知识指的是“教师所具备的科学文化知识及其掌握的程度，包括科学文化知识、专业学科知识、教育学和心理学知识、教育情境知识”[①]。这也是柳海民教授提到的，“以专业化的眼光审视，教师应具备的专业知识至少应有三个方面：普通文化知识、任教学科知识和教育科学知识”。教师的知识有其特有的结构，且比较抽象。教师这一职业不仅需要某一方面系统的专业知识，而且要基本掌握与该门学科相近的有关方面的知识；不仅需要了解这一学科的理论知识，而且还应熟悉如何应用这门学科的知识与理论的技能。所谓教师的能力，是指教师在教育教学活动中形成并表现出来的、直接影响教育教学活动的成效和质量，决定教育教学活动的实施与完成的某些能力的结合。教师的能力是在实践中发展起来的、反映教师职业活动要求的能力体系。“教师的职业能力，除了人的基本认识

① 傅道春．教师的成长与发展［M］．北京：教育科学出版社，2001.138.

能力（包括观察力、注意力、记忆力、想象力和思维力）之外，还有教师的教育能力和扩展能力。”①

（2）深圳市S初级中学教师专业知识现状

应该承认，改革开放后，中学教师的学历达标率已经得到了显著的提高，这使得教师的教育学知识更加规范，教育能力也有所提高。在笔者的调查问卷“您是否接受过专门的教育学知识的学习和技能的培训”中，所有的教师给出的都是肯定的答案。但是，我们应注意到两点：一是我国中学教师的专业知识状况仍然处于学历补偿阶段。由于我国的教师队伍庞大，知识水平起点低，教师知识状况的地区差异大，因此，从总体上看，当前我国中学教师仍然处于弥补知识不足以求合格的阶段，这与美国等发达国家正在进行的学历提升——将教师的学历水平提高到硕士和博士水平，是显著不同的。二是教师继续教育的含金量较低。高文凭、低水平，高职称、低能力的现象普遍存在并且比较严重，学历补偿的目的已经由原本的知识提高变成仅为评定职称而进行的砝码竞争。

笔者以“您现在所教学科是否与过去所学专业相关”为题对深圳市S、N两所学校的教师进行了调查，结果表明，在S初级中学，认为“完全相关”的教师占73.9%，认为“有点相关”的教师占19.6%，认为“完全不相关”的教师占6.5%。在N高级中学的61名教师中，认为“完全相关”的教师占90.2%，认为“有点相关”的教师占9.8%，认为“完全不相关”的教师则没有（见图4—7）。这表明，与初中教师相比，高中教师所学的专业与所教的专业相关度更高。

目前，深圳市S初级中学的综合科教师普遍反映自己的专业知识严重缺乏，导致其在教学上非常不自信。在深圳，初中从2003年开始全面推行理科综合课（即科学课）和文科综合课（即历史与社会课）。文理综合课的开设在国际上是一种趋势，它有诸多好处，但在教师没有任何准备的情况下实行起来，因而教师的学科知识就显得严重匮乏。以科学课为例，将过去的初中课程中的物理、化学、生物、地理学科综合起来形成科学学科，而过去教物理、化学、生物、地理学科的教师要完成科学课的教学。而实

① 傅道春．教师的成长与发展［M］．北京：教育科学出版社，2001.142.

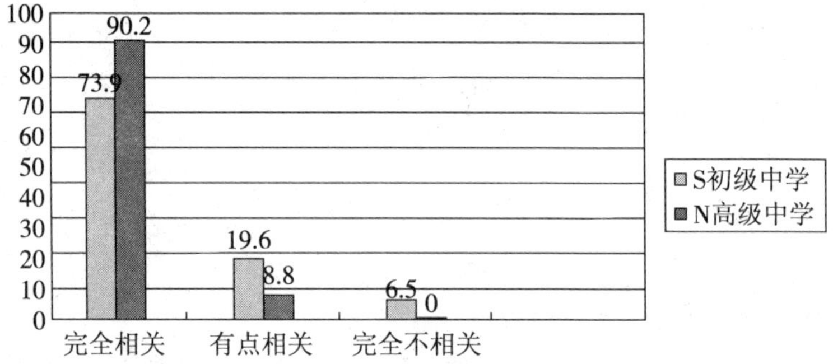

图 4—7　中学教师所学专业知识与所教知识相关度情况分布图（单位：%）

际上，教师和学生的水平相差无几，教学效果就不免令人担忧。尤其是对于老教师来说，他们学习其他三门学科的新知识，必须有个过程。理科课程还包括实验技能的学习，因教师没有进行任何的培训和再学习，甚至临到开学之前才拿到教材，在实验室建设、教材编排的系统性、教学需要材料和实验器材等都存在问题的情况下匆匆上课，这样的教育质量着实令人担心。

以下是对某位科学教师的相关访谈：

问：对现在的科学课程，您在教学过程中有哪些问题？

师：好多生物知识我都不懂，尤其是那些专业名词，我都说不出来，我最怕讲生物部分了，更怕学生问我问题。况且，我也没有那么多时间和精力一下子学习这么多内容，真是麻烦！昨天，我又把一处知识讲错了，学生问我溶剂是否都是液体时，我认为液体或气体都可以，结果我请教另一位教师，她说还有固体。我根本不知道这些内容啊！

该教师现年 53 岁，之前教物理，现教初二科学课。他本来是一位非常优秀的物理老师，但面对新的科学课，他已经没有任何优越感和自信心了。

这位科学教师给我写了一张字条说明他教科学课程面临的问题：

① 科学老师因自己的知识结构问题并不能胜任科学课程的教学，无法面对学生提出的与科学老师原本知识体系相脱离的问题。这种以学生的前途为代价的实验应该停止。

② 目前，我校使用的浙江教育出版社的科学教材有大量内容不符合人类普遍的认知规律：由表及里、由浅入深、由简到繁、由现象到本质，如

学生还没有学功的概念就开始讲能；学生没有学指数运算，科学课中就出现了科学计数法等。

③ 探究的内容繁多，也应减探究的“负”。应每学期认真做好一两个探究，学生的掌握探究的思想、方法和程序即可。

④ 科学课程开设的“假设”理念幼稚可笑。

师：我最怕教生物和地理部分了，我回家后天天都得备课，每天到处请教其他老师问题。学生的练习又与教材不配套，明明是新的科学课程，但里面的练习题还是过去分学科时的练习题，题目又深又难，我也不知道该把握教材到什么程度。完全按教材和大纲讲吧，一些练习学生不会做还得再讲，而且我怕自己少讲了内容，中考时学生会得分低。要是多讲呢，课时又不够。

该老师现年 45 岁，原来教化学课。每天早上和中午的时候，在食堂都能听到她的询问问题声。

师：我以前讲生物课很生动，也游刃有余，但现在很麻烦，在物理和地理课上，我有时会现学现卖，有时就得应付，觉得很对不起学生。我最怕的是做实验的课。我认为现在的教材就是把过去的生物、地理、化学、物理课拼凑到一起，这样的科学课还不如从前分讲好，至少学生在以前还能学到系统的学科知识，现在讲完一章物理，再讲一章生物和地理，等到期末再复习时学生早就把前面所学的知识忘光了。如果进行科学课，就像浙江教育出版社出版的那套美国教材《科学探索者》那样，老师虽辛苦，但学生受益，我们当老师的也是愿意的。

该教师现年 40 岁，原教生物。

2006 年 11 月 24 日下午，福田区科学教研员带领部分初中科学老师和高中理化老师以及部分 2002 年参加综合课实验的学生（现在已经是高中学生了），进行初中科学课情况调研，东北师范大学教育科学学院的博士王老师参与了这次调研，以下是她提供的资料：

教师讨论实录

在老师们没有任何准备的情况下实施科学课课改，老师们面临前所未有的挑战。

师：我昨天碰巧与我们区的一个初三的化学老师在一起，他现在教科学课。哎呀，他感到非常头疼，他现在特别怕上地理课，因为他之前根本就没学过地理课。现在的地理课可能比我们当年的高考，就是1980年时的高考要复杂得多。这（指科学课课改）其中出现的各种问题，也不能完全怪我们老师。

师：我现在教初二电学这一块，我本身是学化学的，现在教物理课，这样一来，我的备课量相当大，基本上都是教参摆在这里，课本摆在这里，老教材摆在那里。我要不停地去听其他老教师的课。我能讲清楚大体的知识，但是，细节方面我肯定讲不好，想不到那么多。听完一些老师的课之后，我才明白有些问题自己没有讲到，然后马上回去补这方面的知识。我总是一边讲，一边查漏补缺，因此，知识讲得非常不系统。很多情况下，我都是想起来多少就讲多少，真是一边在学一边在教。

问：你是第一年（教）？

师：我是第二年了。

师：我想可能这三年过去后，再教一个三年的话会好一点。

问：那你教化学课的时候呢？

师：还没有讲到化学课，现在还没有涉及呢。

问：初一、初二还没有涉及化学课？

师：很少，上学期有一点，然后就是物理课。

师：关于教师的专业性的问题，好像各个学校接受访谈的学生都提到了。分科老师来教科学课，就课前的培训和课后的再教育问题，我觉得应该要解决好。

通过教师访谈，我们可以得知，教师教学知识，尤其是面对新课程、综合课程的改革，是严重欠缺的，他们需要补充自己知识的机会和条件。

深圳福田中学学生访谈实录

主持人：我有一些问题想要和大家沟通一下，这一沟通可能会让大家回想起初中的快乐时光，也可能会勾起大家痛苦的回忆。这是一个座谈，大家畅所欲言，你不会因说得好或者说得不好受到奖励或者批评。下面有这样一些问题，只要大家觉得自己有话可说，就尽量把它说清楚。这些问题是关于初中学习阶段对科学课的学习感受和状态，这个当然主要针对深圳市福田区莲花中学的学生，因为只有他们学过科学课。

① 在初中的学习过程中，你最难忘的一次学习经历是什么？

② 上初中的时候，你最喜欢哪一门课？喜欢的原因是什么？你觉得这门课有哪些特点？

③ 在科学课程的学习上，你最大的收获是什么？如果让你再重复一次初中的学习，你认为在科学课程的学习方法上应该做哪些调整？当然，你也可以谈谈你的经验教训。

下面的问题是针对高中课程学习的，从莲花中学毕业的同学和非莲花中学毕业的学生都可以表达自己的观点。

① 经过初中3年以及高中1年的学习，你认为教师采取什么样的教学方法最适合自己？

② 你觉得自己现在在学习上面对的最大困难是什么？你有信心来克服这些困难吗？你有什么具体打算？

③ 你现在选择的是文科还是理科？为什么会做出这样的选择？你是怎样考虑的？

④ 你对初中科学课程的设置及教学有哪些要求和建议？

⑤ 现在的其他同学对科学课的看法和认识。

⑥ 在初中阶段，非莲花中学的学生是分科学习，你了解到的莲花中学的同学跟你们有什么不同？感觉怎么样？

生：我是从莲花中学毕业的。在莲花中学的时候，科学课这门课程我们做实验比较多，但是，实际的物理化学知识的掌握比较少。科学课综合物理、化学、生物、地理这几门学科，它包含的内容比较广，但是，知识面比较浅。这样的学习和那种分科的学习相比有一些差别。

生：在初中学科学课，学的知识面较浅，进入高中再学习的话，就跟不上那些分科学的同学，因为他们学得很深。

生：就是老师讲了这些知识以后，我们感觉很生疏，可是，在初中阶段分科学习的同学一下子就能回答上来。

主持人：很好，很好。那你上高中之后，你觉得自己缺漏的初中的知识，现在补上了没有？

生：补上了啊，假期都有补课。

主持人：跟你的分科同学相比较，你现在的理化成绩怎么样？

生：中等水平吧。

生：以前学科学课的时候，就感觉物理、化学、生物、地理这些科目都包括在内了，但是，我学得都不够扎实，都只是一些比较基础的知识，没有那些分科的同学学得系统。因为没有他们学得深，所以在高中，特别是高一这一阶段的理科上，我的理科成绩还是比那些学分科的同学差。

主持人：那你觉得初中的学习对高中的学习有积极影响的、比较好的地方在哪里?

生：比较好的是，在科学实验方面上，我们的动手能力就比较强。

生：我是从莲花中学毕业的学生。我觉得，我们学科学课的学生呢，在初一、初二的时候不够重视科学课，到了初三才开始重视它，于是，我们便奋起直追，拼命学那些化学、物理知识，就为了应付中考。历史这一科目，有的学校中考不涉及此门学科，学生也就不太重视，而我们要参加中考，就背了很多内容。现在到了高中，感觉掌握了不少知识。（那历史学科学生普遍学得比较好，是缘于课程设置，还是考试呢）

生：我是从莲花中学毕业的学生。我觉得学科学课对于我的动手能力的培养是有一定效果的，但是，我觉得知识的系统化还欠缺。进入高中之后，我觉得自己和那些分科的同学相比有一些差距。这种差距在心理上已经形成了，总觉得自己不如他们，结果越学越差。但是，到了高二，感觉就好了很多，因为我已经适应了。我觉得科学课应该更系统一点。（初中的合科到高中的分科还有个习惯问题，怎样衔接呢，特别是在课程内容、课程组织上、学习方式上等）

生：我觉得老师现在上课应该以引导为主，因为每个学生的基础不一样，如果老师直接讲书本上的内容，有些同学可能就知道老师要讲什么，但是，有些同学因为自身的基础差就听不懂老师讲的内容。所以说，我觉得老师应该以引导为主，让学生了解课本上的知识。（注意个性差异）

我现在是学历史 X 科，我觉得上过科学课后，同学们的历史课的基础比较好，而且了解的知识点也比我多。而我是学分科的，在初中的时候没有注意历史课的重要性，而现在选了历史课以后，发现真的没有别的同学学得扎实，必须比他们更努力地学习，才能追上他们。

主持人：没有回答过问题的同学一定要说一次自己的看法啊。接着来，刚才发言的同学都说得很好。

生：我以前是学科学课的，现在选的是历史课，这样选的主要原因是我觉得自己的理科成绩太差。在初中，我的科学课学得很差，特别是物理和化学学科。我以前的科学老师以教化学课为主，后来他也教物理课，可物理学科里的很多问题他都不懂，教得我也懵懵懂懂的。所以，我现在还是选了文科。

生：我在初中也是学科学课的。上了高中以后，我的化学和物理学科就有点跟不上了，所以我就选了历史课。

主持人：好的，我们不如这样，上面的这几个问题同学们回答得差不多了。接下来，我们请这个同学说一下自己的看法。

生：我选的是地理课，也是学科学课的。我选地理课主要是因为现在高一、高二学的地理和历史知识基本上在初中都学过了，所以觉得有一定的优势。至于理科，我觉得自己心理上有压力，和那些分科同学们基础上有差距，跟上来比较难。现在老师教我们的时候，应该把知识，特别是把理科知识教得浅一点，以适应不同基础的学生。

生：我是从莲花中学毕业的。我觉得在初中学的科学课，最大的一个问题是老师不够专业，有些物理题他会拿去问专门教物理的老师，再回来为我们讲解。他有时候虽然能讲出来但我们也听不太懂啊，因此，我们的学习热情可能就不会特别高。然后到了高中吧，很多高中老师讲课的时候，因为他是针对全班同学而讲的，于是很多学科学课的学生是真的不懂老师在讲什么，而老师又不可能只为了这几个人专门去讲，所以一上高中，很多从莲花中学毕业的同学，起码我认识的从莲花中学毕业的同学好像都是历史和地理学科学得较好，但是，他们的物理和化学学科就比别的同学差很多，可以说这是两个极端吧。

笔者于2006年9月和2007年3月9日参加福田区教研中心组织的福田区中学教务主任会议时，教研中心副主任两次都提到一个问题："深圳市高中文科生比例在全国城市中比例最大，而福田区高中文科生比例在深圳市中又是最大的，这和我国高考文理招生比例是相悖的，这对我们的高考相当不利。"其实这种比例的形成一方面与学生自身有关，另一方面也与深圳市在初中阶段实行综合理科，老师们知识与能力欠缺有关，因为他们直接影响到了学生在高中阶段的物理、化学的学习。

以下是2006年11月24日下午，笔者对学生访谈的一份资料：

师：刚才回答问题的这十几个同学，现在选X（广东高考是除数、语、外，文、理综合加选一科X，所以在高二时，学生要选一科X）、选物理课的同学是怎么分布的？选历史课的同学有多少？我们先说选理科的同学有多少，理科包括物理、化学、生物三门学科，举手看看，哦，从莲花中学毕业的同学，就只有3个选了理科。

师：学历史课的同学有多少人？（数数）有8个。

师：我们高二的同学中选文科的同学有很多，是不是因为你们在高一的时候，觉得化学、物理、生物科目的考试难度很大，分数很低？

生：是的。

师：是感觉学得很吃力，还是感觉虽然学得还可以，但是分数考低了，是哪一个原因？

生：分数考低了。

以上学生的发言说明在深圳市高中学生中，选择文科的学生比例大的原因有两个：一是与科学课有关，二是与高中理化考试难度有关。总体来说，现实中的中学教师还有相当一部分在知识上还是不自信的，他们需要补充大量知识，需要大量的自由时间，更需要有关部门为他们提供学习的机会，但现实中，老师们的时间、精力被一些与教学无关的事情占用了很多，这些内容在后文也会详细地说明。

从2012年起，深圳市把科学课取消了，改为分科教学，老师们开始适应新的教材。

（三）教育教学科研

《基础教育课程改革纲要（试行）》指出，教师应是教育教学的研究者，如果教师的教育教学没有一定的理论作指导，没有以研究为依托的深化和提高，就容易在固守旧经验、照搬老方法的窠臼里不能自拔。学校不仅是学生学习的场所，也是教师学习和发展的地方。良好的教学气氛包括优良的教学研究文化。学校和教师要解决教育改革的实际难题，从事和积极参与校本教研是成功的关键，也是专业教师的责任。没有校本教研的支持，校本课程的实施不会成功。校本教研即以学校为本的教育研究，它是一种集工作、学习和行动研究于一体的专业探究活动。教师通过发现和探究学校教育实践中的问题，有计划地进行探究和反思，借此解决问题。其目的在于不断借由终身学习，完善自我，提升教学效能，优化学习，从而建设专业社区和学习型组织。值得注意的是，校本教研不是一种方法，它只代表专业教师面对实际问题的一种态度和取向；它不是一种对建构理论知识的研究，而是由教师解决难题的行动实践。总之，校本科研活动应该成为教师职业的重要内容和重要的生活方式。

在现实的学校中，教师对于教学科研的态度又是怎样的呢？通过调查访谈，笔者了解到老师们对于“科研”有很大争议，教师多数对其所持的态度并不是真正去“应对”，而更多的是“应付”。曾经有老师这样描述教师的真实科研活动状况：教师多半是“被迫”进行科研活动。

1. 教师做科研——无心无意

中学教师每天的时间被学生、各级管理部门下达的任务等各种事务切割，于是，他们便没心思、没情绪，更没激情、没动力搞研究。请看下述案例：

福田区教研中心科学教研员X老师开展了“让激情燃烧——教研活动有效性探讨”的活动。这个活动的目标有两个：一是陈述教研活动中的几个问题；二是呈现一种叙事研究方式。

这是2006～2007学年上学期开学初，作为区教研中心的科学学科教研员，X老师在开学初召开的一次教研组长会议上所布置的本学期学科教学教研工作，并提前三天以公文形式下发给各学校以下通知：

通　知

各中学教学处：

本周五（9月8日）上午8：30～11：00在深圳市福田区彩田学校一楼会议室召开科学教研组长会议。请通知各学科组长依时参加。

会议主题：如何开展校本研修活动。

福田区教研中心中教研

2006年9月5日（周二）

开会当日情形如下：

9月8日（周五）上午

8：30，18位教研组长已到，6位未到。

8：40，打电话询问各组长，其中4位组长还在路上。

第5位：我在医院陪爱人看病，立即过来。哦，我不是组长了，另一位教师会过来，我马上通知她。

第6位：我到黄埔去了，看通知才知道搞错了，马上过来。

直到9：15分，6位教师才陆续到达。

8：45，会议开始。

X：我们希望教研组长能对校本研修达成共识，所以我们先交流对校本研修的理解，以及初步的计划。

（一阵沉默）

X：大家都没有准备吗？

某组长：我只知道要开会，但没有看到通知。

某组长：我拿到了通知，但没有仔细看。

X：这就是习惯，被动接受任务。

（是呀！平时，我们从不问开会的主题，不问听课的要求，只知道"必须参加"。）

有准备的教师不甘沉默。

三位组长开始发言：

"校本研修就是要研究课堂，通过研究，可以达到提升自己的目的。"

"我校的校本研修要在校本课程中完成。"

"校本研修就是教研活动吧，我们一直在做，而且做得很好，现在特别强调校本研修，可是我们不明白是怎么回事。"

福田教研中心主任利用"教师专业发展阶段理论"对校本研修做了必要的说明。

这三位组长发言结束后，其他组长纷纷也开始发表自己的看法。

"教师没有热情，也没有制度保障，人的惰性很大，无法克服。"

"教师的事务太多，例如，科技节马上就要来临，我们又要应付。"

"我们为什么只能成为任务型教师？因为现在我们的任务太多了，只能成为任务型教师！”

“我们为什么没有热情？因为身心疲惫。”

“领导总是不满意，总是认为我们的工作做得不够。”

“教师没有权利，难以寻找到自己的价值，并且教师的权利并没有得到保障。”

“既然要求教师把教育当成一种事业，领导是否也把教育当成一种事业？”

“在很多年以前，就提倡把教师培养成专家型教师，可很多年过去了，我们当中产生了多少专家型教师？”

“我们没有研究的时间作保障，没有空余时间。”

“学校的杂事太多，中层领导太多，每个部门都有任务，而且领导兼课太少，分配的任务无法完成，剩下的工作量自然落在普通老师身上。”

“科技节布置的任务太多，要求拿到10～15个一等奖，如何完成呀？”

通过这些讨论，我们可以得出这样的结论：

教师压力太大了！

教师没有时间，也没有热情研究教学！

校本研修就别搞了吧！

最后我们得出如下问题：

问题一：教师对教研活动的参与热情不够

（1）迟到人数多（占与会人员的25%），迟到时间长（最长的时间达45分钟）；

（2）不关注活动的主题（至少一半的教师不知主题为何）；

（3）对校本研修的理论缺乏学习和思考。

问题二：教师对校本研修的概念不清楚

（1）理解为传统的课题研究；

（2）理解为传统的教研活动；

（3）理解为校本课程。

问题三：教师认为影响校本研修活动的开展的因素主要在于客观因素

（1）外部因素；

（2）困难太多；

(3) 压力太大；

(4) 没有时间；

(5) 对自身的需求和发展考虑不多。

这仅仅是福田区教研中心组织的一次学科组长研讨会，可以想象在学校里进行教科研活动将会面临的阻力有多大。

2. 教师做科研——有心无力

通过访谈，笔者了解到，有些老师是愿意做研究的，但是，因精力有限、能力有限，无法做到。下面是笔者对一所初中学校的部分老师进行的访谈：

问：教师对待科研的态度如何？

师：大多数教师不是不能做，而是投进去的精力有限。每周老师要上14节课，加上继续教育、各种活动，包括体育节、科技节、艺术节、本科组的活动，本来已经很累了，而且时间安排得满满的，要是再去做科研，任务就更重了。老师做科研主要是因为评职称的需要，是被迫做的，而且必须要做。对于有些外来的课题，老师还是很感兴趣的，但问题是老师们不知道如何去做，也不知道该做些什么，怎么去做，所以老师们也就没有心思去关注了。

这位老师同样谈及了时间的限制决定了教师对待科研的态度主要是“应付”：

问：目前，学校的科研主要有哪些形式？它们是如何影响您的教学的？

师：现在福田区教育局要求学校进行校本研修，主要的形式是交论文，如《教师的故事》《我的问题我解决》等论文。写论文是需要时间、精力的。另外，教师认为自己的研究品位不够高，也不可能花太多的力气去做，因而只能采取应付的态度。

另一位老师则提及了教师对待科研的四种不同的态度及原因。教师对于科研的消极态度主要是因为“不懂科研，或对科研存有一定的误解”。相关访谈如下：

问：在您看来，学校教师对待科研的态度如何呢？

师：主要是因为教师不懂科研，才对科研有一定的误解。目前，教师对待科研的态度主要有以下一些类型：一是本能的抵触；二是由于不理解而处于迷茫状态；三是被动地去执行，学校要“我”做什么，“我”就做什么；四是自觉地去做。其中持第三种态度的教师占大多数。

还有一位教师则把“教师抵制科研”的原因归纳为：一是能力有限；二是客观条件的限制。

问：在您看来，教师持反对意见的主要原因是什么？

师：这个原因很复杂，主要原因有三个：一是态度问题，教师自己不愿意做，也不愿意别人做。二是能力问题，他们想做，但不能做。科研是一项非常复杂的工作，不仅需要多思考、多读书，而且需要不断去反思。所以，做科研不仅需要时间，更需要精力。三是客观条件的限制。教师教学工作任务确实较重，加上学生又难管理，他们的时间便让许许多多无关紧要的工作给占了。很多教师认为“科研可有可无”，所以并不重视科研。他们常常抱怨说：“这种科研活动‘占用’了工作时间。”

事实上，这位教师的科研热情也受到了许多因素的影响：一是学校教师与领导的反对；二是制度落实有问题；三是对于目前的学校文化感到十分无奈；四是教师本身的惰性。以下是相关访谈：

问：学校进行科研的实际情况如何？

师：应该说进行科研活动很难。一是来自各个层次的教师干扰太大。平级部门甚至学校领导采取这样的态度是不应该的。个别领导曾公开说，科研要停下来，要多花一些时间抓教学；而我又实在没有能力去改变他们，要继续坚持我的工作很难。二是被一些评价、反馈打消了积极性，总觉得做科研是一个费力不讨好的工作。经常可以听到一些级长、科组长埋怨说，科研影响教学，影响学校德育。三是教师本身的惰性。说实话，人都是有惰性的，谁都不想太累，教师本身的压力很大。四是认识上的原因。多数教师仍然把教学与科研分离开来，原因实际上仍然在于对科研的恐惧，缘于对工作压力的担忧。五是制度的落实。学校制订了相应的制度，但是很少有反馈，很少做到在过程中进行检查，所以不能落实。

从上述情况来看，教师反对科研有多种原因：一是教师的惰性所致。教师对于变革有一种本能的抵触情绪，尤其是年龄较大的教师。二是由于多数教师的科研能力较低，他们不懂得如何做，自然会出现一定程度的抵制。三是客观上教师的教学任务非常重，有心无力。

3. 科研——“让教师讨厌”的代名词

教师关于“科研主要采取的是什么”的信念，从某种程度上说会影响他们怎么做。学校实际运行的科研是“学理论”“写论文”“搞论坛”等一些活动形式，这些活动是远离教师生活的，自然让教师有了一定的担心，从而产生了抵触情绪。做科研对于教师的教学而言还是有一定的帮助的。但是，目前，学校的科研活动虚的太多，实的太少，如专家所讲的内容，离现实远了一些。于是部分教师对科研有些许误解，导致他们讨厌科研。

师：教师教学本来就很累，由教研室来做课题研究就可以了。有些做科研的文章根本不是结合学校的实际写的，比如，有些班主任写怎样管理班级，而其实自己的这个班本身就是一个“乱班”，只得通过从网上摘抄来凑文字，这有什么作用呀？

问：这种文章所占比例高不高？

师：我觉得比较高。教师根本就没有时间，所以真正搞研究的教师很少。而学校要求教师每个月都要交一篇论文，教师不交又不行。

多数教师谈到，深圳市S初级中学科研的主要形式有两种：一是请专家讲课；二是要求教师写论文。也许正是由于科研的实际形式简化了科研的丰富内涵，教师对科研有了一些错误的假设。教师反对的其实不是真正意义上的科研，而是实践当中“片面化了的、简化了的科研”。真正的学校科研应以校本问题为基础，根据学校真实情境中出现的问题，设计相应的解决策略，然后着手实施相应的计划，并在过程中进行反思和调整，最后生成实践的经验，或者通过教师对个人经验进行叙事、反思，生成更多有意义的实践经验。

为了进一步了解深圳市N高级中学多数教师心目中关于“科研”的信念，笔者设计了一次座谈会，其主题是：现实的学校科研是怎样的？

教师主要从以下四个方面对科研进行定义：

（1）科研就等于写论文？科研就是按学校的要求完成论文，因而科研成了一种额外的负担，与教师的教学生活关系不大。

（2）科研就是听讲座，即科研就是理论学习。然而，现实状况是：多数教师不必学习理论，仍然能够教得很好。因而，理论学习并非教好书的前提。

(3) 科研就是把教师或学校当实验品，是由理论工作者设计好了一些实验方案，然后拿到学校进行试验。

(4) 科研是一种理论性很强的工作，关注的是理想教育形态的设计，对教学实践的直接指导作用不大。

从这些教师的观点来看，他们对于科研存在许多误解，由此，他们患上了“厌研症”。在这些不同的信念的影响下，教师对待科研有着不同的态度：

态度1：科研是一种负担。由于教师对科研内涵与功能认识不清，他们有这样一种信念：科研就是一种负担。由于现实学校运作的科研被简化为教师写论文，多个部门都要求教师上交论文，有时教师要承担许多重复性的工作，负担无疑加重了。在现实中，多数教师把教学与科研人为地分开，认为教学与科研是两类不相干的工作，教师的工作就是抓好教学，科研不过是一种分外的工作，可做也可不做。

态度2：科研之于教师个人利益而言是无益的。由于科研未能针对学校实际，特别是校本研究不真实，因而坏了科研的名声。事实上，科研需要研究真问题（提出一个真问题—细化问题—解决问题—反思问题的意义）。同时，由于科研的范式与学校应试教育的范式之间存在冲突或不一致，科研并不是为了提高学生考试分数而服务的，在这一意义上，教师断定科研是无益的。

态度3：科研就是理论学习，教师感觉无趣与无聊。由于专家的研究缺乏对实践的观察，因而很难引发教师的共鸣。同时，由于教师科研能力不强，他们总觉得科研离自己很远，所以，教师总认为科研并不属于他们。

态度4：教师缺乏科研的能力与水平，没有可能搞科研。由于教师缺乏应有的科研能力，现有的教师培训缺乏科研方法与技术的实效性培训，因而科研活动很难开展。

4. 科研——不得不做，不能不做，但不能真做

很多教师认为科研就是科研，教学就是教学，两者是不相干的。特别是在中小学，科研是可有可无的，可以随时叫停。正如许多教师所言：“如果所教班级考试分数不高，科研做得再好也是无用的。”目前，中小学教师的主要任务被圈定为提高学生的考试成绩。以下是对一位教师的访谈：

问：现在，学校科研的现状如何?

师：科研就是科研，教学就是教学。不管你科研做得再好，如果学生成绩上不去，家长就不理解你，学校也不会肯定你，社会更不会认可你。

也有教师认为，科研关注的是理想的远景目标，与现实教育之间存在距离；科研与德育无关，因为德育工作主要由班主任负责。此外，科研关注的多为远景目标，因而与实践之间存在距离，特别是由于时间和精力问题，教师无法投入科研。以下是一位教师对科研与德育、教学三者之间关系的分析：

科研本应该与学科教学相联系，是学科范围内的教学研究，在学生中实验，从而得到反馈、总结和完善；德育是其范畴之一，但主要是班主任的工作。科研关注的是长期目标。目前，学校科研打算从理论上把教师带进科研领域，因而直接指导实践的理论并不多。科研可以帮助个人和学校发展，但由于时间和精力等方面的影响，教师没办法投入科学研究，但有大气候的要求，教师不能不做，因而教师采取的态度只不过是应付而已。

多数教师仍然坚持“科研与教学之间存在相离的关系”这一信念。特别是对年轻教师而言，他们需要时间去适应新的生活和新的角色，因而科研工作增加了他们个人的负担。一位教师认为，年轻教师刚来到一个新学校，需要一个适应的过程。对于他而言，研究是一种负担。此外，年轻教师参与课题、写论文，需要一个月的时间，同时又需要钻研教学，负担过重了一些。

一位教师从不同的主体需要对科研进行了定位，他一方面肯定了科研的意义，另一方面又明确地指出了中小学科研的定位：小学科研只是用来装门面；中学科研是不能不做，不能真做；大学科研是不得不做。在他看来，科研只是一种外在于中小学教师生活的工具。以下是相关访谈：

问：您是如何认识科研的?

师：我们认为，科研是学校工作的一部分，而且需要从不同的主体角度来认识。从教育局的角度看，科研是促进教学发展的有效途径；从学校的角度来看，它是提高教育教学效率的途径；在管理者与多数大中小学教师看来，它在小学只是用来装门面的，在中学是不能不做，不能真做，在大学是不得不做。

问：如何理解“中学里不能不做，不能真做”这句话？

师：“不能不做”是因为需要应付上级检查，“不能真做”是因为中学教师的主要任务还是要提高学生的考试成绩。

问：在您看来，科研对于教学会有什么影响？

师：科研有助于提高学生的学习兴趣、解题能力，提供解题方法，要是做得好的话，确实能对教学起到促进作用。然而，科研毕竟只是教学的辅助手段，不能上升到文化层面的角度，科研要为教学服务。以科研为先导，是教学要贯彻的理念，然而，目前尚未见到通过科研在教学上取得成功的学校。有一些新的理念与国情并不相符，因而以“科研促发展”而取得成功的希望非常渺茫。

有教师认为，“学校教育的成功”主要在于学生“考试成功”，自然把对科研功效的评价与教学成绩挂钩。在他们看来，只有那些能提高学生考试成绩的科研才是有效的科研。从教师的判断中，我们可以看出，因受考试文化的主宰，教师对科研的评价标准走向了极端的功利化，他们把“考试分数”作为评价一切教育活动意义的标准，以至于以学生发展、教师发展和学校发展为目标的科研活动被边缘化了。在上述标准的指引下，科研自然成了“可做可不做”的教育活动。

新课程改革倡导教师成为研究者，并且认为这是教师自我提升与解放的主要途径。“教师成为研究者”明确指明了研究是教师职业生活的重要内容。教师关于科研的信念是教师成为研究者以及新课程理念得到真正落实的重要前提，它标志着新的理念被共享和认同，关涉到新课程文化的建立。“不能不做，不能真做”成了多数教师的信念，这一消极的信念自然成为新课程关于教师“研究者”角色实施的最大障碍，在这样一种信念的阻碍下，“教师成为研究者”的理念也就很难真正落实。一位教师是这样评价科研与教学的关系的：

科研确实会影响教学。然而，现在对教师的评价是：学生考试成绩高，教学好；学生考试成绩不高，教学则不好。教师不能让学生的知识拓展开来，关注其他知识。我过去教的一些同学，考试成绩虽然不好，但让他做衣服他倒做得挺好。

教师对所谓的“科研与教学之间存在矛盾”其实是存在误解的。科研与教学是有联系的，科研要求教师向45分钟的课堂要效率，并要按照符合学生心理规律、成长规律的要求去做。平时我这样说，同事们会认为我“自以为了不起”。多数老师就只会搞题海战术，他们总认为学生题做得不够。教师们习惯于给学生布置一大堆作业，这样让学生拼命去做某科的练习题，虽说这一科的成绩是提高了，可其他学科则大受影响。各科教师为了“不吃亏”，不顾学生的压力，想方设法来占用学生的时间。

事实上，科研与教学之间的矛盾主要在于外在评价的干扰。由于考试分数始终是评价教师教学最为重要的标准，因此，教师们逐渐接受了“考试是合理的”这一信念，并在这一前提下思考科研的功能，从而认定“凡是无助于学生考试成绩提高的研究是没有价值的”这一信念是正确的。由于现实中，多数科研是以实现个体的全面发展、超越考试的功利追求为目的的，这样，教师自然认为科研是没有用的，是“可做可不做”的。教师习惯于把科研当作促进和提高教学效率的工具，所以他们认为，有效的科研应该为教学服务：教学的核心目标在于提高学生的应试能力；科研的功能就是要为提高学生成绩、提高他们的认知水平服务；科研并不是为了实现每一个个体的全面发展；科研本身不过是教学的工具而已。事实上，科研应该成为教学的必要组成部分。教育科研应该服务于发展式教育，关注对独特的、具体的生命个体的理解，关注个体潜能的充分发挥，超越只关注知识与技能的传递、接受与复述的应试教育。多数教师在访谈中提到，“成功”并不需要通过科研来取得。他们凭经验知道，身边许多的“名教师”并非因为搞科研，而是因为他们掌握了大量的应试策略，能够指导学生考试成功而出名的。由于现实中多数“名师”不做科研照样能够成功，因而一些教师更加坚定了“科研可做可不做”的信念。

5. 科研——不可能人人都做

如前面所述，很多教师认为科研与教学应该是分开的，这两项工作是不相关的。两者的“不相关”一方面是因为现实科研中存在不少问题，另一方面是因为教师认为科研之于学校和教师的功利性目标（如提高学生的考试分数）帮助不大。因此，他们就认为科研是软任务，可做也可不做，不属于教师分内应该做的事，教学才是中心任务，实施科研的前提是不影响课堂教学，不影响“学生分数的提高”。一位教师是这样描述教师对待科研的态度的：

多数教师认为科研是关起门来做科研，为了科研而做科研，“科研是一种纯粹的心智活动，与教育实践无关”。有一次，我校的部分级长、副校长、书记以及其他部分中层干部坐在一起谈论科研，他们的共识是：很多重点中学都是这样，只由一小部分人去做科研，多数人应该集中起来抓教学。科研就是科研，其他就是其他。在他们心目中，科研是关起门来搞研究。实际上，包括学校主管科研的领导，多数都是重结果，重结题报告，轻过程、方法和反馈。

一位教师指出，多数教师把科研看作是“可做可不做”的“软任务”，它是与教学相分离的，是一种分外的任务。以下是相关访谈：

问：教师对于科研的态度是什么样的？

师：多数老师都是为了应付。他们把科研看作是一种“软任务”。学校把任务安排下来了，他们就做，实际上他们并未能真正投入到其中。

问：他们对科研的认识与你的有不同之处吗？

师：参与课题研究，冲击了教师原有的教育观念，应该说，多数教师都认同这一点。然而，科研在学校中毕竟只是“软任务”，可做可不做。并且，老师必须把握这样一个前提：做科研不能影响课堂教学。他们也知道，科研不是不好，但只要大家改变观念、提高认识就可以了，不能搞很多活动，否则会耽误太多时间。同时写论文、个案要占用很多时间，于是出现了教师对科研抵制的现象。此外，教师并没有转变传统的观念与思想。以前，教师只是凭借经验来教学，没有意识到做事情可以用理念来指导教学。还有，实际上有些工作是人为造成的繁杂，如有些活动教师已经安排好了，但总会临时插进来一些工作，因而又增加了太多的任务。

科研应该渗透在教学当中，而不是与教学分开。然而现实情况是，科研让教师觉得多做了很多事情，让他们感到了烦闷，认为这样的科研还不如过去的教研来得实际。比如，有些活动本来可以一次完成，却做了三次才完成。

三、教师专业发展现状的原因分析

（一）教师专业自主性的丧失

21世纪是工具理性大行其道的时代，人们普遍沉醉于群众秩序之中，日渐丧失了对超越存在的期望，随着时代的重心倾向于机械化、大众化、平均化，个人的独立存在空间被急剧地压缩，人类有陷入无底深渊的危险。在这样的大背景的影响下，中学教师的专业自主性呈丧失和消匿的趋势。马克思在论及职业选择时，写道："能给人以尊严的只有这样的职业——在从事这种职业时，我们不是作为奴隶般的工具，而是在自己的领域内独立地进行创造。"[①] 但是，在封建社会中，教育成了一种规训和惩罚的手段，处在这种文化环境中的教师形成了奴性心理和工具性人格，盲目地接受社会的规约，只能一味地迎合统治阶级所倡导的社会价值、社会制度或社会规范。这造成了人的本真存在状态向非本真存在状态的跌落和沉沦，即人的异化。在非本真存在方式下，教师以他人的眼光看待自己，被置于与他人相同的地位，甚至可以被任何他人所替代。这种他人不是作为有独特个性的确定的他人，不是抽象的人和人本身，也不是某些人和一切人的总和，而是某种中性的"平均化的""无人称的""不确定"的人。社会过多地看重教师在教书育人上的功利价值，却没有将其看作是一个独立的生命个体。教育活动更多地被看作是培养学生的活动，教师只是学生成长的促进者，是一种育人的工具。这些现象都导致了教师生命活动自主性的缺失，他们习惯于按照固定的规范行事，在职业活动中失去了自我创造和自我选择的专业自主性。这主要表现在以下三个方面：

1. 教师作为教育目的的代言人。教育的最初形态只是在口耳相传的非常自然的过程中帮助受教育者在现世更好地生活。然而，当教育开始追求各种高远的外在的目标（如柏拉图的"理想国"、斯宾塞的"为儿童未来完

---

① 马克思，恩格斯．马克思恩格斯全集（第40卷）［M］．北京：人民出版社，1982.6.

满的生活作准备”，以及后来人们所设想出来的日益美妙的目标）时，它就逐渐沦为实现这些宏伟目标的工具。工具性教育不仅将教育本身视作一种工具，还规定了教师作为教育目的代言人的基本角色。在工具性教育的环境中，教师成为教育目的的代言人就成为一种必然。教育目的确定以后，必然要通过教师这一中介加以贯彻并实现，教师又成为知识、技能传递的“邮递员”。教师为了切实地履行代言人的角色和职责，则必须不断提高自己的学识水平以及教学能力，使自己成为合格的工具。

2. 教师作为教学的操作者。工具性教育目的的实现需要两方面的条件：一是能够圆满实现体现教育目的的课程，二是能够严格贯彻这种课程的教学。教师自然担当起后者的责任。因为课程一般都是由国家和课程专家制定，才能保证其权威性，而教师所要做的就是按照国家和课程专家的意图，将既定的课程内容传递给学生，并努力保证这种传递过程的迅捷和有效。尽管在课程的实现过程中客观地存在着所谓的“教师所领会的课程”①，但是，如若教师缺乏对于课程进行自我理解和自我改造的自觉意识，那么，教师对课程的影响将是微乎其微的。另外，就教学方式而言，无论是教学法专家还是教师本人都在努力寻求各种有效的操作方法、策略乃至模式，以保证教学过程的效率。然而，教师只是课程和教学程序的操作者，远非实际的操纵者。

下面是某位数学老师讲解“因式分解——分组分解法”一课的简要过程：

老师首先复习了有关“公式法”的内容，随即举了一个例子，并点名让学生回答，学生回答完后，她示意该学生坐下。此后，又点名让一名学生到黑板前“演示”。该老师的思路是通过复习例题1，对应于某练习，引入新的例题（此前已布置学生预习），目的是给学生提供充分的示范性刺激。接着，她又带领学生复习例题2。她在黑板上对课本上的例题2重新进行了详细的分析。然后，又在幻灯片上显示两道练习题，要求学生分别做；并把两题抄写在黑板上，写上“解：原式＝”，然后点两名学生到黑板前演算。其间，老师进行巡视和帮助，同时她强调，如果学生不会做可以问周

① 施良方．课程理论——课程的基础、原理与问题［M］．北京：教育科学出版社，1996.9.

围的同学。通过巡视，老师发现还是有不少学生做不出来这两道题，于是，她又在黑板上替学生作了图，并再次作了细致的分析。通过代劳，她几乎把解题的全过程呈现了大部分，她才"放心"让学生写出详细的求解过程。被叫到黑板前的同学还是不会做这两道题，于是向其他同学发出了"求救"的信号，并得到个别同学和老师的帮助。演板结束了，教师非常严肃地请大家看黑板，并对上述例题又作了进一步的分析，并且详尽地写了一遍解题的过程和结果，提醒同学要特别注意答题的规范。在一节课上，她反复说"看清楚""听清楚"大概不少于10次，甚至有时用"你们给我看清楚"这样的语言。

从整堂课的教学内容来看，教师完全忠实于课本内容，十分关注给学生提供正确的示范，并给学生提供进行模仿练习的机会，要求学生注意答题的规范，整个教学的目的就是让学生记住课本上的内容。在学生管理方面，主要的方式不是去关注学生的内在需要，调动学生内在的积极性，而是采用"外在的控制"，"按住"学生听讲。这样做可能是因为教学过程的单一性和机械性，也可能是因为学生基础较差，还有可能是因为这种课堂并不能激发学生的兴趣，学生并未能真正地投入课堂。所以，不管是学生自己练习，还是教师讲解，都只不过是对书本知识的简单延续或重复。实际上，所有的教和学的行为只不过是"演示"和"模仿"。这样，数学的教学过程被简化为"示范—模仿"的技术性操作过程。从上述分析可以看出，这位数学老师教学过程的信念在于：教学应该忠实于课本内容；学习就是学生的掌握并记住课本内容；"传授—接受""模仿—操练"是数学教学的主要过程。在访谈中，多数教师谈及了学生"听讲"的问题。在他们的教学信念中，学生"听讲"就是学习，课堂学习的过程就是"认真听讲"的过程。

3. 教师作为被评价者。工具性教育的评价制度是基于"绩效"的，对整个工具性教育的运行来说，这种评价制度实际上是一种监控机制和动力机制。它将教师牢牢地控制在评价体系的各种项目和规则内，并以此不断推动教师为提高自身教学效率而努力。这种机制的结果取向导致了人们对教师教学效果（主要通过学生的学习成绩来衡量）的片面重视，而教师在教学过程中的心理感受、生存体验等方面都是缺失的。这种机制的外部取向使人们对教师的评价过多依赖于校长、同事、学生乃至学生家长的看法，而欠缺倾听教师自己的声音。中学教师在这种匆忙、狼狈、尴尬中生存着，而没有自己的话语权。话语权不仅仅是交流的工具，它本身就是制度、思想和观念的产物。目前，关于教育的指示、建议、争议、质疑乃至批判的声音不绝于耳，但是，我们很难听到来自教师这一群体的声音，尤其是在国家制定教育发展规划、政策和法规的过程中，更是难以听到来自教育、教学第一线上的普通教师的声音。教师的缄默缘于教育的缄默，而教育的缄默既缘于社会分工的内在规定性，也缘于外在制度的严格规约，因为教育既缺乏法律的那种赤胆忠诚，也缺乏医学那种息事宁人。由此看来，教师职业的专业性不仅仅是“是不是”的问题，还是“能否是”的问题。通过以上的分析，我们能够认识到，由于教师群体既缺乏现代社会中专业组织所特有的严谨、相互制衡、重视完善的质量评估等特征，又缺乏专业活动赖以生存的自主权力，所以，教师专业地位才会低下。

“教师角色的行为方式和职业特点，常常是与教师的社会地位联系在一起的。”[①] 我们的教育除了受制于“谎言与压迫”外，失之于“粗枝大叶”也是极富中国特色的通病。我们几乎只有“运动式变革”、口号、标语，以及层出不穷的检查、评比、晋级，却从来都缺少“深耕细作式”的教育和规范。特里·伊格尔顿曾说过：“目前现实的东西是不合理的，而合理的东西是不现实的。”现在教育和教师都面临着这种尴尬。教育是慢的艺术，教师的生活应该是优雅而从容的，而不应该是匆忙、仓促、狼狈的。从教学上来说，教师要慢慢地去感悟，所谓的“慢”不是操作程序上的慢，而是尊重教育的内在规律，尊重其自然生长状态的慢。教育的慢，从观念上讲，就是不能急于求成，要有足够的期待，足够的耐心。一个教师最好的状态就是偶有所得，有些独特的理解、独特的发现，然后顺着这种正道，终成大器。[②]

---

① 谢维和．教育活动的社会学分析：一种教育社会学的研究［M］．北京：教育科学出版社，2000.113.

② 张文质．生命化教育的责任与梦想［M］．上海：华东师范大学出版社，2006.2.

（二）继续教育状况不甚乐观

教育学的理想是：在师生共同生活的世界中教学相长，学生在教师的发展中成长，教师在学生的成长中发展。这也是新课改中极为强调的一点，也就是“师生学习共同体”。然而在现代教育理论中，无论是赫尔巴特的教育理论、赞可夫的发展性教学理论，还是布卢姆的掌握学习理论，都只强调了学生的发展，而忽视了教师的发展。这就必然会造成教师发展的旁落与教师自我的迷失。联合国教科文组织《1998年世界教育报告——教师和变化世界中的教学工作》指出：“大多数国家的师范教育虽然仍把重点放在教师的前期培养上，教师的在职培训或进修在最近30年显得日益重要。某些国家在使用继续教育一词。人们逐渐地认识到，教学同其职业一样，是一种学习的职业，从业者在职业生涯中自始至终都要有机会定期更新和补充他们的知识、技能和能力。”国际社会已经形成这样的共识：一次性的师资培训体制已不能适应时代的发展需要，为了使教师能够胜任时代赋予的新职能，必须使师资培训体制具有终身性。

1. 政府重视，但实效性差，培训成为教师的理想肥皂泡

深圳市是比较重视教师发展的，近年来通过制订《深圳市中小学教师进修暂行规定》《深圳市中小学教师进修暂行规定若干问题的实施意见》《深圳市教育局关于中小学教师继续教育工作的若干意见》《深圳市基础教育新课程师资培训工作方案》等文件，从制度上明确了教师继续教育的目标、任务、内容和方式，保证了教师继续教育工作的顺利开展。同时，加大了教师继续教育的投入。2002～2004年度，全市公办学校教师继续教育和培训的经费达到6594.5万元。从1998年开始，深圳市规定中小学教师必须接受每年60学时的岗位培训。根据实际需要，在2000～2002年，重点加强对教师进行计算机应用培训，全市教师参加广东省计算机中级考试合格率达88%。[①] 自2003年以来，以课程改革培训为重点，深圳市基本完成了义务教育阶段首轮教师课改培训。2004年7月，深圳市又颁发了《中共深

① 深圳市教育科学研究所．深圳市教育蓝皮书（2005卷）[M]．深圳：海天出版社，2005.40.

圳市委深圳市人民政府关于加快推进教育现代化的决定》，其中特别强调“教师队伍专业化水平有待提高”，在“目标”中提出，到2010年基本实现教育现代化，教育发展的主要指标达到中等发达国家当时的平均水平。特别指出“加强中小学教师继续教育。教师继续教育归口教育行政部门管理和组织实施。市、区要按照国家有关规定设立专门的教师继续教育基地与机构”。在教育国际化水平目标中提出，“具有境外教育和培训经历的教师占教师总数的10%左右”①。从2003年，深圳市开始实施海外计划培训计划，决定在5年内投入8000多万元，输送百名校长、千名骨干教师和学科带头人到发达国家或地区参加进修或培训，到2005年已派三批教师共计93人赴美参加培训，并积极开拓英国等国家的培训基地，加快海外教师培训进度。按照深圳市教育局2004年4月2日发布的《深圳市中学教师继续教育验证管理暂行办法》规定中学教师继续教育包括以下培训项目：教师职务培训；骨干教师培训；新任教师培训；教师学历培训；培训者培训。中学教师必须接受每年60学时，5年累计300学时的职务培训。每年9月1日至次年8月31日完成的学时总量为当年的学时数。在每年60学时的培训中，40学时为市级课程学时，20学时为校本培训学时。还制订了“市级教师职务培训项目学时认定方法”。这些做法在一定程度上对教师的学习和进修起到了督促作用，但是，由于具体承办单位或者一些承担教学任务的教师提供的学习内容或教学方法不受欢迎，这些规定并没有收到很好的实效。以下是笔者对深圳市S初级中学的46名教师的调查情况（下表4—1）：

表4—1　您最近5年内有没有接受过教师培训

培训级别	国家级培训	省、市级培训	县、区级培训	本校的培训	没有
接受培训的教师数量（人）	2	20	22	43	3
所占比例（%）	4.3	43.5	47.8	93.5	6.5

① 深圳市教育科学研究所．深圳市教育蓝皮书（2005卷）[M]．深圳：海天出版社，2005.2.

表 4—2　您最近 5 年内有没有参加过教师学术活动

活动级别	国家级	省、市级	县、区级	本校	没有
参加教师数量（人）	1	16	11	6	10
所占比例（%）	2.2	34.8	23.9	13.0	21.7

表 4—3　您最近 3 年内有没有接受过教师继续教育

继续教育级别	省、市级	县、区级	本校	没有
接受教师数量（人）	22	16	42	4
所占比例（%）	47.8	34.8	91.3	8.7

表 4—4　您最近 3 年接受教师继续教育的效果

效果	好	不好
教师数量（人）	11	35
所占比例（%）	23.9	76.1

从上面的图表中，我们可以得知，深圳市 S 初级中学的 46 名教师中，有 76.1%的教师对继续教育是不满意的。笔者对这些教师又做了一次个别访谈，方式既有面对面的对话，也有网上 QQ 聊天。通过和老师们的具体沟通，笔者感觉他们实际上是很希望自己能接受继续教育的，但他们希望的是有实效性的继续教育，而现在劳民伤财、没有实际意义的继续教育是不受欢迎的，大家只是被迫无奈地在应付，只为混个证书而已。以下是 2007 年 4 月 13 日对一些该校教师的访谈记录：

问：您对深圳市的中学教师继续教育满意吗？

答：我对继续教育的看法不好。目前的培训只是为了教师考核、评职称。大多数人都是花点时间为了获得个证书而已，因而远离了培训的目标，也就缺乏实际的作用。

问：你觉得造成这种不满意的主要原因是什么？其实老师们应该愿意接受培训啊。

答：个人觉得可能是因为课程设置得不合理，培训结束后，教师感觉这样的培训对自己帮助不大，也就没了兴趣。

问：老师主要想听哪些方面的培训？

答：我觉得要是教师能学到新的理念和方法，这样的培训效果可能会好些。

问：我觉得老师们不愿意听有关理论的培训，而是想听能解决实际问题的培训。但是，他们讲课的人却不是做中学教育研究的，对吧？

答：还有可能是学习效率太低的原因，我去年学了6天关于INTER未来教育方面的知识，还不如我自己在电脑上学两个小时的效果好。

这是对另外一位教师的采访记录：

问：您对哪一方面的培训不满意？为什么？

答：我对深圳信息技术教师培训不是特别满意，因为它比较重视技术性培训，而在信息技术课程建设和教学研究方面的培训比较淡化。我觉得原因有很多，主要原因在于这个学科建设得还不成熟，加上目前教材混乱，重视安全轻视应用，学科教学没有教研员，教材设置和学生实际情况相脱节。

问：你们愿意接受继续教育吗？是否觉得每次去这种培训都感到很辛苦？

答：让教师参加继续教育的想法是好的，我也愿意通过这种方式使自己的专业能力有所提高，但这种培训和职称挂钩就不是很好了。还有如果继续教育只是走过场就太不应该了，可现在不少课程都是这样（走过场），大家都在混课时，真正学到的东西太少了。再就是费用问题，有的学校做得不是很好，毕竟学校也有学校的难处，个别学校让老师尽量不要报远程的（继续教育），学费太贵。

以下是一位语文老师写给我的他们自己的想法，他们感觉继续教育在费时费力，是在搞形式主义：

我们对继续教育不满意。原因有两个：

(1) 耗时耗力。教师的日常工作非常忙，好不容易盼到周末，还要把大部分的时间用在参加继续教育上，身心得不到充分的休息，不利于正常的教学工作。

(2) 教学的形式主义。学科的设置相对合理，可是教学却流于形式，并没有人真正能够学有所得。基本上是教师姑且教之，学生姑且学之，没有真正的实效。

通过和两位老师的交谈，我感觉到他们的想法其实很多：

师1：我不愿意去，多远啊！因为没有车，很不方便。

问：你学过的这些课中就没有觉得好的？

师：也有些不错的，如《教师简笔画》《摄影》《音乐欣赏》等。

师2：费钱又没用。和老师实际要解决的问题没有关系。

问：哪些是老师要解决的问题？

师2：比如，班主任怎么转化学习较差的学生？教学科研究竟怎么进行具体操作？现在学生的诚信缺失怎么办？考试作弊、抄作业普遍存在，诚信出现危机，该怎么办？

现在教师育人的环境变了，《学生安全管理条例》下发后，一切活动都取消了，只要是去外面的活动，老师都无法开展！

另外，培训就是讲的理论多，且过时的理论居多，没有新的教学理念，况且基本上是大学教师在讲，可是他们根本不了解中学教师目前需要什么，这样的培训不是为一线教师服务的，是他们（大学教师）自己找问题在讲，实际上没什么用，一点用也没有，劳民伤财。

而有的学科教师对参加继续学习却很满意，他们感觉自己收获甚大！

师：我对美术科进行的继续教育还比较满意，希望培训内容能更加实用些。

师：数学学科的某些专业课的设置还不错，如《数学欣赏》《数学之美》《面向新课程的数学开放题》《初中数学国家课程标准培训》等。这些课程对于初中教学的指导性和实用性较强，况且上课教师准备比较充分，选用的素材也很丰富，值得一学。

由此可见，继续教育的关键不在于老师们是否愿意学，而在于组办单位要让课程设置能满足教师的实际需要，更重要的是进行继续教育课程的教师要深入了解自己面对的听众，研究中学教师面对的问题，从而做到有的放矢。

2. 偏“理论—思维”的培训无法吸引教师

中学教师在教育观念和信念上本身也存在很多问题。目前，教师专业发展采用的主要方式是集中培训，学习内容以理论学习为主，因而效果很差。教师对于理论性的集中培训不感兴趣，而期望学习的是具体的教学经验、学科教学尤其是教学方法等方面的培训。以下是对某位教师的相关访谈记录：

问：您目前有哪些教师学习的途径与方式？

答：主要是集中培训。目前，教师继续教育培训效果不太好，因为教师主要是学一些空洞的理论。我认为，应该多一些方法性和学科性的培训。

问：在您看来，什么内容适合教师的继续教育培训？

答：起码现在区里面所进行的“理论性的”继续教育活动是没有太大用处的。

问：教师主要有哪些学习方式？

答：一是星期二的例会，内容包括科研论坛、集体学习等，有一定的效果，但基本上是流于形式。个人不喜欢纯理论的学习，更喜欢听一线教师的发言。二是继续教育，这是上面统一要求的，每学年教师必须修满多少学分。这种培训的效果不是很理想。为什么呢？主要是课程与在大学时所学的内容相差无几，只注重形式，功利性较强，对于个人提升方面效果不大。

教师对于理论学习的态度主要源于他们对理论的假设。在现实学校中，由于受上级评价标准的影响，教师共享了这样一种关于“理论”的假设：理论与他们的生活无关，许多教师在没有学习理论的情况下，照样可以“教得”很好；教师教学需要的是技术和经验而非理论，因为理论与教师的教学实践关系不大，理论更多的是远离实践的“空中楼阁”。所以，他们总是说，理论上行得通，但不一定容易实施，从而对理论学习产生一种抵制情绪。最根本的原因还在于，教师把教育目标限定为“分数”，并以能否提高学生的考试成绩作为衡量教师培训是否有效的标准。

校本教研也是促进当前教师专业化发展的一种主要方式。然而，对于教研活动，我们不能只关注活动的形式，更重要的还应该关注教师交流与研讨的具体内容。从形式上看，学校安排了具体的教研活动时间，有专门的人来组织。然而，从对几个老师的访谈内容来看，他们交流内容的主要焦点放在了以下几个方面：（1）知识教学；（2）教学进度的统一；（3）测验时间的统一；（4）关注教学方法；（5）关注知识点的掌握；（6）练习题的查找。说得直接一点，他们进行的不是思想的交流，而是“考试应对技术”与“教学技术”层面的交流；他们关注的是“物”，而对“人”的研究则相对忽视。教师总是想尽办法采用好的教学技术把课本内容呈现给学生，让学生更好地记忆或理解所教的课程，从而在考试中能够考出高分。所以，不论是教学观摩，还是其他交流，多数只停留在技术层面。这样的交流基本上都是基于“教学是一门技术”这样一个前提来展开的。

接受采访的一位教师指出，目前教师之间的交流仅限于教学进度、测验和资源的补充或者考试方面的交流等。以下是对该教师的相关访谈记录：

问：除了学生之间的差异之外，教师的教学方式、交往方式等是否存在差异?

师：我不是太了解其他学校的情况。要看具体科目吧，有些科组会共享资源。我们会集体备课，基本上是一个星期进行一次。有些科目是一个人负责一个单元，我们组共四个人，是一个人负责两个单元。星期四是集体备课的时间，如有其他事情，我们就会改变一下集体备课的时间和地点。

问：具体讨论的内容是什么?

师：集体备课是分年级进行的。主要是讨论教师现在的课讲到哪里，是否需要调整一下教学的次序；有时会根据需要提前讲某些单元；是否需要测验，看一下这一单元需要找一些什么样的资源等。

问：教师之间是否还有其他的合作方式?

师：有。比如考试，由于英语选择题较多，老师不可能每道题都讲，否则，教师的喉咙就会很痛。一般都是每一次的考试答案由一位教师输入电脑，大家共享这些答案。这样的合作就使我们的教学方便了很多。

另外两位教师同样指出，科组活动的主要内容是教学进度和测验时间的统一，目的仍然是如何让学生更好地掌握课本内容，考出好成绩。以下是对他们的相关访谈记录：

问：科组活动的主要内容有哪些?

师：全体集中时，主要是科组组长宣读上级的通知，传达上级的精神。平时教研活动有两种：一是到外校听课，二是评课。不需要到外校听课的话，交流则更具体一些，主要包括教学当中的具体问题及解决办法，下周的安排，教学进度如何，某一课的具体要求、具体操作。最主要的是统一教学进度和统一测验时间。至于教学方法方面都是教师自己去把握（偶尔会交流）。

问：能否再具体说一说有关教学问题的交流情况？

师：主要包括数学科目的知识点掌握情况，如某个知识点学生是否明白，下周是否要去找相关练习去补充；如果发现学生不会表达，下一阶段是否要去找相关练习去训练等。

校内教研的主要内容包括以下三个方面：一是教学进度的统一；二是测验安排时间的统一；三是以听课为主，主要关注的是教学方法。对于教学中的“人”则很少研究，特别是学生问题谈得较少，只有在闲聊时，老师可能会聊一些成绩好一点的学生或者班级的整体情况。

从教师交流的内容来看，我们也可以发现，教师之间的合作只是一种形式上的合作，交流的主要内容是“课本传授”和“考试”。以下是对另一位教师的访谈记录：

问：集体备课的主要内容包括哪些方面？

师：主要是围绕课本要求，包括重难点、教学目标、实验和教学方法等；学生提出的问题；考试题目和作业设计等。

当教师明白自己思考教学实践也叫“做研究”时，他们就明显对科研有了更多的好感。尽管这种技术性的研究存在一定的局限性，但“反思性实践”必然可以逐步提高教师的研究层次和研究能力。一位教师是这样做“研究”的：

问：听说您的教学很有特色，能否说一说您的思路？

答：一开始总觉得科研离我们非常遥远。后来经过一些老师的指点之后，我才明白：研究如何上好课也是科研。过去总是把写论文当作科研。我是循着这样一条思路去想的，不断地思考：“学生学得轻松吗？我教起来容易吗？”然后把自己的想法转换成符号语言，这就是我的研究过程。

教师把教学与科研或者教研与科研看作是两回事，主要与目前的管理制度有关。以下是对另一位教师的访谈记录：

问：教导处与科研室分开，您认为这样做合理吗？

答：教导处与科研处是分开的，实际上也就明确地告诉我们，教学是教学，科研是科研。科研室布置我写什么，我就写什么。我们普遍对此感到十分反感，因为写这写那无疑会影响教学。把教学与科研分开了，实际上让我们更加觉得科研是多余的。教师已经疲于抓学生的德育和教学工作了，科研就是多出来的活，我们不能理解，也不好贯彻。

教师本身对教学都不熟，应付正常的教学都要花费大量时间，又怎么可能用科学的态度去对待研究呢？正常的教学应该是围绕着如何完成教学目标，把课本的知识教给学生而展开的。教师本身不能驾轻就熟，需要资料才能将知识点串起来。别人以前没有这样教过，而你去寻找更好的办法，这也许就叫作科研。

这位教师关于科研与教学内涵的信念非常值得深思。笔者试图分析教师心目中的科研，他们认为，"科研"是"想出科学的办法让学生容易接受课本的知识，教师科研的过程就是寻找学生容易接受课本知识的办法"。教师对科研的这种理解又主要是源于教师对于教学的界定：教学是传授课本知识，科研就是研究如何让知识得到更加有效的传授。由于教师把教学目标定位于把课本知识教给学生，这就决定了教与学的内容就是"课本内容"，教学过程就是"传授—接受"的过程，教师开展科研工作的目的就是要让学生更容易、更有效地接受"课本内容"。此外，这其中也蕴含着另一条重要的假设，即把教学看作是一种技术化的过程，是一种"熟能生巧"的技艺提升的过程。熟是巧的前提。教师们始终认为，基本教学常规是前提，只有对基本教学常规熟悉了，才有可能去探寻新的办法。他们把科学的过程等同于线性的发展过程，将其看作是一个量的积累的过程。他们十分强调教学常规对于教学发展的意义，强调教学常规的另一个重要目的在于，借助常规管理实现学校行政对教师的控制。事实上，对教师而言，科研是一种对自我实践的反思，是一种对自我经验的超越。科研强调的是创造或创新，它既包括对教学方法的思考，也包括对教学内容的反思，更为重要的是实现教师对自身的超越和解放。

另外，中学教师有一种普遍的思维倾向，认为教育教学是"经验—技术"，不需要大理论，因而对理论深恶痛绝。对他们而言，有用的内容应该是教学技术，这也就决定了他们对教师专业发展方式的需求。因而，他们关注更多的是具体操作经验的丰富，对理论学习则较为轻视。而目前的教师培训多为理论性的培训，因此教师对其很反感。

一位教师指出，多数教师甚至认为“没有必要进行教师培训”“不培训也能教得很好”。以下是对这位教师的相关访谈：

问：是否有不学习也能取得师生好评的教师呢？

答：有些教师教了好多年的学生，富有教学经验，他们可能不需要学习新的理念，照样也能教得很好，班内的平均分也特别高。

另一位教师指出，教师专业发展的重要内容应该关注提高教师的基本功，而不应该放在科研工作上面，原因在于他并不相信科研对教师专业发展有效。他是这样看待教师专业发展的内容的：

学校非教学性的工作特别多，冲淡了学校的教学主导性地位，如艺术节、科研活动等。科研直接为教学服务比较少，有人问这有用吗，还真有点用。但更重要的是，科研应该放在提高教师的基本功方面。如果科研只是“表面功夫”，从理论到理论，专家有什么用？

一位教师指出，教师学习的内容应该按年龄进行设置：对年轻教师，重在教学方法和技能方面，以及班级管理经验方面，他们可以听一些相关的培训，以积累经验；对有经验的教师或老教师，主要是责任心的培养和信息技术方面的培训。以下是他的观点：

对于教师教育课程的设置，在我看来，应该分别对待。

对于年轻教师而言，他们首先要学习“怎么教”的问题，学习如何上好一节课。他们很少动脑筋去关注学生，没有想办法去帮助学生解决问题。二是学习班级管理，学会做学生的思想工作；三是多组织去听一些学校的课例。

对于成熟的或经验丰富的教师，他们的主要工作应该是培养责任心，以及基本的信息技术素养。

而另一位教师明确指出，“经验”是教师培训的重要内容，特别是班主任的“管理经验”尤为重要。所以他认为：

学校缺少对班主任管理的培训，没有请有经验的教师或有关专家给他们作相关的培训。我曾经主动请缨，为年轻教师讲过有关班级管理的经验，但这些经验并没能引起学校的重视，并未成为一项很好的制度，也没有人去坚持。其实，学校的老教师是很好的课程资源，但由于学校没有向老教师提出相应的要求，也就将这一宝贵的资源白白地浪费了。

老教师管理学生的能力较强，他们责任心较强，不用别人督促他们，非常自觉，总是想方设法努力搞好教学。

由于教师信守着“经验对于教师职业最为重要”这样的观点，所以他们对于缺乏经验的年轻教师非常不信任。一位教师认为，当前年轻教师的主要问题在于：一是缺乏责任心；二是表现出“骄、娇”的特点，这是造成学校目前学生管理失控的主要原因。以下是对他的相关访谈记录：

问：在您看来，造成年轻教师管理不到位的主要原因是什么呢？

答：一是缺乏责任心。以前的教师很快就能适应新的教学环境，因为他们能主动去问老教师。可现在的年轻教师缺少责任心，非常自我。二是现在的年轻教师多为独生子女，较多表现为“骄”“娇”的特点。具体表现为：(1) 生活很随意；(2)“头痛医头，脚痛医脚”，没有详细的计划；(3) 问题出现后才去想解决的办法，以至于让自己非常被动；(4) 缺乏正确的班级舆论，是非观不明确，树立目标却没有明确的导向；(5) 不主动发现问题，而是等待问题的出现，实际上，一旦危机大了，也就很难控制了；(6) 缺乏相应的教育能力，他们控制不了局面，因而显得非常无奈；(7) 缺乏威信，原因在于缺乏应有的人格魅力、专业水平不高、处理问题不公正、与学生相处的时间太少。

多数教师反对目前这种用行政促成的教师培训方式，反对主要以理论学习为主的培训模式，而强调经验对于教师专业发展的重要性。

老师们所指的“经验”究竟蕴含着什么样的内涵呢？下面是某一教师对年轻教师与老教师的对比：

问：对于科研，不同年龄段的教师是否有各自不同的态度和优势？

答：年轻教师能比较容易接受新理论，较易转变个人的观念。有经验的教师一旦发现老办法不行，就会用科学的理论去探索，去研究，这比起年轻老师要占一定优势。

问：您认为，培养新教师什么内容最合适？

答：我认为应从一般的教学方法入手，然后再有跳跃。从教学上，教师应看各课按教学常规是怎样教的，设计一个方案。按教学常规，多方面入手，然后再考虑该如何跳出常规，能否用更好的办法去处理教学内容。

这位老师认为，教师培训的重点应该放在对教师进行教学常规的训练上。他的这一认识仍然是基于课程与教学的传统假设，即课程就是“课本内容”，教学就是“教会学生课本内容”，教学方法就是“如何有效地将课本内容传授给学生的方法”。在这样的前提下，教学研究成了教材内容处理与传递的技术性活动。因此，“经验”更多的是指教师的教学常规、教学技能和技巧方面的知识，也就反映了“熟能生巧”的重要性。教师同样把自身的成长看作是一个量的、有序的积累过程，教师专业发展则是一个简单的技能、技巧熟练化的过程。因而，教师从一定程度上否认了教学的艺术性和创造性，否认了学生在教学过程中的主体性，更多的是把教学看作是一门技术。

某一教师进一步说明了“经验”的内涵：

目前数学科组的老教师太少了。老教师与新教师之间的不同在于：老教师最大的优势是“老”，有经验，学生对他们有所敬畏；他们对学生的情况了解得更透彻一些，也能够随心所欲地驾驭课堂；新老师专业能力强，但经验还是非常关键的因素，教学方法或个人风格还不成熟，他们有能力备好课，但对于如何运用到具体情境中尚欠功夫。

在这位教师看来，“经验”指的是：“控制学生”的经验、教学方法以及将其运用到具体情境中的能力。

在笔者看来，教师培训应该关注以下一些内容方面的培训：一是能帮助学校搞好学风或校风的内容。学校风气主要靠学校进行管理，但同时应该让老师和学生共同参与，需要到教师和学生中了解实际情况，如每一个教师在给学生写评语时，至少应该知道学生在课堂上的具体表现。二是对多媒体、信息技术等教育技术方面的培训需要加强。

教师专业发展关注的应该是“思维”和文化建设，而非“技术”和模式。模式只是一种“技术”，“技术”是外在于人的，可以随时扔掉；思维是一种思想，也是一种文化，更是一种价值取向，当经由不断的实践并内化为个人的信念后，它就成了一种宝贵的教育资源。

综上所述，我们可以看出，教师关于专业发展内容方面的信念主要表现为“经验—技术取向”，他们把教学经验或技术看作是教师专业发展的重要内容。教师持“经验—技术取向”主要在于以下两方面的的原因：一方面是因为培训的无效性，另一方面是因为教师更多地把“管住学生”和“提高分数”的“经验”看作是教师专业能力的重要内容。弗林格第强调：“要鼓励教师进行自我评价和元认知”，特别是当教师面临课程变革时，更加有必要让教师参与有关工作方式的讨论。同样重要的是，要针对同一情境提出一些不同的办法，使教师意识到办法的多样性。这样，就会使得教师成为变革的提升者而不仅仅是使用者。

（三）科研形式不被教师认同

由于目前实践中的科研与教师的教学存在着一定的距离，两者未能实现真正意义上的整合，所以，教师对于科研的认识存在一定的误区。一线教师普遍厌烦“大话教研”“形式主义教研”“表演教研”等功利性的教研，而是喜欢“实在一点、好用一点、好学一点”的教研，自然，教师并未把教研看作是自己生活方式的组成部分，而是把它看作是一部分人坐在书斋里生产的东西；不需要人人都做，而只需要一部分人去做。他们更多地把研究看作是脱离实践而存在的东西。因而对于中小学教师而言，科研也就是可有可无的了。那么，中学教师喜欢什么形式的教研呢？以下几种教研形式被教师认可。

1. 目标协作式。这种形式的教研是指某一个小组成员间密切协作，完成一个教研目标。小组成员间是积极配合的，既动脑、动口，又动手；目标是较小而具体的，可以是设计一个课例，也可以是讨论一个案例，或是解决教师教学中一个令人困惑的问题。它的特点是教师向教师发出邀请，由教师主持，共同讨论或观摩。大家畅所欲言，说出自己的认识，说出自己的创意，共同配合，制作一个课件或解决一个问题等。所研讨的问题都是来自于教师的亲身实践，以教师熟悉的专业生活为原点，共同探索未知的知识，体验共同的创造。小组教师个个都可以成为主角，人人都可以成为主体，呈现出和谐协作的专业氛围。

2. 亮点展示式。这种教研形式可以是富有鲜明精彩点的教学观摩活动，也可以是课例研讨活动。在设计这种教学观摩课时，通常是教研小组与授课教师针对某个专题，突出某几个亮点，共同研制、设计。在学校管理者的启发和引导下，让授课教师说“自己的上课故事”，其他教师聆听，体验其感受，分享其激动和快乐。一般来说，这类课的教学亮点较多，问题较少，讨论主要说亮点，问题不是不说，而是另择其他形式。亮点展示实际上是教师专业的高层次体验，与同伴讨论，大家对授课教师的专业劳动进行赏识、肯定，这是体验的又一次回放，使大家的体验又达到一个高潮。其他教师也不甘落后，都亮出自己的闪光点，一幅幅动人和谐的画面呈现在大家眼前。亮点展示能培养教师的成就感，使教师产生幸福感，从而获得职业信念。

3. 舞台主持式。这种教研形式是让教师以自己选定的教研问题为主题，亲自主持，让教师走到教研的台前来。这种形式的教研从迎合教师个体的需要出发，吸引教师参与进来，共同研究问题、研究材料，每个人都有陈述的机会，解决问题而不追求“标准答案”。大家在同伴的支持下，平等对话，共同体验专业成长，真正成为教研的主体。

4. 案例分析式。这种教研形式是给教师提供一个或两个相同或相近的案例，激发并引导教师在讨论的过程中产生认知冲突，这样教师能够清晰地明辨一个理念或一种策略。为了能给教师创设一个宽松、亲切的心理环境，使教师知无不言，学校管理者可将这种活动安排在“茶室”里进行。常见的具体形式有“我说案例”“民间秘方”“两课一评”“一课双版”“一课两上”等，这些形式的特点是能引起教师的发言兴趣，能让教师联系熟悉的教学以提供更多的资料和经验，使教师都多多受益。

5. 校际交流式。它是指两所学校相互选派教师到对方学校参加教研活动。这种教研活动一般是甲校向乙校发出邀请，内容依据双方实际需要协商而定，乙方教师应邀前来主持。不同思维的教师，不同学校、不同地域风格的教学，易使教师开阔视野，打开思路。外校教师的“独特性”，教学的独特“风味”，可令本校教师感到耳目一新。所以，广大教师从心理上更愿意见识外校教师的思想或风格。[①]

① 中国教育报［N］．2006－7－4（7）．

四、促进教师专业发展的策略

（一）教师是专业人员

“教师专业发展”这一概念所表达的一个最基本的内涵即教师是专业人员，这就意味着教师承载着教育的根本意义和价值。长期以来，教师并没有获得应有的学术声誉和社会地位。把教师定位于专业人员，才能真正确立教师的主体意识和首创精神，继而自觉、自主地为自身发展开创广阔空间。广大教师只有以专业人员自我期许，并不断向这个目标努力，才能真正向专业化迈进，切实提高自己的专业地位。

1. 教师成为专业人员

对教师是否应该专业化，人们曾经有过较长时间的争论。1966 年联合国教科文组织召开了“教师地位之政府间特别会议”，在会议文件《关于教师地位的建议》中曾经提出，应当把教学工作看作一门专业，因为它是一种公共服务的形式，它需要教师的专业知识和特殊才能，这些都要经过长期持续的努力与研究，方能获得与维持。以这种形式确认教师的专业地位，无疑具有重要意义。传统观念认为，学者即良师，只要有知识、有学问就可以做教师，而没有意识到一个合格的教师不仅要有知识和学问，还要有与教师职业相对应的品格和技能，要有对教育规律和学生身心成长规律的深刻认识，有不断思考和改进教育工作的意识和能力。随着知识经济时代的到来，教育面临着深刻的变革，更直接地显示出它对维系人类生存的本质意义，这使它有力量不再屈从于传统的束缚，能够真正合乎规律地发展和运行。由此，传统的教师观受到挑战并逐步被打破，新的教师观必将被建立起来并贯彻到教育活动中去，使不符合教育规律的那些东西逐步被革除。新的教师观强调全面培养学生的素质——特别是学生创新意识与创新能力的形成，关注教育过程、注重教育意义的实现。为此，教师要探讨育人规律，反思自身的教育实践并不断改进和完善自己的教育行为。这样，教师的“专业性”才可得以凸显，同时也能带来教师职业形象的改变，即向研究型教师的转变和发展。因此，教师成为专业人员是符合历史发展规律的，是教师职业发展的必由之路。

2. 教师的专业特性

在传统教育中，教师只是知识的传递者。“别人认为，尤其坏的是他自己也认为：学校教师无论是从技术和科学的创造性上来说，都不是一个专家，而只是一个知识的传递者，这是任何人都能做到的事。”① 由此可见，在教师职业形象中，教育自身的专业性质被遮蔽了。在教育学教材中，对教师知识结构的表述为“精深的专业知识、广博的科学文化知识、丰富的教育科学知识”，我们也可以明显看出，教师的教育专业性质对传递知识这一传统的无限依附。随着时代的发展和教育观念的变化，我们有理由提出这样的问题：究竟什么是教师的“专业”？“教育科学”应该被看作是教师共同的专业。教师应当树立这样一种专业意识，即把教育看作是教师共同的专业特性。教育与现场情境不可分离，发生在每一个现实教育情境中的教育实践、互动关系以及意义的理解和建构，是一切直接的、最基本的、教育单元。因此，教师唯有深刻、完整、全面而系统地掌握教育科学知识，并把教育真正作为自己的专业领域，才能彻底改变固有的知识本位与学科本位；才能在错综复杂的教育情境下做出最佳的教育行动决策，反思并根据行动结果灵活地调整自己的行动策略；才能完整地考虑教育情境的各个层面，理性地与学生沟通、互动、接纳他人的不同意见，具有专业自信；才能主导教育改革，并对自己的同事产生专业取向的正面影响力。

（二）教师是发展中的人

1. 教师的专业成长

教师的发展过程的核心内容就是教师的“专业成长”，即一个终身学习、不断解决问题的过程，一个教师的职业理想、职业道德、职业情感、社会责任感，包括教师对所教学科的价值、认知、审美等方面的理解与把握，教育实践能力、教育经验等不断成熟、不断提升的过程。教师的专业成长集中体现了教师发展的意义。应该看到，对于个体来说，发展是一个

① 皮亚杰．教育科学与儿童心理学［M］．北京：文化教育出版社，1981.29.

无止境的过程。教师作为一个社会人和职业人需要持续发展，以逐渐为社会所认可。纵观当代教师教育改革和国际上有关教师教育的研究，从目的到对象都已超出了确定规范和群体的限制。因此，有专家认为，职业社会化过程并非终止在进入职业的那一刻或在教师早期发展的任何一点上，教师职业专业化是贯穿个人全部生涯的过程。

2. 教师教育一体化

教师教育一体化是指教师的职前教育与职后教育有机地结合在一起，成为一个整体。即使一个教师接受了完整的职前师范教育并取得了教师资格证书，但这也不意味着教师的专业发展已经完结。相反，教师仍然需要持续学习和持续发展，特别是在未来学习化社会中，学习必将成为教育的主要形式。“学习包括一个人的整个一生，而且也包括全部的社会。”① 传统的教师教育是以师范教育为主，在职进修为辅的。师范教育比较注重学科基础知识和教育学有关知识与技能的学习，并把后者作为师范教育的特殊标志。这种教育设计基本上是以知识和未来需要为主的，其最大不足之处是忽视了教师从初涉教育工作到发展成熟、再到优秀、甚至卓越是一个发展的过程，也忽视了教师专业发展还与教师的个性发展密切相关，从而造成了个体教师之角色成熟与个性多方面发展之间联系的缺乏。不可否认，职前师范教育是教师发展的前提和基础，但教师的更多发展特别是专业发展却是在职后。这意味着职前与职后的一体化及教师教育重心的后移，也意味着教师开始了发展的未完成时。

（三）教师是学习者

1. 教师作为学生唯一知识源地位的动摇与教师的终身学习

新课程改革明确提出，教师是学生学习能力的培养者，教师教学生学将逐渐让位于师生互教互学。对教学而言，这意味着人人参与、平等对话和合作建构；对教师而言，意味着上课不仅仅是要为学生传授知识，还是与学生相互理解、相互启发和教学相长。教师上课也不再是单向度的付出，

---

① 联合国教科文组织国际教育发展委员会．学会生存——教育世界的今天与明天［M］．上海师范大学外国教育研究室译．上海：上海译文出版社，1979.

而是教师生命活动、专业成长和自我实现的过程。随着学生知识和信息获取渠道的多样化，教师作为学生唯一知识源的地位已彻底动摇。教师需要重新定位，以学习来促发展，改变自己的生存状态。终身教育一直是教育学者不断呼吁和企盼构建的教育形式。终身教育和终生学习观念的建立，使终身受用的一次性教育模式，被终生学习和终身教育所替代。单纯追求文凭以求社会身份的认同，逐渐让位于不断获取新知识技能以求工作能力认同和自我价值实现。传统学校的初等教育、中等教育乃至高等教育只能为人提供基础教育，大学毕业生也还需要进一步实践所学知识。由于成人教育具有可持续发展的特性，在知识经济的影响下，它可以把教育的内涵在时间上扩展为终身化的趋势，在空间上扩展为社会化和国际化的趋势，从而使人能够迅速适应变革的世界。把一生作为学习和接受教育的过程，每个人都可以得到终身进修与丰富知识的机会，实现“学者有其校”。终身教育和终身学习观念，开启了全新的教师教育理念，对教师专业发展起到了先导作用。显然，21 世纪的教师责任之一是终身学习。

2. 现代学生学习方式的转变要求教师进行研究性学习

新课程改革的目标之一是改善学生的学习方式。《基础教育课程改革纲要（试行）》明确指出，要改变课程实施过于强调接受学习、死记硬背、机械训练的现状，倡导学生主动参与、乐于探究、勤于动手，培养学生收集信息和处理信息的能力，形成学生主动的、富有个性的学习。学生学习方式的转变要求教师在教学时更应把工作重心转向智慧能力和理性心灵的发展，使学生终身受益。由此，教师的学习不应再局限于吸收固有内容和已有结论，而应是一种认识、探究、体验和交往的学习过程。在学习的过程中，应围绕“通过各种经验学会如何再现他自己，如何与别人进行交往，如何探索世界，如何学会继续不断地、自始至终地完善自己”。[①] 这意味着教师要学会研究性学习，进行反思性实践。美国学者布莱克曼曾这样定义教师专业发展：“不论时代如何演变，不论是自发的还是受赞助的，教师始终都是持续的学习者，此种学习就是专业发展。”布克也认为：“学习的特

① 联合国教科文组织国际教育发展委员会．学会生存——教育世界的今天与明天［M］．上海师范大学外国教育研究室译．上海：上海译文出版社，1979.

权以及帮助他人学习的特权，乃是教师工作中最令人感到兴奋与刺激的部分。”两位学者强调的都是“教师是学习者”这个观念，它不但包括了学生的学习，也包括了教师自身的学习。因此，教师必须是有效的学习者，如果教师本身不了解学习的意义与目的，缺乏学习的要领与方法，就谈不上指导学生学习，更谈不上专业发展了。

(四) 教师是研究者

1. 教师回归研究

《基础教育课程改革纲要（试行）》指出，教师应是教育教学的研究者，如果教师的教育教学没有一定的理论作指导，没有以研究为依托的深化和提高，就容易在固守旧经验、照搬老方法的窠臼里不能自拔。早在1979年，联合国教育科学文化组织就指出：“从教师在教育体系中的作用来看，教师与研究人员的职责趋向一致。教育是培养人的活动，现代社会情势迫切需要培养具有创新能力的人才，因此教师必须从知识的传授者、道德示范者的传统角色中挣脱出来，赋予教师角色以新的内涵，向研究型教师发展。”在近代，教育被看作是大工业条件下的标准化生产，带有强烈的机器文明色彩，即非针对性、去个性化。这种教育的局限之处便是无视作为社会人的教师和学生的复杂性，无视作为特殊精神活动、认识活动的教学过程的复杂性，无视教师的首创精神，无视教师的主体意识与主体地位，使研究游离于中小学教师之外，导致教师的教学活动与研究活动相脱节，这严重束缚了教师的主动性、创造性和教师的专业发展。随着时代的发展和教师职能的转变，教师工作已不是单向度的文化传递，而是文化的融合、精神的建构以及主体间的相互理解。

2. 教育与现场情境不可分离

20世纪80年代，“反思型教师、教师成为研究者”的运动在欧美国家广泛兴起。应该看到，这个观念来自“专业人员即研究者”的启示，其基本假设是教师有能力对自己的实际教育情境加以反思、研究和改进，继而提出最为贴切的改进建议。由教师来改进自己的专业实践乃是最直接、最适合的方式，而外来的研究者对实际教育情境的了解往往是非常肤浅的，提出的问题往往无法切入问题的关键，有时提出的问题甚至无关痛痒，因此不易得到教师的采纳与认同。这个观念强调，教师不再是局外人，不是别人研究成果的消费者，而是“局内”的一个不断反思的研究者或参与观察者，特别是在某些不可重复的特定的教育情境下，教师是最适宜的观察者与研究者。不可忽视，教师是教室实际情境的真正负责人。从实验研究的角度看，教室是检验教育理论理想的实验室，在此教师可以通过一个科学研究的过程系统解决课堂中遇到的问题，从而使教师拥有研究的机会。从自然观察的角度看，任何外来研究者都会改变课堂的自然状态，如果想要既达到观察目的，又不改变原有的气氛与状态，就只有依靠教师。教师是最理想的观察者，因为其本身就置身于教育情境中，对于教育活动，教师是可以掌握观察方法、了解观察意图而又不改变原来课堂教学情境的最佳人选。

因此，无论从何种角度来理解教育研究，都不得不承认教师拥有丰富的研究机会与有利的研究位置。近年来，质的研究由于契合了教育工作本身的特性在我国教育领域日益兴起。它以参与观察、开放型访谈、原始材料的真实描述和深入分析以及扎根于原始材料的理论建构，展开了一条面向实践本身，把教育行为、行为意义及教育情境视为不可分割的整体，实现意义的解释性理解的研究道路。必须看到，研究是人们对待未知事物的一种态度。“教师成为研究者”的早期倡导者布克汉姆曾经讲过：“教育研究不应是专业人员专有的领域。它不是一个领域，而是一种态度。”基于这样一种对研究的理解，把研究看作是教师应有的态度，对于理解教师成为研究者、教师专业化具有重要的意义。研究是教师从事教育教学工作时应有的态度，教师的研究不应脱离了教育教学工作，在教师的研究与教育教学工作之间并不存在距离和界限。

第五章 如何发展教师的精神世界状态

教师面临生存和精神上的压力，但是，从学生取得的进步和学生对教师的感恩之情中，教师也能获得职业幸福感。本章同样以访谈的形式反映教师的精神世界状态。教师虽面临不理想的现实情况，但这并不表示教师缺乏追求理想生活的精神。

人是世界上唯一具有认识自我的本性、唯一能够认识自我的存在物，以致“人被宣称为应当是不断探究他自身的存在物——一个在他生存的每时每刻都必须查问和审视他的生存状况的存在物”，人是一种自觉自为的存在物。人类生活的真正价值，恰恰就存在于这种审视中！

——恩斯特·卡西尔《人论》[①]

一、精神世界的理论阐释

人是有意识的存在物。正是人的这种精神属性，决定了精神生活是人所特有的。人对精神生活的本能追求，对意义世界的积极构建，既是对人的本质的表达与体现，也是对人性的超越与体验。精神生活的主要特征是：它是人的内在的创造性活动，它所创造的是人的生命意义与生命价值。

（一）内涵

由于人们的认识不同，而“精神”作为人的存在的一种属性，在不同的人身上会有不同的表现，所以，要给“精神”这个词下定义是比较困难的。《辞海》对“精神”一词作了五项释义：一是指人的意识、思维活动和一般的心理状态；二是指神态、心神的集中与指向程度，如“神情专注”或“精神恍惚”等；三是指精力、活力，如“龙马精神海鹤姿”，指精力充沛，充满活力，又如“意志消沉，萎靡不振”，则指缺乏坚定的意志，且无生机和活力；四是指神采、韵味，如“有梅无雪不精神”，指缺少最根本的

① 夏甄陶．人是什么［M］．北京：商务印书馆，2002.327.

意境与魅力，又如“敢怒敢言见精神”，指做人的基本立足点，是一种对人的品格和品位的基本认同；五是指内容的实质，如“传达会议精神”“贯彻文件精神”等。从这五项释义中，我们可以看出，《辞海》所解释的“精神”实际上包括两类：第一类指人的主观存在状态，包括前三项释义，兼顾第四项释义，是对人的心理、意志、情绪和心境的一种描述与概括，是人在社会生活中主观状态的某些特征，并且，这些特征不仅是对人的存在状况的反映或对某种人格特征的认同，更是对人的根本、人的内在气质的概括与浓缩。第二类指事物所体现出来的意境、神韵或主题，包括第五项释义，兼及第四项释义，如一篇文章、一幅画、一首诗、一件事情等体现的主旨或根本的意义，也可以用“精神”来概括。总的来说，“精神”一词，主要指对人的主观存在状态的描述与定位，是人所具有的一种基本属性以及发展过程的理想归属。

那么，什么是人的精神？我们可以从以下三个层面理解：第一，从类的角度看，人的精神主要表现为与物质世界相对应的人类精神世界，如我们通常所说的科学、艺术、文化、哲学等，它的载体是符号，它的内容是知识和思想。第二，从团体的角度看，人的精神总是有一定的归属的，人总是根据一定的团体价值标准将自身的精神信念与一个相应的社会集团联结起来，从而构筑维护团体利益的精神信念，且这种精神信念一旦形成与巩固，又制约、影响着个人的行为或思想，使团体内的个体或多或少地带有总体的特征，或体现总体的意志。第三，从个体的角度看，所谓“精神”主要是指个体独特的精神世界，表现为个人精神生活的取向和质量，“是个人存在的深层尺度”。[①]“精神是由做出或遇到各种不同事情的人们身上表现出来的。”从感觉方面来讲，他们有知觉、回忆、想象、抽象和推理的活动；从心理情绪来讲，他们有快乐的感觉和痛苦的感觉，他们还有情意和欲望；从意愿方面来讲，他们可按照自己的意愿去做一件事或者按照自己的意愿不做一件事。所有这些现象都可以划入“精神的事件”范围之内。每个精神的事件都是“对于”每个人发生的，成为其一生中的一个事件。这里所讲的个体精神，主要包括三个方面，即认知的、情感的和意志的，

---

① 马克思，恩格斯．马克思恩格斯全集（第3卷）［M］．北京：人民出版社，1960.

它实际上是一个心理学范畴的人的个体精神的分解。作为个体精神生活，相对于人的自然属性和社会属性而言，其范围应该更宽泛一些，如自由、审美、理想、信念、人格、个性等，都应属于人的精神生活的基本内容，只不过这些内容的倾向性以人们对自然、社会的了解程度为基础，是建立在知识的基础之上的精神认同和价值意向。

近年来，我国有些学者也就“精神生活”这一问题发表了自己的见解。例如，于光远认为，“吃喝玩乐”是人类物质生活和精神生活的总称。在这里，他把精神生活理解为“玩乐”，虽然他在“玩乐”二字前加上了“健康的”这个定语，且这个说法通俗易懂，但仍不能作为对“精神生活”的一个科学的界定。而安起民给“精神生活”下的定义是：“精神生活是人们精神活动的总和。”他列举了一系列的活动形式，如学习、创造、交往、观赏娱乐等，但这个定义仍然是不全面的。诚然，精神生活是一系列精神活动的总和，但“精神生活”与“精神活动”不能简单地等同起来，因为二者虽有内在联系，但又有区别。人在任何时候、在任何活动中都会有精神活动，但未必所有的精神活动均可谓之“精神生活”。例如，“动机”也是一种精神活动，但动机活动不应该算在精神生活之列。还有这样一些观点，如“对理想和精神价值的追求称作精神生活”“精神生活是人们对一定精神成果的占有和内化情况”等。

以上诸多对精神生活的论述虽然各有侧重，但却有其相通之处，那就是对“精神生活”的下的定义至少应当是：人之为人的一种特定的生活方式。可以理解为它是主体（人或社会）为着满足自身精神需要的、有精神投入和精神（文化）交流的，并对主体自身的精神状态与精神建构带来直接影响的，包括精神文化的创造与消费在内的一切活动。所以，从哲学上讲，所谓精神生活，指的是以社会历史活动为背景，基于个人的生存状态，具有文化意义的精神活动和状态，是人类创造、传递和体验精神价值的活动。它以个体的人作为活动主体，以日常生活和专家文化为表现领域。与精神生活相关的领域包括社会心理、精神境界、日常意识、终极关切等。因此，它是我们认识社会的发展、变化所必须经常关注的极为重要的社会现象。精神生活作为人的生命活动的最高形式，是人们的“求真”“求善”“求美”活动的统一，其实质在于对人性的张扬和超越，它是人们从有限走向无限，摆脱必然、走向自由的重要途径。

精神生活与物质生活的不同在于，从二者的时空指向上讲，物质生活在其时间性上只是指向现在，而精神生活的维度却不是一个定式，它可以不断扩展和丰富。在精神生活中，主体可以反思过去，思考现在，度量未来。在这一过程中，精神生活为物质生活的创造提供了生生不已的源泉，也提供了必不可少的价值定向。精神生活与物质生活的不同还在于，从二者的价值定位上来讲，精神生活要高于物质生活。在精神生活中，人所不断追求的“超越性”得以实现，并通过这种“超越性”的实现，精神生活自身也得到了丰富。在这一过程中，人生的价值和意义得到确认，人生的坐标有了明确的定位。

（二）特点

人生的意义就是从日常生活中可品尝到的甜酸苦辣、得失祸福，到基于终极关怀而形成的无限、绝对的信仰，它是一个况味无穷、意蕴绵长的意义域，这也就是人们通常所说的“意义世界”“精神世界”。这个世界从当下到未来、从现实到可能、从经验到超验、从在场到不在场，上下贯通、彼此转化，使人的生存保持着常变常新而又自成目的的态势。即使旧的世界坍塌了，凭借人的对象性的生存实践活动，新的意义世界也还会建立起来。单色不成画、单音不成调，不同的色调或音阶才能构成内涵丰富、意境高远的画卷或乐曲。人凭借自己的能力建立起来的精神世界，有其自身的重要特点，对人的生活产生巨大影响。人的精神世界的特点主要体现在以下三个方面：

1. 主观性

这里的主观性不是指人们一般认为的主观片面、任意武断之意，而是独立自主、自我意识、自觉能动的意思。精神世界的主观性是人所拥有的真正属于自己的世界，是人在自己的生活中努力寻找、赋予事物从而构成的集合体。正如海德格尔所主张的，世界万物在人那里才展露了自己的意义。人与世界是融为一体的，世界是人建构起来并寓于其中，渗透于其中的有意义的、不断流变的整体。[1] 也正如王阳明所言，天地万物本身原无意义，因人心灵所致，使其“明白起来”[2]。人只有逐渐意识到他自身处在这些生活事件的境况中，他的状况才真正是一种属于自己的状况。在这种状况中，人是作为人自身而真实地活着的。精神的内容渗透到人生的方方面面，在日常生活中，人们正是通过一点一滴的感悟来完成人生修养的。精神世界虽然是以客观性为现实基础并依赖于客观事物本身，但仅有客观事物本身并不能构成人的生活意义的精神世界。一般的存在，不是最好的存在。只有人关注其经历和体验着的存在，才是真正有意义的存在，也才是最好的存在。而这种存在正是人生活在其中的精神世界。“我是意义由之来到自在的实在中的那个人，我使意义来到事物中。”[3] 在精神世界里，空洞的主观性与枯燥的客观性之间的对立被超越了，因为属于生活的内容也直接属于自我，属于“我生命”的组合。

2. 叠加性

叠加性在这里主要是指人生活的意义世界处在不断扩充、增长和生成的过程中。就人类而言，由于所处的特定的时空关系，每一时代面临不同的经济、政治和思想文化背景，因而人们总是赋予与这一时代背景基本相适应的意义。同时，这一时代的意义总是在以往时代意义的基础上生成的。在人类发展的长河中，后继者总要比前人创造和赋予自己的生活世界更多意义。就个人而言，每一个人都在真正属于自己的环境中成长着，独特的经历、社会地位和体验使其形成对生活的独特理解，从而也赋予生活独特的意义。不同的人随着社会的进步、阅历的递增、觉悟的丰富、体验的深化而对自己的生活增添更充实的意义。此外，由于社会交往的普遍性和在一定条件下人们生活的共同性，如共同的历史传统和背景以及对未来的憧憬，使不同的人对共同经历的生活事件产生日益丰富叠加的意义，从而扩大了精神世界的范围，并使其不断升华。

3. 反思性

反思性主要是指人对自己经历的生活事件进行再一次的精神关照，对

---

① 张世英．天人之际——中西哲学的困惑与选择［M］．北京：人民出版社，1995.343.

② 王阳明．传习录［Z］．

③ ［法］让·保罗·萨特著．存在与虚无［M］．陈宣良译．上海：三联书店，1987.653—654.

自己的体验进行再体验，对自己的思考做一番更为辩证和根本的思考。“凡是值得思考的事情，没有不是被人思考过的；我们必须做的只是试图重新加以思考而已。”① 正因为人具有反思性思维，才能对所经受的生活事件进行深入的探寻，生发出一定的意义。反思性思维是集思辨的思维、批判的思维、超现实的思维、发散的思维、象征的思维等优点为一体的一种重要思维，它使得人对自己的生活经验具有一种内省的能力，并不断提升这种生活经验，把它化作生命的组成要素。反思性的思维往往帮助人们从其所经历的事件中找出最动人的精华部分。已经发生的皆成历史，历史是一个无穷无尽的意义的源泉。而正是这种反思性思潮，使人能够理解过去，寻找和赋予历史崭新的意义。也正是这种“回首观望”，把人生活的过去、现在与未来连接为一个整体，构成一个有意义的世界。

教师的精神世界由于其职业的传道、授业、解惑等特点更具主观性，因而教师的精神世界更具丰富性。“为人师表”是教师精神面貌的基本表征。孔子就时刻担心自己“德之不修，学之不讲，闻义不能徙，不善不能改”，“非人要当”（指出人的“不是”要恰当）和“是人要当”（称赞人的“是”要恰当），孟子强调“教者必以正”，董仲舒提出“善为师者，既美其道，又慎其行”，这些都是对教师的称谓和身份的确证。本章将从教师的“道德世界”和“幸福感”两方面展开对“教师的精神世界”的探讨。

二、教师精神世界的当前状态

（一）中学教师的“道德世界”

随着经济的发展、科技的进步，市场化直接渗透到了民众的日常生活中。我们的整个文化是以购买欲以及互利互惠的观念为基础的，全民皆商的时代使得人类出现不同程度的堕落。在这种文化背景下的教师职业道德状况也令人难以满意，家长和学生对教师的抱怨之声不绝于耳。教师对待

---

① 武东生．人生十论·自序［M］．太原：山西人民出版社．

学生不是充满关爱而是简单粗暴，对教育、教学工作，不是深入体会和反思其内涵，而只是把它当作谋生、获利和晋升的工具，教师的职业道德已经和其他职业的职业道德以及社会公德的沦丧一样，成为人们指责的对象。

“道德”一词，英文是“moral”，来源于拉丁文中的“moralis”，其意思是“关于品格的”，而“一个人的品格不过是他的那些一贯地以某种方式来行为的一类导致他过一种特定生活的气质”①。按照檀传宝教授的解释，“道德”即有关美德和美德行为的标准、原则义。所以，道德是一个前规范概念，意即“以善恶为标准，依靠社会舆论、传统习惯和内心信念的力量来调整人们之间相互关系的行为原则和规范的总和”②。中国文化中的道德也主要是指个体在心性上对宇宙、人生奥妙的领悟和把握，以及由此而形成的德性、德行等。教师道德只有被作为每一个个体的教师真正地理解、接受并转化为一种内在需要并表现在外在职业中时，才成为教师德性。

那么，什么是教师德性呢？所谓教师德性，是“教师在教育教学过程中不断修养而形成的一种获得性的内在精神品质，既是教师人格特质化的品德，也是教师教育实践性凝聚而成的品质，是一种习惯于欲求正当之物和选择正当之行为去获取正当之物的品质。教师德性是内在的，需要在教师的教育实践中形成，教育实践对于教师来说，既是为完成社会赋予其教育责任的付出，同时，又是个人各种需要，尤其是精神需要获得满足的生命历程之组成，是获得与奉献的统一”③。具体来说，教师德性包含三层含义：（1）教师德性是一种能使教师个人担负起其教师角色的品质，即实现教师之特殊性目的的品质，是教师能充分实现其潜能的品质。（2）教师德性意味着教师有着坚定的道德意志，是在履行教育教学责任和义务的过程中所体现出来的道德力量。（3）教师德性体现为教师对为师之道有着深刻的理解，并且能够将其运用自如，与此同时化为行动力量的体验和态度，是社会期望于教师主体的能动体现，最终以其行为准则、行动原则在履行教师义务时所体现出来的力量表现出来。

应该看到，教师德性不仅能维持教育实践从而使教师获得教育实践的

---

① ［美］麦金太尔．德性之后［M］．龚群译．北京：中国社会科学出版社，1995.51.
② 冯契．哲学大辞典［M］．上海：上海辞书出版社，1992.983.
③ 陶志琼．教师是谁——教师教育哲学导论［M］．北京：中国文史出版社，2004.171.

内在利益，而且也使教师克服其所遭受的伤害、危险、诱惑和涣散，从而在对相关类型的善的追求中形成他们的精神支柱，并以不断增长的自我认识和对善的认识来充实自己。赵汀阳在《论可能生活》一书中提出，人不仅是其生物意义上之所是，而且是在行为意义中做成的。“是一个人”（to be a man）不足以表明他作为人的价值，他还需要像一个人那样去行事才是“做一个人”（to do as a man does）。从根本上说，人是做成的而并非生就的（a man does rather than is）。[①] 教师之所以是教师也并非天生就行的，他只有像教师那样去行事才可能称得上是教师（to do as a teacher does），确证教师就应该从教师道德规范入手，教师首先要有教师的德性。教师道德规范是一个庞杂的体系，本研究将从其中最关键的几个核心“范畴”进入“中学教师的道德世界”的探讨。范畴是“反映事物本质属性和普遍联系的基本概念，是人类理性思维的逻辑形式”[②]，那么，“师德范畴”便是师德规范体系之网的“纽扣”。本研究主要从“公正”“仁慈”“义务”“良心”“人格”等基本范畴[③]来探讨中学教师的道德世界问题。

1. 公正

公正（justice）是处理人际关系时的公平与正义的伦理原则。在英文中，“justice”有“正义、公正、公平和公道”的意思。公正一直是人类社会普遍的道德法则，是人们孜孜以求的价值生活目标。公正具有社会性、历史性、阶级性。教育公正和教师公正是教师伦理生活的重要原则。中国古代提倡的“有教无类”的概念既是我们教育的传统，也是全部教育的本质要求。公正是教育事业的需要，不公正的教育是反教育甚至是反文化的。公正必须具备三种特性：（1）对等性。对等性就是指主体对人、对事要一视同仁，适用同一个规则或标准。（2）可互换性。可互换性是对等性的要求和保证，要真正做到对人、对己用一个标准，就必须能够让自己处在对方的位置时，仍然接受自己原先承认的法则，也就是要“己所不欲，勿施于人”。（3）最终价值判定的依赖性。公正的标准本身不能自己说明自己存在的合理性，必须有公正之外的价值依据，即最终价值判定的依赖性。这

---

① 赵汀阳．论可能生活［M］．北京：中国人民大学出版社，2004.41.

② 中国大百科全书·哲学卷［M］．北京：中国大百科全书出版社，1987.200.

③ 关于“道德范畴”的解释，借鉴了檀传宝教授《教师伦理学专题》的相关内容。

个价值判定的依据有两个：一是看它是否有利于社会的发展，二是看它是否有利于个体的幸福。公正原则说到底是一种处理利益关系的原则，如做进一步的分解可理解为两条基本原则：报偿原则和承诺原则。报偿原则即权利原则，意思是主体的贡献等于或者不小于（≥）应得的权益，类似于“按劳分配”原则或者依据“贡献”作为分配标准；所谓承诺原则，也称为义务原则，它的内涵是权益应当小于或等于（≤）主体所承诺的义务。

那么，教师公正又指的是什么呢？“教师公正就是指教师把每个受教育者应该得到的合理要求、合理评价给予他。作为教师个人的德性，教师公正含有优秀或完美的意思，表示教师个人的内在品质——给予他自己或他的每一个受教育者以应得的教育善之品质。换言之，教师公正，是指教师在从教生涯中表现出来的正大光明、质朴和公道的品质。”[①] 具体来说，教师公正“是指教师在教育学生的态度和行为上，公正平等，正直无私，不偏袒，不偏心，对待不同相貌、不同性别、不同智力、不同个性、不同出身、不同籍贯、不同亲疏关系的学生，一视同仁。满腔热忱地关心每个学生，热爱每个学生，从每个学生的不同特点出发，全心全意教育好学生”[②]。“教师公正必须是针对每一个教师和学生的公正，它意味着一种师生之间的就‘事’论事的恰当性，而决不是就‘学生’论事的某种方式。”[③] 苏霍姆林斯基在其《和青年校长的谈话》中指出，所谓公正，就是尊重与严格要求相结合。“因而，教师公正的分配性就表现为这样两个原则：第一，授权原则。学生的‘贡献’蕴含他要获得的‘权益’，而且其‘贡献’至少必须等于而不能少于该权益。换言之，‘贡献’是学生所能够提供的好东西，而‘权益’则是学生想要得到的却是由教师提供的好东西，这两者以互通有无的方式进行对等交换。第二，承诺原则。教师这一权益角色蕴含着责任与义务，但其学生希望获得的‘权益’必须至多等于教师所承担的责任和义务。这意味着如果学生要想得到好的东西——‘权益’，他就必须同意贡献

① 叶澜，白益民，王枬，陶志琼．教师角色与教师发展新探［M］．北京：教育科学出版社，2001.50—51.

② 王正平．人民教师的道德修养［M］．北京：人民教育出版社，1993.228—229.

③ 叶澜，白益民，王枬，陶志琼．教师角色与教师发展新探［M］．北京：教育科学出版社，2001.53.

好的东西——‘贡献’。”[1]

归根结底，教师的公正是指教师在自己的教育活动中对待不同的利益关系时所表现出来的公平和正义，它表现在教师与自身、教师与同侪、教师与学生等人际关系之中。这里重点只谈教师在学生教育中的公正。公正是人格的脊梁，孔子说：“其身正，不令而行；其身不正，虽令不从。”[2] 对于为人师表的教师，公正更具有重要的意义。上海师范大学曾有一次针对4500名学生的调查，结果有84%的学生认为“公正”是“教师工作重要的职业品质”，有92%的学生认为“偏私和不公正”是“最不能原谅的教师品质缺陷”[3]。教师公正有利于良好教育环境的形成，有利于教师威信的提高，有利于学生学习积极性的发挥，有利于学生的道德成长，有利于社会公正的实现。学校是社会的雏形，教育公正是社会公正的起点，如果学生在学校生活中不能感受应有的公正的存在，那么学生就很难建立起公正的信念，最终会不利于社会公正的实现。所以教师能否实现公正关系到一个社会的公正及其实现程度。

教师对学生公正要做到：第一，平等对待学生，有教无类；第二，爱无差等，一视同仁；第三，实事求是，赏罚分明；第四，长善救失，因材施教；第五，面向全体，点面结合。然而，中学教师的“公正”处于“缺失”状态，但学生十分在意教师的“公正”。在中学教师信念中，“公正”是必要的，但在现实中，教师偏爱好学生、打压差生也是普遍存在的现象。笔者对深圳市S初级中学初一、初二各8个班级的80名学生进行关于教师教学情况的访谈，反馈了53名教师的情况，其中有同学特别强调教师的公平问题。以下是学生对5位教师的评价：

“S老师教学方法新颖，能激发学生的学习兴趣，对每个学生都能进行不同的指导。根据学生的特点，对症下药，使学生充分了解到自己的不足。对成绩不好的同学鼓励，对成绩好的同学也多加辅导。总的来说，他是一位负责任、关心学生全面发展的老师。”

---

① 叶澜，白益民，王枬，陶志琼．教师角色与教师发展新探［M］．北京：教育科学出版社，2001，54.

② 论语·子路［M］.

③ 王正平．教育伦理学［M］．上海：上海人民出版社，1988.168.

“H老师对学生认真负责，教学态度好，能调动学生的积极性，教学思路清晰，对学生一视同仁。”

“G老师教学方法好，有耐心，对每位学生都认真负责，改作业与改试卷速度快。人品好，心地善良，不偏心任何一位同学。”

“G老师勤劳细心，讲课能使全班思想活跃，对同学尽心尽力。”

“G老师讲课生动有趣，同学们听得津津有味，许多问题一经他讲解，我们便很快明白了。他是一位教学严谨、能带动课堂气氛的好老师。”

“历史与社会科L老师教学认真负责，批改作业也很认真，从不马虎，尽心尽力。但是，上课总是听写或抄写，非常沉闷，缺乏乐趣，枯燥无味，没有思考的空间，感觉无聊。上他的课时，总有好学生、坏学生之分。”

“语文科L老师教学严厉，为人善良，能尽到老师的职责。文言文讲解详细。但教学方式缺少创意，没有一点乐趣。”

“我和班上同学都认为语文科L老师虽然学问高，但是他不会教，也不是完全不会教。他到现在几乎不太管调皮的学生，只是很看重成绩好的学生。在教学方面，他注重基础知识，但在作文方面，我们还只依赖小学老师传授的知识，因此，很多同学基础没打好，都不愿意写作文，我觉得老师没有培养我们爱看书、写作的习惯。”

“语言科L老师在教学上没有开阔我们的视野，只是让我们关注书本上的知识，很少能引起我们学习的兴趣。”

看来学生对教师的平等对待是十分敏感的，无论是学习好的学生还是学习有困难的学生都反感老师的好生与差生之分。教师公平能赢得学生的尊敬和爱戴，学生是渴望教师的平等对待的。

(1)“生源差”成为老师的口头禅

教师的公正往往表现在对待行为有问题的学生上。不少教师经常说的一句话就是：“学生一届不如一届。”将学生现有的较差的状况归因为“生源差”。相关访谈记录如下：

我们这样的学校的生源都是非常差的，学习成绩好的学生都已被推荐、保送到好的学校。我们学校的学生大多数是小商品经营者的子女。这些学生素质差，行为习惯也不好，一点规矩都没有，我们很难有成绩。

深圳市S初级中学属于中等层次的学校，许多学习成绩好的学生都升入了比较好的初中学校，剩下的学生大部分是学习不太突出的，这种情形就影响了教师对问题学生的归因。由于多数教师认为，学习成绩好的学生就是“好”学生，学习成绩差的学生就是“差生”，同时“纪律与学习”在教师眼中有着密不可分的因果关系，所以他们常常会因为学生的学习成绩不太好而断定他们在纪律和行为上也存在问题，从教学到教育心理上就排斥这样的学生，更不用提对学生的爱和欣赏了，教师抱有这样心态进行教学工作，结果就是教师没有成就感和幸福可言，相应地，对学生的公正自然也不会存在。

(2) 认为“个性”即“问题”

在目前学校教育实践中，由于认识上的原因，教师习惯于把心理问题与道德问题混为一谈，所以他们很少能从心理学的角度对学生的问题进行理解、判断和归因。于是，往往会出现这样的情况，个别学生的行为属于心理反应，而教师赋予了伦理色彩，并采取了说教与压制的方式，问题因此未能很好地解决。

心理学G教授指出，目前大多数教师不懂得从心理方面去理解学生的问题，而习惯于从“思想”“道德”的角度去理解学生出现的所有问题，因而他们在教育方法上只会采用简单的规训与控制的方式去处理。以下是相关访谈记录：

问：您是如何看待学生的问题的？

答：其实，在现实中，学生的许多问题属于心理问题，而不是传统意义上的思想问题。然而，现在许多教师并没有认识到这一点，班主任对学生的心理问题关注也不多，甚至他们根本不会在意学生的心理问题。

问：有心理问题的学生从某种意义上如同有生理疾病的人一样，需要给予呵护和帮助，对吗？

答：我作为心理教师，能从心理角度出发去关注问题学生，特别会关注学生的家庭背景。而班主任的注意力却放在了集体上面，更多的是关注学生的纪律、学习情况和文明班（教师不被家长、学生投诉）的获得。即使是对学生的个别教育，教师也多从集体出发，主要关注的是集体规范方面的“德育”。

多数教师把学生的个性特点或差异看作是品德问题，并把它们看作是

“反道德或非正常”的现象。这是一种较为普遍的文化心态，即对学生个体和个性缺乏包容。教育目标主张培养有个性的人，是因为在当下的教育中，个体状态极其单一，教育对学生的个性不仅未能起到保护的作用，反而更多的是压制和摧毁学生的个性发展。深圳市S初级中学的一位教师很自然地表达了对个性较强的学生的态度，她希望那些“爱出风头”的学生“不要来上课”，并把个性误认为是心理疾病或道德问题，从而误导了她的教育决策与教育实践方式。她是这样说的：

本人曾经教过高中，认为高中学生比初中学生容易教。高中学生怎么教都行，他们心理成熟，知道害羞。初中生则不一样，他们叛逆性最强，特别是初二的学生，软硬不吃。就像你今天听课的初二·四班，我在课堂上很难把握学生的情况，他们没有学习的心情，甚至有一大批学生不愿意学习。像这些学生，他们不来上课还好，这样就不会影响别的同学。班上有几个“刺头”的学生，心理明显不健全。但你又不敢不让他来（上课），很麻烦，对这样的学生最好劝走。

这样一来，教育的公正在这时已经荡然无存了。同时，由上述分析，我们可以了解到教师在教育教学中缺失公正的主要原因有三个：一是社会、家长和学校对教师的评价单一，也就是评价只关注学生的学习成绩，而很少关注教师对学生其他方面成长的影响，导致教师以学习成绩评判学生，对成绩差的学生缺失了教育的公平；二是教师的责任感、义务感不强，对教师职业的理解比较片面，职业道德约束力低下；三是社会对教师的不公平。

2. 仁慈

仁慈是一个与公正联系密切的概念。一方面，公正的基础之一应当是仁慈，如果去掉对他人的爱和尊重，就不可能做到真正意义上的公正；另一方面，公正的结果往往造成一种价值的遗憾，这一遗憾也需要一个补充机制的存在。正如美国伦理学家威廉·弗兰克纳说的：“正义只是道德的一部分，而不是它的全部。那么仁慈可能属于道德的另一部分，我认为这才是公正的说法……即使人们认为仁慈不是道德的要求，而是某种非本质的、道德上善的东西，人们仍然把仁慈看作是道德的一个重要方面——如果不是必要的，也是令人向往的。”[①] “仁慈”在中国是儒家的“三达德”（智、仁、勇）之一，它在西方也被基督教认为是“神学三德”（信任、希望、仁慈）之一。“仁慈”在从字面意思看就是仁爱和慈善的意思，孔子主张“能行五者（恭、宽、信、敏、惠）于天下者，为仁”[②]。孟子主张“仁者以其所爱及其所不爱”[③]，这些观点都体现两点：一是人应当爱人，同情、关怀和帮助人；二是对人的爱心应当有理性。我们可以概括出仁慈几个内涵上的特性：伦理上的仁慈具有爱心的特质（情感性）、理性的特质（理智性）和超越公正义务的爱和宽恕的特性（超越性）。所以，仁慈就是具有高度理智性和超越性的爱心与宽恕的伦理精神和道德原则。[④] 仁慈是伦理的基本原则，是公正的延伸和必要补充。

仁慈是教育活动的本性和本质要求之一，没有仁慈的教育将是一种缺乏关怀、机械、冷漠和无效的教育。我国著名教育家陶行知先生说过：“你的教鞭下有瓦特，你的冷眼里有牛顿，你的讥笑中有爱迪生。”所以，教师的仁慈是影响学生一生成败和整个教育事业成败的一个关键因素。教师对学生仁慈的内涵首先表现在对学生心态的正反两个方面：一是教师对学生无条件的爱心；二是教师对学生的高度宽容。要在教育实践中真正做到按仁慈原则行事，教师必须具备一定的主观条件，主要有以下四点：一是要具有崇高的道德境界。仁慈的全部内容都需要道德上的自由，而道德的自由实际上就是道德的最高境界，如果没有较高的道德修养，人们就会陷入日常利害中难以自拔。如果连教师自己都是不自由的，他们如何能够心平气和地对人、对事践行仁慈原则呢？二是拥有教育效能感——教育信心。教师应该树立“通过努力，我一定能够教好学生”的教育信心，只有有信心，教师才能冷静地对待问题，也只有具有较高的教育效能感，教师才能发现自己的本质力量，才能更加热爱学生和自己的事业。所以，提高自己的业务水平，提高教育艺术从而获得教育信心是教师践行仁慈原则的基础。

---

① ［美］威廉·弗兰克纳．伦理学［M］．关键译．北京：三联书店，1987.96—98.

② 论语·阳货［M］.

③ 孟子·尽心下［M］.

④ 檀传宝．教师伦理学专题——教育伦理范畴研究［M］．北京：北京师范大学出版社，2000.89.

三是要掌握高超的沟通与表达技巧。教师应当学会运用语言、教态和其他手段恰当地表达对学生的热爱、尊重、期待与善意的要求，实现有效的师生沟通，苏霍姆林斯基曾说过："我坚信，常常以教育上的巨大不幸和失败而告终的学校内许许多多的冲突，其根源在教师不善于与学生交往。"① 四是教师要做学生的心理关怀者。

根据后现代主义代表人物米歇尔·福柯的观点，现代社会是一个知识和权力相结合摆布个体的社会。在现实的社会和学校生活中，教师认为学生不正常往往不是因为学生犯错了，而是因为学生未达到一定的标准。因此，规训和惩罚就成为教师教育学生的一种手段。由于这一权利系统的存在，即使人们认为正常的东西往往也构成了对个体的压抑。因此，教师以一种宽容、仁慈的态度对待学生，就成为当代社会必须认真对待的问题。但现实的学校中，教师的"仁慈"在很多时候是缺失的。

（1）惩罚的缺失

由于教师倾向于把问题学生主要归因为外部不可控的因素，因而，他们十分注重外部控制的作用。该校的一位教科室主任认为，由于《中华人民共和国义务教育法》规定义务教育阶段不能开除学生，导致纪律的震慑作用失效，从而产生了不少问题学生。以下是相关访谈记录：

问：您是如何看待学校中的问题学生的？

答：问题学生的出现有社会的责任，也有管理方面的原因。问题学生不爱上课，学习差，作业也不交，学校没有形成相应的制度，拿他们没办法。在我看来，义务教育阶段不能开除学生，学生也没有留级制度，使得学校校规与纪律要求对学生起不到震慑作用，这是最根本的原因。

该校的另一位教师同样把问题学生的出现归因为学生不自觉，而学校又没有制订相应的惩罚措施。该校的另两位教师也都提及了学校在"纪律处罚"上的缺失是造成问题学生严重化的主要原因：

学校不能开除或要求学生留级，然而又必须保证学生的在校率，使得学校的纪律处分对学生没有约束力。学生认为，"学校反正不能开除我们"，

① ［苏］苏霍姆林斯基．集体的社会心理学［M］．卢盛忠，龚浩然，张世臣译．北京：人民教育出版社，1985.174.

所以他们就无所顾忌了。

目前，问题学生的出现主要原因在于义务教育阶段的相关规定，它取消了适当的惩罚，过分地迁就学生。现在，教师一旦采用惩罚措施，学生开口闭口就是“我要告你”。

教师仁慈的内涵表现在对学生无条件的爱心和对学生的高度宽容上，这既需要教师的高道德水准和高道德约束力，也需要学校、家长和社会大环境的支持。教师为什么需要体罚、管制、约束等这些让教师缺失仁慈的做法？笔者认为主要有以下几方面的原因：一是传统的师道尊严使得教师往往放不下自己的尊严而伤害了学生。比如，出现上述问题的学生都表现为不按时完成作业，或者没有养成良好的学习习惯而在课堂上制造偶发事件，使得教师觉得自己的尊严受到了挑战，于是，便对学生发火、发脾气，从而导致师生关系僵化，时间长了就出现师生互相讨厌的情形。而教师也没有采取实质性的措施来管理学生，于是就会采取诸如体罚等这样的威慑措施。二是教师缺乏较高的道德约束力，性格急躁，对学生缺乏足够的耐心和宽容。三是社会大环境的压力。社会、家长对学校的评价主要是看学生的考试成绩，看学生在中高考中的考试结果，因此学校会追求升学率，对老师的评价也只看所教学生的学习成绩，老师对学生的评价是只要学习好就是好学生了，学习好要有好纪律、好习惯、听话等作保证，如此一来，出现上述问题便是自然的。

（2）生活环境

学生个体的家庭背景和社会环境是影响学生成长的重要因素，同时也往往成为教师理解和判断学生行为的重要背景。通常，一些先入为主的暗示或文化的差异，很容易让教师对学生产生偏见。

该校的一位教师指出，学生的问题更多的是与他们的家庭背景有很大关系。目前，多数父母对孩子比较娇生惯养，孩子便养成了许多坏习惯。相关访谈记录如下：

问：学生的问题主要是什么呢？

答：学生的问题很普遍，什么问题都有。

问：导致问题学生出现的原因主要是什么呢？

答：家庭，他们在家庭中娇生惯养。

问：你是如何看待问题学生的？

答：有些问题学生是天生就有问题的，有些是后天学习的结果。大多数问题学生与家庭的关系很大。家长总是把孩子成绩不好怪罪到老师头上。其实家长需要负一定的责任，是他们把孩子宠坏了。现在这一代学生的家长整体素质都不高，所以他们根本不懂如何教育自己的孩子。

另一位教师则把多数学生的问题归因为社会和家庭因素：

过去的问题学生比较单纯，而现在的学生整天是粗言滥语。出现这些问题的主要原因在于社会和家庭。一个家庭连一个孩子都管不好，而一个教师要面对那么多的学生，自然很难管理。我教过这么多年书，没有见过这样差的学生。这类问题学生有的源于单亲家庭，他们的父母大多对他们撒手不管，很少关心孩子。

教师把学生行为的好坏主要归因为学生个体的生活背景。对学生出身背景的歧视最容易导致教师的个人偏见。在教师眼中，那些来自家庭不富裕的孩子往往会给教师这样一种不良的晕轮效应：家庭教育不好。如前面多数教师提及的“生源不好”，学生主要是“农民、工人和小商品经营者的孩子”或者是来自“父母离异、父母关系不和”的家庭。有些老师认为正是由于“复杂”的家庭背景，学生的行为规范才会较差。学生的家庭背景一方面有助于教师了解孩子，但同时也影响着教师的信念与实践。教师因受学生背景的影响而容易形成一种晕轮效应，从而影响了对学生的行为作出正确的判断与归因。如有的教师认为，家庭不富裕的孩子的教养不如富裕家庭的孩子；家庭不富裕的孩子因为有自卑的心理，很难充分表现自己，往往被教师认为比较“呆板”。总之，家庭贫富悬殊、性别、性格、学业成绩等方面的背景，导致教师形成错误的教育信念。

对于问题学生的不同定位，会影响教师对问题处理办法的选择。当把学生的问题定位为道德问题时，教师更多地会采用外在控制的办法；当能够从个体心理的角度去理解时，教师会更多地把学生当作是“病人”去呵护。特别是那些有严重心理疾病的学生，如果对他们采取孤立、歧视和冷淡的方法，而不是把他们看作像生理上的“病人”一样，当作是有“爱的需要”的弱势群体去关心和呵护，只会使他（她）变得更加不冷静，“病情”就会更加严重。一位教师给我讲述了一个“差生”的故事：

对于某些学生，他们在课上睡觉的话，教师是欢迎的，因为在课上他们睡觉对教师和其他学生都有好处。如刘伟，他若在课上能睡觉，班上就能安静下来，对此，我是十分高兴的。刘伟生长在一个单亲家庭，患有多动症，好攻击他人，有过打人、勒索的行为，他有时还用凳子砸人。他在课上若不睡觉，老师的课就没法上。该学生在小学时，就曾经服用治疗多动症的药来稳定情绪。他爱抢别人的东西吃，也喜欢抢别人的书，坐在他旁边的人经常受到他的骚扰。

另一位教师举了一个这样的例子来说明学生受家庭影响之深：

我们做老师的其实很同情那些来自特殊家庭的学生，对他们采取的主要是包容态度，其实有时我们也很无奈，可谁都没有办法。有一个学生，他的父亲已去世多年，我非常关心他，平时在学习、生活上都给予他关怀，可是他就是无动于衷，我的学科作业不写，上课也不听讲，时间长了，我也觉得无能为力，他可能受家庭影响太深了，习惯了。

这位教师以这样一个例子来说明学生对人情的冷漠，他认为学生出现这样的问题主要是受社会文化背景的影响。在他看来，单靠学校和教师解决这类问题确实有些势单力薄。学生的改进，不能只是学校本身的问题，还需要整合社会、政府等各种力量。

这位教师对校园“差生”作了较为详细的分析，他把校园差生归因为以下几方面：一是他们自认为升学无望；二是经济条件好，无学习动力；三是家庭问题多，没人管他们；四是受不健康书刊、不良同伴的影响。对于学生的这种现状，他采取的更多的是包容的态度，因为他认为没法管，就算有再好的教师来，也没有办法。以下是相关访谈记录：

问：经常可以看到有个别学生在课堂上睡觉，这一般是什么样的学生？学校或教师是如何对待他们的呢？

答：他们一般是厌学的学生。一是他们认为学习没有奔头，读书对他们来说是一件无所谓的事。深圳的学生多数来自较为富裕的家庭。很多家庭是靠原有土地或股票赚来的钱，他们认为不用读书日子照样能过得很好。而且，这些家长的文化层次普遍较低。二是单亲家庭的学生很多，主要是没人管他们，孩子出了问题，家长不是想办法解决，而是互相推诿。三是受许多不健康书刊、网络和不良社会少年的影响。

其实就算将重点中学的教师换过来教这些学生，也没什么用。这些学生实在是无可救药了。

事实上，“差生”的背后掩盖了许多社会问题，如对具体个体的关注、资源的分配问题等。为了倾听差生对自己行为的解释，我访谈了一些“差生”，他们从不同的角度说出了在课堂上睡觉的原因，主要包括：一是在小学就没有养成良好的习惯；二是认为老师讲课没趣味，更是听不懂，也就跟不上教师的进度；三是教师对他们有偏见，伤害了他们的自尊；四是对教师某些不正当的处理方式的反击。

通过对比上述教师与学生所说的原因可以看出，教师并没有真正理解“差生”，学校只是把问题学生看作是“不可救药”的，教师对此无能为力，缺少仁慈——无条件的爱。教师很少从心理的角度去理解、帮助和关爱问题学生，没有把他们看作是有困难的“病人”去呵护和关爱，而是歧视他们，导致他们与学校和教师之间越来越对立。由于多数教师缺乏“具体个体”的意识，他们并不能正确地看待差异，只是把不符合学校标准或规范的学生看作是“问题学生”。上述分析给了我们两点启示：一是教育模式应该多元化，评价模式更需要多元化，社会需要不同层次的人才，学校为什么要培养一个模式的人才呢？二是需要关注学校潜课程的建设，应把学校潜课程作为学校课程与教学建设的重要内容，仅仅关注课本知识的传授，只能培养“考试机器”。

（3）赶走差生——省心省事

学生在中学阶段分化严重，加上深圳市处于经济发展的转型时期，流动人口多，家庭、社会对学生的影响很大，学生思想、行为呈现多元化，可以说深圳市的教师面对的学生更复杂，教育的难度更大，对教师的道德约束力要求更高，需要更多的教师“仁慈”。而现实社会对老师、学校的评价更多的是注重学生成绩，这使得教师的教育教学行为开始扭曲变形，教师处于道德情感两难的境地。

深圳市是全国流动人口最多的城市之一，2006 年的流动人口大约是 1000 万。全国剩余劳动力 1.1 亿，深圳大概接纳了 1/10 的农村剩余劳动力。而深圳市户籍人口有 200 多万，户籍人口和流动人口比例严重倒挂，客观上增加了深圳市义务教育的难度。福田区很多初级中学暂住户口的学生比例达到70%，暂住家庭由于生活的不稳定，对子女的教育管理相对来说是比较薄弱的，所以不良行为的学生相对也较多，加上家长更注重经济而很少关注孩子的学习，学生的教育管理难度也随之加大。很多行为习惯差、学习成绩也差的学生就成为困扰学校和老师的难题，这样的学生对班级的不良影响很大，如损坏班级的名誉、给班级扣分，其学科成绩直接影响班级平均分，其在班级的不良行为影响各学科教师上课情绪等。教师对这部分学生采取的最常用办法是劝走。

宗刚是小学升初中时分到深圳市S初级中学的。由于他的父母在深圳开公司，他是由在汕头老家的爷爷奶奶带大的。因为从小被爷爷奶奶娇惯溺爱，行为习惯很不好，经常打架斗殴，几次与别人大打出手，头上都留下疤痕。虽然他在班级不认真学习，却老想逞能，老师多次和家长沟通，家长也管不了。在八年级开学初，他又和同学发生冲突，被送到政教处。政教处的主任劝其父母说把孩子送去另一所学校，因为那个学校采取的是封闭式管理，也弥补了家长管理的不足，这样这位同学就被劝走了。

郭旭楠也是初一分班时被分到这个班级的，他的学习成绩在初一时处于中下游水平，但到了初二，随着课程内容的难度增加，他开始感觉学习有困难。这时他的好朋友给他介绍了几种好玩的游戏，他便迷上了网络游戏。由于家长也不管，他经常熬夜玩游戏，结果白天上课就睡觉。到了下学期，他的成绩就开始倒数了。找来家长若干次，老师们七嘴八舌给家长说孩子现在的危险症状，家长又急又气，但无能为力，这时老师劝其降级重修初二的课程，这样该学生就被劝走了。学生走了，老师们看到空出来的座位，心里也不是滋味。但要是不劝走他，他的行为和成绩对班级有很大影响，因为每学期学校都要看各班的平均成绩，把他教育好真是难上加难的事，费心、费力、费时还不见得能有成绩，就算费很大力气让他改变过来，学校、家长也不会说是老师的功劳，这样劝走是最省心省事了。但老师在良心上也略感不安。

做人追求的是人类形象的最优化，做事则追求利益的最大化，做人与做事之间矛盾重重！从某种意义上说，教师的仁慈集中表现在对有问题的学生的态度上。这一点，苏霍姆林斯基有一个很好的说明。他说：“要关怀人，就是说对待儿童犹如对待自己的儿子一样。儿童学习不好，落后；儿童难以像他的同班学生那样学习；儿童或少年犯了流氓行为——所有这些都是糟糕的事。如果你的儿子遇到这种糟糕的事你会怎么办？不见得会提出开除、减品行分数之类的处理办法。当然理智会提醒父母，这些办法也是需要的，但你首先会提出极端必要的办法去挽救儿子，只用惩罚是不能救人的。”① 教师的仁慈表现为教师的耐心、冷静、诲人不倦，表现为教师的所有教育手段的出发点都是对学生的热爱。

（4）师道尊严

“师道尊严”的观念在一些老师的心中一直是根深蒂固的，到现在，新课程改革、新的价值观念仍然没有消除教师的这种思想观念。笔者在每学期的学生访谈中了解到，相当一部分老师的行为还是“以教师为中心”，为了维护教师的尊严，教师的“仁慈”消失了。以下是学生对一位政治教师的评价：

“P老师为人正直，课上要求严格，讲话生动，教学方式活泼，能激发我们的兴趣，是一位难得的好老师，但她有时遇到某些问题时过于激动。”

“上政治老师的课，当她提问问题时，要是我们回答不符合她的答案，她就会对我们大声呵斥。上她的课很无聊，没有解放我们的思路。”

“P老师以自己的感情克制我们的思想。例如，在课上，如果我们回答的问题与她的答案不符，她就会用比平时说话声音高一倍的声音说，你们有没有用心地想，等等。”

学生的思想需要启迪，教师的尊严在于给学生传道、授业、解惑，而不是灌输、规训、统治。

以下是学生对一位音乐教师的评价：

“C老师知识丰富，教学认真负责，对学生细心指导，总能让我们知道许多音乐知识。”

“我上音乐课很紧张，因为有时课堂太过吵闹，老师就会喜怒无常，我总有压力，现在有所好转。”

“C老师讲课不错，教每个单元前都会为我们介绍歌曲创作的背景，但C老师讲话比较直，有时会伤到同学们的自尊心，不能让我们从中获得快乐。”

---

①［苏］苏霍姆林斯基．给教师的一百条建议［M］．周蕖，王义尚译．天津：天津人民出版社，1981. 17.

“C老师课堂气氛极为严肃，同学们不能在放松的环境中学习，掌握知识的效率低，大家非常害怕上音乐课。”

“多数学生不愿意上音乐课。”

“C老师讲乐器知识时没让我们真正接触乐器，使多数同学无法感受演奏的乐趣，以至于课堂内容空洞。”

“我认为上音乐课是为了让我们身心放松，我们已经背太多了，已经够累了，不应再让我们记太多问题。”

教师的仁慈在于对学生的宽容，而教师往往更在意自己的面子，忘记了宽容。以下是学生对一位历史老师的评价：

“历史老师讲课生动有趣，能够穿越时空讲历史，使人受益匪浅，但希望今后老师能够研究做人的艺术，批评学生不可太过强硬。”

“历史老师有时用鼠标拍桌子。”

“历史老师讲课有内涵，但气氛紧张。”

“历史老师的课很有新意，不像我想象中的那么呆板。”

“历史老师上课生动形象，但某些做法比较偏激，例如，撕学生作业，试卷批改时通常让学生自己批改，造成不真实的成绩状况。”

“历史老师授课非常幽默，对课文的观点见解独到，对作业的质量有很高的要求，但上课气氛有些紧张。”

看来，教师的仁慈缺失的主要原因包括以下三个方面：一是教师的道德约束力、道德水平有限，导致教师缺少耐心、宽容，缺少无条件的爱；二是社会、家长、学校追求片面升学率，导致教师单纯地只关注学生的学习成绩，而忽略了对学生的其他方面的关注，而缺失了对学生的爱；三是传统的师道尊严，导致教师为了维护自己的尊严而伤害学生，而失去了教师的仁慈。

3. 义务

马克思曾经指出：“作为确定的人，现实的人，你就有规定，就有使命，就有任务。至于你是否意识到这一点，那是无所谓的。”① 所以不管人们承认与否，在社会关系中，每一个人都必然承担一定的责任或义务。中

① 马克思，恩格斯．马克思恩格斯全集（第三卷）[M]．北京：人民出版社，1956.329.

国古代对“义”的理解主要指“应该”。孟子说：“心之所同然者，何也？谓理也，义也。”[①] 韩愈说：“行而宜之之谓义。”[②] 朱熹说：“义之为义，只是一个宜字。”[③] 所以从词义上看，义务是指面对利害时，道德主体应该做到的事情。

道德上的义务是一种为道德主体自觉意识到的道德责任。当我们着眼于道德责任时，我们称之为义务，当我们着眼于对这一道德责任的主观体时，我们称之为义务感或义务意识。如果没有义务感，道德义务就只能抽象地存在，所以义务和义务感是不可分离的。道德义务具有精神性特质，即践行道德义务时并不要求有物质上的回报，都讲一条“条件性的原则”，即义务和权利的对等，也就是说他履行了一定的义务，就意味着他同时可以享受到一定的权利。道德义务得以履行的动力来自外在和内在两个方面：外在的原因是舆论的制约，内在的原因是良心之类的心理机制。道德的利他性决定着履行义务的自觉性，它意味着努力、奉献甚至牺牲。所以义务要求实践主体要有冷静和自制的品质。“冷静”是指主体意识到义务所在，不为冲动所左右；“自制”则意味着即使需要很大努力和牺牲，也必须履行义务。

根据1993年通过的《中华人民共和国教师法》，教师的基本义务主要包括：(1) 遵守国家宪法、法律和职业道德、为人师表；(2) 贯彻国家的教育方针、遵守学校的规章制度、执行学校的教育教学计划、履行教师聘约、完成教育教学工作任务；(3) 对学生进行政治思想品德教育，组织学生开展有益的社会活动；(4) 关心、爱护全体学生，尊重学生人格，促进学生在品德、智力、体力等方面全面发展；(5) 制止有害于学生的行为或者其他侵犯学生合法权益的行为，批评和抵制有害于学生健康成长现象；(6) 不断提高思想政治觉悟和教育教学业务水平。[④] 然而，现实中，中学教师的义务感存在普遍缺失的现象。

---

① 孟子·告子上［M］.

② 韩愈·原道［M］.

③ 朱子语类·第六十八［M］.

④ 李晓燕．我国教师的权利与义务及其实现保障机制研究［M］．广州：广东教育出版社，2001.82—92.

(1) 无奈与麻木

专门从事教育事业的教师有义务承担起促进人的再生产的重任。一方面，教师的天职是一切为了每一个学生的成长；另一方面，教师又必须考虑教育工作的社会责任，为社会发展培养合格的成员。但是，现实中的中学教师被日常繁忙的琐事所累，往往麻木于无奈之中，因此，教师的义务感比较迟钝。下面这则事例来源于某一博士的博士论文，是发生在广东一个工厂转制的学校的故事：

今天早上，上第一节课不久，一位认识我的学生S跑到我的宿舍来向我借钱，说爸爸忘了给他早餐钱。我问他："你为什么不去上课?"他说："这节课是健康活动课，主要是玩扑克。"他的回答听起来不像是假话。可凭着自己曾经做过4年小学教师的经验，我感觉到他在撒谎。我开始谨慎起来，担心他是否想借钱去游戏厅玩游戏，所以采取了"缓兵之计"，答应待会儿给他送到教室去，并要求他先回去上课。他开始赖着不走，我只好说："校长很快会来这里。"他才不情愿地离开了。我又想起那天请他喝冰红茶时，老板娘劝我别理他，说他很会耍滑头。也许是因为那天请他喝了冰红茶，他以为我会轻易答应他的要求。一想起老板娘的提醒，我更加怀疑他是在骗我。

但是，我还是担心他真的有困难，于是我打算查个水落石出。他走后不久，我停下手中的工作，找到他的教室，一是想看看他是否说了真话；二是通过其他途径进一步了解该同学。我找到他的教室，发现英语老师正在上课。因为他刚才告诉我下一节课是健康活动课，我知道他欺骗了我。我想下课后当面再同他聊一聊。不久，下课铃响了，从教室里出来一名男生，我把他叫住了，问S是否在教室。他告诉我，S不在，他每天在教室的时间不多。后来，又有几位学生告诉我说，他还经常偷东西。这下我全明白了，他想骗钱花。

凭着一个教育者的良心和本能，我想去进一步了解他为什么要这样做。S看上去是一个非常机灵的小男孩，我想抓住这一事件来教育他。这一事件让我心情非常沉重，我努力克制自己的情绪，来到德育保卫室，因为刚才在楼上见到S的班主任进了那里，我想通过这个班主任更好地了解S的情况。进去时，我发现主管德育工作的副校长、书记以及德育处的所有工作人员都在那里。进去后，书记问我什么事，我给他们讲述了S向我借钱的事情。尽管我知道他骗了我，但我仍然是抱着了解S的心态，向老师们打探他的情况。我问他们，该不该借钱给S。副校长马上说："别理他。"其他老师也都开始数落S。副校长指了一下S的班主任说："就是他班上的。"S的班主任说："他经常装病，待在校医室的时间比在教室的时间还多，因为那边有许多他喜欢吃的东西，如润喉片等。"不知道是因为对这个学生的行为习以为常了，还是其他原因，这些老师一点也不觉得这是一个需要关注的教育问题，需要立即采取措施。这从一定层面上反映了学校个别领导对待这些问题的态度，而且主管德育的工作的副校长和书记都在场，原以为他们会认真、严肃地对待这一事件，因为在我看来，这是一个较为严重的学生问题。就道德品质而言，这涉及学生的诚信问题和学校形象问题；从心理学角度来看，这个学生可能有较为严重的心理问题，需要得到帮助。但可惜的是，他们竟然如此漠不关心，令我十分懊恼。

正在这时，S出现在德育保卫室的门口，他探着头望进来，手里拿着一袋东西，正在津津有味地吃着。见我在里面，冲我一笑，似乎之前什么事也没发生。几位教师指着S异口同声地说："他这不来了嘛！"我朝他走了过去，他仍然若无其事地看着我。我再次问他刚才上什么课，他一开始坚持说上的是健康卫生课。当我告诉他我已经去过他所在的班时，他才承认是上英语课。我告诉他，他欺骗了我对他的信任。通过进一步的交谈，我了解到他的家庭教育对他的负面影响很大。他父亲是炒股票的，赚了不少钱，经常对他说："你不用读高中也行，跟我学炒股，你很有这种天分的！"炒股票需要的是一种投机的心态，也许正是这样一种潜意识给他造成了十分重要的影响，造就了他喜欢欺骗他人的品格，也削弱了他上学的积极性。此外，他的家长的教育方式也比较情绪化和极端化，平时对孩子要求不严，一旦孩子出了问题，他的家长就采取"打骂"的方式来解决问题。在危机尚小的时候不加以关注，等到危机一大，也就很难"控制"了。

下午，我又碰上了抓德育工作的书记。我问他有没有找S谈话。他告诉我说，找他也没用。书记说，该生也常向他借钱买早餐，一般都会借给他。如果第一次不还，他也不会说他，下次当然也就不再会借钱给他了。这说明，书记并未把自己当作是教育者的角色，他的职业意识非常淡薄。

作为学校领导，如果他们对学生的这类问题采取放任的态度，那么，也就很难期望其他教师对此认真负责了。

本来，我以为这是很好的教育时机。然而，在很多教师看来，这不过是一件十分平常的小事而已。这些教师除了提醒我从中吸取教训、学会保护自己之外，也就什么都不再管了。在他们看来，这种学生实在太多，没法管，就算是管了也没有用。

同样，当我把这一件事讲给校长和另外一个教研室主任听时，他们并没有感到意外。同时，他们还给我讲述了发生在S身上的又一个骗钱的故事。为了骗取家长的钱，他骗父亲说借了书记5元钱。某天，父亲带着S来找书记对质。然而，不巧的是，书记不在。于是，家长托校长把钱转给书记。可家长一转身，那孩子便告诉校长他没有借书记的钱，要求校长把钱还给他。

后来，我又把这一故事讲给了深圳市N高级中学的其他学校领导或普通教师听，他们同样表现出了无所谓或麻木的态度。他们对此太习以为常了，只是劝告我不要再上当。学生的这些问题似乎与他们无关，既不是学校教育的问题，也不是他们职责范围之内的事，就像社会上一些知情者提醒"外来客"要当心本地骗子一样。我也终于明白了学校的道德危机为何如此严重。教科研室副主任对这一现象的评价也许可以说明问题的根本所在："当事件很小的时候没有及时抓住，危机一大，想抓也抓不了了。"现在的深圳市N高级中学即处于这种状态。

这样严重的事例在深圳市S初级中学还没有发生过，但对一些行为习惯差的学生的无奈和束手无策的类似现象在深圳的中学乃至在全国中学是比较普遍的。在对学生的无条件爱心问题上，美国心理学家、教育学家罗杰斯（Carl Ranson Rogers）从人格心理的角度作出过明确的解释，教师必须保持对学生的"无条件关怀"。罗杰斯认为，儿童得到人际关系中的诸如温暖、热爱、同情、关心、尊敬等方面的关怀对其自我概念的形成十分重要。成人对儿童的关怀有两种：一种是"有价值条件的关怀"（如果儿童做了某些事情，他就能得到关怀；而如果他做了另外一些事情，他将得不到关怀）；另一种是"无条件的关怀"（即无论儿童做了什么，都可以得到关怀）。罗杰斯坚决主张给予儿童"无条件的关怀"。这是因为只有这样，"关怀的需要和自尊的需要就不会同机体估价过程相矛盾，因而个体就会不断获得心理上的调节，成为完善的人。”对于儿童的不当行为，罗杰斯认为应当这样：“我像你一样深深地爱你。但是你的所作所为是令人不安的，所以如果你不这样做的话，我们双方都会更愉快。”① 所谓“无条件的关怀”就是无条件的仁慈。实际上，“仁慈”的必要在教育上不仅表现在对儿童发展的正面影响上，更重要的是表现在对教育对象有问题的思想或行为的矫正上。

（2）无心与无力

由于现在的中学教师队伍的师资力量差距悬殊，师资水平参差不齐，教师的道德义务感更有天壤之别。在教师队伍中有三类人：有心有力者、有心无力者、无心无力者。有心有力者是具备教师的素质与素养的教师，他们的为师能力水平高，为师道德修养高，即人们所说的人师。这样的教师并不多见，笔者统计学生对53位教师的反馈意见，其中有9位教师普遍受到学生的好评，堪称人师。而大部分老师为有心无力型，就是他们很想教好学生，但由于自己能力有限，缺乏作为教师的某些素质，显得有心无力。当然，教师队伍中也有少数是无德无才、无心无力者。在笔者调查的53名教师中，学生反馈明显有问题的教师有6位，这不能不说明教师队伍需要进行整体的规范与提高。下面是部分学生的典型反馈意见。

同学们对热爱学生、爱岗敬业，能调动学习兴趣、激发学习热情，启迪学生思想的老师满怀爱戴之情：

“高老师讲课生动，会联系学生生活实际，上课质量高，尽职尽责，为人风趣幽默。”

“杨老师教学认真负责，课堂内容紧密联系生活实际，使我们在学习中懂得了很多社会规则，讲课生动有趣，有声有色，态度极好，常有笑容。”

“科学科宋老师教学有条理，上课生动有趣，讲解很清晰，易于被学生接受，因而深受学生欢迎。”

“我对科学科老师的教学非常感兴趣，她在课前总会给我们几分钟时间看书，让我们带着自己的疑问来听她讲解。她的上课方式容易被我们接受，

---

① 赫根汉．人格心理学导论［M］．何瑾，冯增俊译．海口：海南人民出版社，1986.411.

有时做的实验让我们很感兴趣，同时她会为我们争取时间写作业，我们学得很轻松。”

“科学科老师批改作业认真，提倡不懂就问，对同学很好。我们课下问老师问题，老师会认真讲解直到我们听懂为止，我对科学老师非常满意”。

“罗老师教学幽默，能够激发学生的学习兴趣。她关心同学，善解人意，对学生的管束适当，深受学生欢迎。”

“罗老师充满着青春活力，活泼可爱，体贴学生，与我们打成一片。对课程的安排合理，教学细心，赏罚分明，不会给我们增加太大的压力。在课后还抽空与我们聊天，对工作尽职尽责，是个不可多得的好老师。”

“数学老师彭老师教学方式生动有趣，能激发我们的学习兴趣，因而深受学生欢迎。”

“数学老师关注学生的实际情况，认真负责又严格要求，有时候她会说关于中考的题目、事情，能鼓励我们积极向上，做好准备，这对我们非常有利。她讲课也很好，有条理。每次的作业她改得都很认真，即使批改的作业很多，她也依然如此。她每节课会给我们讲错题，每节课前给我们布置几道练习题，她批改完后会再发给我们来复习以前以及现在学的内容，让我们不会忘记以前学的知识。以前我的数学很差，而现在我的数学成绩在慢慢地提高，我现在慢慢地喜欢上数学课了。”

“彭老师对学生要求较严，课堂组织力较强，常常能针对学生作业中出现的问题进行讲解。她会让我们多做题来提高做题能力，也能帮我们认真批改作业，使成绩一次又一次地提高。”

“彭老师能牺牲自己休息的时间来给我们讲课，一直无怨无悔。”

“吴老师是我遇见的第一位对学生那么关心、讲课时候那么流畅的老师。她还会给我们讲解一些书本上没有的题，扩大我们的知识面，是个真正了解学生的老师。”

对于那些有心无力或无心无力的老师们，学生是无奈的：

“徐老师对学生管得不是很严，他常常花一整节课的时间让学生背课文，然后默写。我认为背诵是学生可以在课下做的事，在课堂只需要直接默写就可以了，不宜花太多时间让学生在课上背诵。”

这位老师无心还是无力呢？为什么不知道节约课堂时间呢？从学生对

他的评价来看，至少说明他上课并没有太用心。

“李老师和蔼可亲，热爱学生，关心学生的学习，有责任心，讲课也详细。但他太善良了，对学生的要求很松，在课堂上维持纪律的能力差，使学生对数学产生不了兴趣，结果，学生的学习成绩很差，希望老师能够严格管理班级课堂纪律，让班级成为有纪律的班级。”

该教师所教的班级成绩在年级总是最低，平均分比其他班级低二三十分，这样的成绩无论如何也不能说是对得起学生吧！但是，他心地善良、关心学生、努力想上好课这些也是得到学生的认可的，可是最起码的教师职责都没尽到，怎么算是关心学生呢？

“蔡老师课堂讲课声音太小，教学方式不好，教学水平太低，只让我们抄课文抄十几遍，我们却没能真正地读懂文章的内容。她讲课缺少趣味，不知道她在讲什么，而她又不主动和我们交流，不了解我们在想什么，和我们的关系很僵。有时，她责骂学生，惩罚太重。”

这位老师是刚刚毕业的大学生，第一年的教学多模仿老教师，但好的教学方法没有学，却学来了如何惩罚学生，结果，学生和家长意见很大，学校已经找她谈话，并不再让她继续教原来的班级，调回初一重新开始一课，给她一次再学习的机会。

“何老师讲课认真，要求严格，改作业也认真。但她讲课乏味，很少和学生沟通，大多数同学听不太懂她讲的内容。讲练习时只给我们说答案，却很少讲解原因，责任心不强。她上课经常发脾气、责骂学生，作业多，教学方法不好，上课不认真，引起部分学生烦厌。她很少主动去帮助成绩差的学生。”

这样的老师能力差，属于无心无力的老师。

“刘老师上课质量高，备课充分，对学生也比较耐心。在讲完课程后，他会帮我们复习一下这节课所学的内容，还测试我们这节课学习的效果，一般说来，只要认真听他的课就会取得好成绩。但他说的普通话不标准，带地方口音，有时让人听不明白。有时课堂纪律也不好，很多学生都不听课。他批改作业过于简单，每次只打一个“阅”字就没了。他脾气暴躁，有时在课堂上发脾气，致使部分学生讨厌。”

这是一位工作比较认真的老师，很想做好教师工作，但由于普通话讲得不标准，加上性情软弱，没有树立起在学生中的威信，不能很好地管理课堂而导致教学效果很差。在这种情况下，一旦不良情绪爆发就会引起恶性循环，学校已经让他回下一年级上课。

“吴老师讲课较为具体，态度认真负责，较有耐心。但教学方法一般，讲课枯燥，教学缺少生动活泼的气氛，课堂沉闷，教学方式呆板。”

“赵老师讲课缺乏生动性”。

“从初一到现在不知道究竟学到了什么。赵老师的管理能力较差，同学们经常在课堂上讲话，甚至上课故意迟到。”

“赵老师教学不错，态度冷漠，让学生不自在。”

“赵老师的课纪律很差，总觉得自己学不到什么东西。”

“美术老师没有在黑板上演示过画画，只是在口头上教我们画。”

“美术老师不是很负责，很懒散。”

“美术老师很少教我们画画，经常给我们看电影，但本人喜欢看电影。”

实际上，教师对自己义务的严格履行对学生的最大影响不仅仅在对学生的直接帮助上，而是让学生树立道德上的信心以及培养自觉履行自己的道德义务的责任感，做一个在道德上负责的人。关于行为的判断，我们需要至少两种理由，即“合理性”和“合情性”。在教育工作中，无论是直接的道德责任——没有履行教师应当履行的教育义务，还是间接的道德责任——如上面提及的由于教育技能有限而导致的教育效果不佳，教师应对自己的行为负责。后者实际上也可以转化为直接的道德责任，因为教育技能的提高虽然需要假以时日，但一个有师德意识的教师有理由尽可能提高自己的业务水平。教师在履行教育义务的活动中，最主要、最基本的道德责任是正反两个方面，正面乃“教书育人”，反面是“不要误人子弟”。

4. 良心

弗里德里希·鲍尔生说：“履行善就意味着履行义务，而我们的义务看来并不符合自然的意志，因此在义务和爱好之间就有一种冲突。在行动之前，义务的情感反对爱好；它作为阻止物而活动；在行动之后，如果爱好在行动中胜过了义务的情感，义务就做出谴责：说爱好做以为善的事情是坏的。对于我们本性中这种反对爱好和在责任和义务的情感中表现自己的东西，我们称之为良心。确实没有人能相信：一个民族，倘若它完全缺乏我们称之为风俗和良心的东西，缺乏个人在其中通过审慎和畏惧控制自己行为的东西，能够支持哪怕一天以上。”① 良心就是使人爱其所爱，恨其所恨，具有是非感和正义感，具有“恻隐之心”。良心可以视为对公正、仁慈原则等的内化。良心不仅包容正义感，也含有仁慈的驱动存在。义务一旦转化为良心，则义务对人的要求就可以得到真正的落实，因为，良心具有主体自由的特质，而义务则具有相对强制的特征。苏霍姆林斯基说过：“压抑自己良心的声音，这是很危险的事情。如果你养成一种对某件事情毫不在乎的习惯，那你很快就会对任何事情也都满不在乎。”② 因此，良心无论对社会的发展还是对个体的道德生活都有极大的意义。

“良心”是一个古老的伦理概念。孟子将恻隐、羞恶、恭敬、是非之心称为良心，朱熹则将良心视为主宰人心的“道心”。英文中的“conscience”来源于拉丁文的“conscire”，意即“知道”，是“按良心办事”的意思。在弗洛伊德的心理学中，良心就是“超我”制约“自我”的人格命令中的一部分。道德意义上的良心是一种道德心理现象，是指主体对自身道德责任和道德义务的一种自觉意识和情感体验，以及以此为基础而形成的对于道德自我、道德活动进行评价与调控的心理机制。

从心理结构上说，良心包括三种主要的构成成分：（1）认知成分。良心首先是一种对道德责任和道德义务的认知。一个“有良心”的人，实际上就是一个对自己应当做什么和不应当做什么有理性和明确的自我感悟的人。良心也只有凭借对道德责任和义务的内化的认知，才能对人的行为进行评价和调控。（2）情感成分。良心还表现为一种情感的体验。良心的自我评价和调控之所以有效，从作用方式上讲，凭借的主要是情感武器。当主体选择一种合乎良心的活动时，主体便获得一种欣慰、自豪和愉快等积极的心理愉悦感受；相反，当主体的行为违背自己的良心时，则会产生一种不安、自责、愧疚等消极的情感体验。同理，当主体遇到一种合乎人性和道德的事情时，他会发自内心地予以赞许、敬佩和羡慕等，相反则会产生鄙夷、轻蔑和厌恶的情感。正是由于良心的感情机制的作用，良心才能

---

① ［德］弗里德里希．鲍尔生．伦理学体系［M］．何怀宏，廖申白译．北京：中国社会科学出版社，1988.291、312.

② ［苏］苏霍姆林斯基．给儿子的信［M］．张田衡译．北京：教育科学出版社，1981.6.

成为道德秩序的保证。（3）意志成分。一定的道德责任的认识和情感的产生就必然会对行为起心理的动机引导作用，更进一步还会产生一定要如此的意志力。许多人正是凭借着这种所谓的“天地良心”的体认而克服艰难险阻去努力践行道德的。

此外，良心具有三个基本特性：（1）内隐性。良心是深藏于人内心之中的，虽然平常不外显，但一旦涉及道德行为，尤其是涉及利益和义务冲突的行为时，良心就会内在地发生作用。古罗马的西塞罗说：“对于道德实践来说，最好的观众就是人们自己的良心。”① 而斯多葛学派的观点则是，良心是“人内的神”“神圣居在你的心中，他是我们做坏事的监督人，好事的防卫者”。(2) 神圣性。良心可以带来主体的神圣体验。这种体验的真实源泉是主体在道德关系和道德生活中所获得的自由感和意义感。简单地说，就是一种人性“伟大”的感受。当然，一旦道德主体违背良心，也就会产生有违背天地良心的感觉，就会产生心虚、自卑和自责等与神圣感相反的体会。(3) 基本性。良心是主体对于责任和义务的自觉意识和情感，但并不是所有的义务和责任都会成为良心所观照的范围。良心往往是那些最基本和最起码的义务或责任的反映。所以，当人们违背这一基本义务、准则时，主体才会感到严重的自责。

教师的职业良心就是教育良心，它指的是在教育实践中社会向教师提出的道德义务的高度自觉意识和情感体认，自觉履行各种教育职责的使命感、责任感，以及对自己的教育行为进行道德调控和评价的能力等。教师的职业良心对教师教育过程中的各个环节都起着重要的调控作用。在教育工作开始之前，教师的良心会行使对准备采取的教育行为的“预审权”。教师的良心会问教师自己：“这样的行为合适吗？这样的行为有利于学生成长吗？他会受到伤害吗？”在实际的教育过程中，教师的良心会行使“检查权”，它会提问教师：“预期的行为达到了应有的效果吗？”如果应有的效果没有达到，良心会引导教师采取措施进行调整。教育活动结束后，良心会行使“鉴定权”，教育良心对特定教育行为或褒或贬，教师也就会自豪或者忏悔。

---

① 西塞罗．论辩集［M］．北京：北京大学出版社，1993.452.

教师的职业良心表现在教育工作的每一个环节之中，其内涵有四个方面：(1) 恪尽职守。它实际上就是一种工作职责和纪律的要求。它包括两点，一是从职业规范上讲，教师的职业良心要求教师应当遵守工作纪律，按照社会和教育事业对教师的要求尽职尽责。比如，认真备课、上课，遵守工作的时间及其他工作规范等。二是从教育效果上说，职业良心要求教师不能误人子弟，要尽全力取得教育的最佳效果。若是教师没有达到这两点的要求，在某种意义上讲就是玩忽职守，就会受到良心的谴责。(2) 自觉工作。这一要求是由教师的劳动特点决定的。教师的教学行为具有个体和自由的特性，在大多数情况下，教师的工作大都是无人监督的，虽然有教育对象在场，但由于学生的未成熟性、师生关系的不对等性，学生往往没有全面监督教师工作及其质量的能力。另外，教师工作从一定意义上说是没有边界和限度的，对教师怎样才算践行了使命，都没有一个明确的界定。所以，“慎独”的美德十分重要，教师能否自觉地要求自己是教师工作成败或效能高低的决定因素。(3) 爱护学生。这是教师的天职。教师对学生的爱护有职业上的特点，也就是要对教育对象的成长负责。教师对学生的爱不同于一般的亲朋之爱，教师的教学质量是真正爱学生的标志。苏联教育家赞可夫说得好：“不能把教师对儿童的爱仅仅设想为用慈祥的、关注的态度对待他们。这种态度当然是需要的，但是对学生的爱，首先表现在教师毫无保留地贡献出自己的精力、才能和知识，以便在对自己学生的教学和教育上，在他们的精神成长上，取得最好的成果。”此外，教师对学生发展中存在的问题不能采取放任的态度。并且，教师在纠正学生的缺点时，又必须充分考虑到不能挫伤他们的学习积极性，抑制他们的个性成长。(4) 团结执教。这也是教师良心要求的重要组成部分。教师的劳动从其活动过程来看，具有明显的个体性，但从教育效果的取得来看却是集体性的。学生的人格成长、学生的知识增长及心智水平的提高都是教师群体合力劳动的产物。所以教师的同侪关系不仅仅是一般的同事关系，而且是一种职业道德的本质要求。

教师的具体劳动过程具有个人性和自由性，所以教师的劳动就表现为“良心活”的特点，即干得多还是干得少，是认真还是勉强完成，只有天知、地知。良心作为一种道德自律机制，对教师的调控、对教育工作的质量能够起到促进作用。此外，教师的职业良心也使教师拥有较高的人格，是教师精神人格的“保护神”，是教师鞠躬尽瘁、积极耕耘的重要精神支柱，对学生本身也有重要的教育意义。但在现时的具体教学情景中，教师对职业良心有很多偏颇的理解。

（1）保证学生考试考好，才算对得住良心

马里亚诺·格龙多纳指出，属于文化领域的价值观叫作“伦理”。一个人本着自己自愿接受的一种内在价值观所表现出的行为，叫作“道德”。按照内在价值观为人处世的人，就是有道德的人。如果没有可持续发展所需要的价值观，功利的诱惑就会占上风。诱惑体现的是短期的愿望，而可持续发展是一个长期的过程。在短期与长期的斗争中，如果在决策过程中缺乏一种内在的价值观作依据，短期愿望就会得势。由此，我们就可以看出价值观的功能——充当短期愿望和长期愿望之间的桥梁，决定增强长远目标的力量，否则，人们就会只顾满足眼前的利益。价值观有两大类：一类是内在的，另一类是工具主义的。内在的价值观是指人们不计个人得失而均予以遵循的价值观，如自古以来，千百万人都为捍卫祖国而献出了生命。相形之下，工具主义价值观是指那种因为它直接对人们有利，人们才予以遵循的价值观。如果人们追求的只是一种个人利益至上的工具主义价值观，例如，要发财致富，那么人们富裕到一定程度时，努力就会减退。

现时的教师又是如何对自己的职业价值进行定位的呢？他们是如何看待教师的职业良心的呢？

教师文化当中同样有两种价值观：一种是内在的价值观，表现为对学生生命的尊重与爱。他们把教育工作当作一项事业，把学生的个体发展放在了首位，注重学生的可持续发展，关注其过程性体验以及为未来发展打下基础。为什么有的教师职称即便已经评定了，且名利双收，但仍然能像以前一样努力教学呢？这主要源自一种积极的学习文化，一种源自内心的对学生个体关爱的文化。只有教师追求的是有助于学生可持续发展的价值观，学习的动力才会在教师个人得到发展以后仍不会消失。因此，能保持个人可持续发展的价值观，必须是内在的。另一种是工具主义的价值观，即把教师职业看作是一种谋生的手段，或只关注外在的评价，如把工作当作一种“良心活”。工具主义的价值观按自身定义来说是暂时性的，只有内在的价值观才是一种无穷无尽的力量。任何工具在完成了某一使命以后就会退出过程，而内在的价值观却永远召唤人们攀登又一个人生的高峰。工具主义价值观体现在教育目标上，即教师只追求分数，急功近利，不择手段，不顾学生的兴趣与需要，也不顾学生的身心健康，以提高学生分数、增加个人奖金与收入为目标。“教书”成了一种“卖艺”的方式，忽视了教育的伦理性，把学校与个人的荣誉放在了高于学生生命的位置之上。

当教师相信“考试是最重要的评价标准”时，他们就会认为教师意义报偿感主要源自学生的考试成绩。教师更多的是把教学看作是一种谋生的工具。所以，他们的目标只能是短期的。以下是对某位教师的相关访谈记录：

问：如今，您对工作的主要感受是什么？

答：有时总是感觉到没有成就感，虽然自己尽心了，但学生成绩排名或工作绩效还是那么差。我认为自己各方面并不在“他人之下”，甚至个人能力各方面都比较强。

问：除了学生成绩带给您的失落感之外，有无其他意义报偿感？

答：由于没有做班主任，我也就没有班级管理方面的报偿感。我有时会写论文，曾经获得了区三等奖，这些倒也无所谓。主要还是学生成绩差，学生的考试成绩排在全年级倒数第一。

问：您认为自己比较自豪的事情表现在哪些方面呢？

答：我教的学生的考试分数经常是名列前茅，以及近些年来，也获得了许多市、区优秀教师等荣誉。总之，自己感觉到这个教师没有白当。在这些荣誉的背后，主要是本着“一切为了学生的信念”勤奋工作，不断琢磨新办法。这些努力也赢得了学生的成功，我认为这也是对我很好的回报。

学生的考试成绩是影响教师成就感的重要因素。教师成就感的缺失往往会使教师缺乏上进心。以下是对另一位教师的相关访谈记录：

由于我带的是初一，遭遇到了各种打击，从而产生了对教师职业的反感和厌恶。现在的学生经常是不管老师如何上课，他们都不在乎。考前尽管老师把试卷会涉及的题目都讲过了，可还是有许多学生考试不及格，做老师都做到这个份上了，叫我们怎么办？此外，学生的学习习惯非常不好，我们总是“怒其不幸，哀其不争”。长此以往，难怪像我们这类学校的老师会无上进心。

在前面提到，工具主义价值观的另一种表现是源自“良心”的满足，即自我利益需要的满足。“良心”直接源于希望自己做一个好人的道德需要，目的在于满足自己做一个好人的道德需要；而最终则源于利己，源于自我利益，源于社会和他人因自己品德好坏所给予自己的赏罚。一个人良心感的强弱，固然与他自己的道德修养等偶然因素有关；但是，就其必然性因素来看，从根本上说来，却取决于他生活于其中的社会，取决于他的良心或名誉的赏罚者，包括童年时代的父母或养育者、长大以后的学校的老师和同学、工作单位的领导和同事、国家的管理和教育等。以下两位老师把“教书育人”当作是一种“良心活”，他们在乎的是外在的评价，而不是学生的发展和教育本身的意义，所以，他们工作的价值取向总体上是一种工具主义的价值观。他们把自己的行为看作是政府和社会所赋予的责任，或者是把自己看作是学生升学的工具。他们认为，只要自己能够帮助学生实现功利的目标，也就算是对得起良心了。以下是他的一段话：

教育是一种良心活，就是要对得起学生和政府。

我也是凭着一颗负责任的心来做事。至于其他班主任，他们不一定能做得到，毕竟学生不是自己的子女。事实上，对处于控制边缘的学生也可以不理，这主要取决于教师个体的良心。

另一位教师也谈及了个人的职业价值取向主要是源于学生的成绩和自己的良心：

问：你在该校工作期间有些什么值得自豪的事情呢？

答：上次的研究课比较成功，还有一次公开课也较好；另外，就是我所带的班在我带过的一年后从倒数第一名跳到了（正数）第二名。

问：你如何看待这次成功呢？

答：主要是自己付出了努力，我觉得这是很自然的事。当然，作为年轻教师，我还有好多东西要学，路还很长。上个学期我教了三个班，还当班主任，而且有几个特别调皮的孩子在我教的班里，感觉特别地累。当然，自己的付出有了回报，还是对得起自己的良心，对得起自己的学生的。

上述访谈进一步表明，教师始终把“学生的考试成绩”放在首位。他们认为，教师的职责在于“让学生考出好成绩”，只有这样，才算对得起国家和社会的信任，对得住自己的良心。这种“良心”和我们提出的教师职业良心完全是背道而驰的。

（2）体罚——饮鸩止渴

通过调查、访谈，笔者了解到，现在还有相当一部分教师的职业良心确实令人担忧。在访谈中，有很多同学提及教育惩罚，如一位学生是这么评价他们的语文老师的：

语文老师备课很充分，讲课认真负责，上课质量很高，非常严肃，对我们的学习也毫不放松，教学方法也是有条有理。可许多学生才认为她是个坏老师，只有个别好学生认可她。王老师有时惩罚太重，她的名言是：“勤劳的人作业越做越少，懒惰的人作业越写越多。”罚做作业量太大，不能正确对待学生的能力，对学生要求过高，使部分学生熬夜而导致睡眠不足。

根据学生的反映，教师都存在罚抄学生写作业、责骂学生等问题，这样的教师在整个调查中所占比例为9%左右。教师职业良心往往处于知觉状态，即使是在理智状态下，良心也应然具有较多的情感抉择的特性。检验教师良心的最终标准当然只能看良心所作的判断是否有利于对学生的教育。教师面对顽皮、懒惰、性情乖张的学生时，往往容易产生体罚的念头。有的老师还会“凭良心”采取那种饮鸩止渴的体罚方式。体罚等方式看起来对教育学生有立竿见影的效果，但是，它显然不利于教育对象的身心发展，也不利于真正的教育效果的产生。

（3）得过且过

由于教师劳动的崇高性质，教师良心在境界上高于一般的职业良心。教育家加里宁曾说：“为了真正地进行教育，不仅要很好地熟悉自己的业务，而且要有纯洁的灵魂。”但是，得过且过的教师也有很多。以下是学生对教师的评价：

“X老师是一个懂得让学生上课时轻松的人，但是，她的课堂组织能力并不是很好。她教我们的东西大部分能接受，但是，有些内容我们买的参考书上都有。”

“关于作文，我觉得X老师总能找些好的作文读给我们听，但她的课很无趣，过于枯燥。”

“L老师能认真地帮我们改作业，从不马虎，这一点我认为很好。但有时会觉得老师过于强调背诵，她希望有些知识点我们能在课堂上就背出来，但我认为这应该在课下多下功夫，并不是在课堂上就可以背好的。”

“L老师的教学方式非常沉闷，一上课就是抄写，根本没有思考的空间，感觉非常无聊。她对学生的纪律要求很严，在她的压力下我们的学习成绩虽有提高，但缺乏兴趣。”

“从初一到现在不知道究竟学到了什么。美术老师管理能力较差，同学们经常在课堂上讲话，甚至上课故意迟到。”

“美术老师态度冷漠，让学生不自在。”

“美术老师上课纪律很差，总觉得学不到什么东西。”

“P老师上课讲解细心、清晰，作业适量。但对某些学生过于严厉。教学方法不当，有时讲课缺少生动性，语调平淡，很乏味，让人昏昏欲睡。”

“N老师很少管理学生，上课时学生老是讲话，他也管不了，没有威严，上课纪律很乱。教学缺乏重点，学生有时觉得迷茫。”

“M老师教学认真负责，但缺乏一定的威严，且对学生的要求不太严格，以至于大多数学生不认真学习。”

“科学老师讲课讲得虽然好，可是可能因为她太温和了，学生都在下面讲话而不听课。希望老师对待学生能稍微严格点，这样学生才会听课。”

“科学老师知识水平极高，但教学一般，作业检查不够严格。”

“我比较欣赏科学老师。但是，他的脾气有点好得过了头。不论怎样，我认为科学老师很有教学实力。”

在学生访谈中，这种被评价为得过且过的教师所占比例为12%。有的教师上进心不强，对待自己的工作没有钻研精神，有的教师则是不太喜欢这种自己从事的职业，把教师当作职业而非事业，这种教师的职业良心就显得十分淡薄。

所有的良心，包括教师的职业良心的形成都会受到社会生活及群体的影响，更受自身修养的制约，这就要求教师在知、情、意三方面进行自我修养的提升。所谓“知”，就是不断提高自己的教育责任和使命意识等，提高教育教学能力、水平；所谓“情”，就是要不断加强自己的职业道德情感的涵养，爱其所当爱，恨其所应恨；所谓“意”，是指道德意志力的培养，当道德良心受到挑战时，意志力是最关键的因素。正如苏霍姆林斯基所说：“压抑自己良心的声音，这是很危险的事情。如果你养成一种对某事情毫不在乎的习惯，那你很快就会对任何事情也都满不在乎。”

（4）无视与漠视

很多教师习惯于以学生考试分数和课堂纪律等外在于学生个体的标准去评判学生个体，而非对具体个体真实的发展状况去理解和判断。现实教育缺乏一种“关爱具体个体”的精神，因而多数教师不能正确地去评判和接纳学生的多元性发展，更不会去欣赏“反现实标准”的学生个体。他们不能对“个性”有很好的理解，所以，一些与现实标准不一致的个体受到了教师的排斥，那些未被正确理解的“心灵”可能在忧郁与痛苦中越走越远。下面这则事例引自一位博士的博士论文：

孤独的心灵与冷漠的人情

林子同学在N中非常出名，有许多老师跟我讲述了他的故事，并给他贴上了许多标签：逃学，骂人，喜欢惹是生非等。给他贴标签的教师中有领导、班主任，也有心理辅导老师，还包括保安。正是这些不断传入耳际的故事，使得我对他产生了兴趣。心理辅导老师告诉我，该生在学校经常与人打架，一天要被告状许多次，这让所有的老师都“烦他”。我在跟他的班主任的交谈中进一步证实了这位心理老师的话。面对这样一个处于弱势的学生，听着他的故事，我一直处于极度的伤感之中。然而，这位心理老师却这样解释：“如果你是他的老师，肯定也会被他搅得心烦的。他会天天来找你！”出于对他的好奇与同情，我非常想与他沟通。为了能更好地理解这位被认为是“知名的学生”，我一直在等待机会。

第一次见到他是在一个漆黑的晚上，那时已经8：30了，我正在保安家里与他闲聊。突然，一位女教师气喘吁吁地跑了进来，说她办公室门口蹲着那位“变态”，把她吓了一跳，而且，连续好几个晚上都是这样。她虽然没说出这个人的名字，但保安已经知道她指的是谁了。“变态”这一字眼非常刺耳，但我经常可以从老师们的口中听到对“林子”的这一称呼。从她用“那位”一词来指代林子，足可判断林子在老师们心中的形象。他们的对话一方面可以让我更加清楚学校对于该类学生的信念和取向；另一方面，也可以判断该生在学校受歧视和侮辱的程度。

这一事件让我既兴奋又痛苦。兴奋的是，我马上就可以见到那位寻找已久的学生；痛苦的是，“那位”学生被“无情地”定为“变态的”学生而受到了诸多不公平的待遇。这样一个具体个体是如此地孤独、寂寞与痛苦，犹如一个陷于深度病痛之中的人，需要呵护和关爱，然而，学校的所作所为给他的伤口上撒了一把盐。

根据我与保安的接触，可以判断林子又要挨打了。女老师告诉保安的目的很清楚，就是让保安用暴力去驱逐他。我担心他挨打，赶紧与保安一同去找他。这时，林子已经跑了下来。保安因见我在场，不好意思去打他。因为此前，我一直反对他对学生使用暴力。于是，保安只是对他恶狠狠地骂了几句，推了他几下，并威胁他以后不准这样。我问林子：“为什么不回家?”他告诉我，他妈妈不准他回家。由于他妈妈下班很晚，为了避免他完不成作业，要求他在学校待到晚上9点以后才准回去。看着他老实巴交的样子，我心中弥漫着酸楚。

今天下午，我忙完所有的访谈之后，在科研室的门口碰上了林子，于是把他带进了我的“访谈工作室”——心理辅导室。我问他为何经常很晚才回家。他说，他很调皮，所以妈妈不让他回家。而且妈妈对他非常不好，经常骂他。“以前回家很早，回去就得玩电脑游戏。妈妈认为我这么早回家没有用，不做作业，管我又觉得烦，所以妈妈让我晚一点回去。爸爸不会说我，也不会骂我，但让我关掉电脑。有时，他不让我玩，我就会发脾气。”林子已经连续七个晚上很晚才回家。他告诉我，这些日子，他坐在学校图书馆二楼的走廊上，望着天，反思自己哪些地方做得不对。有时，他会在那里做功课或者看一会书。经过反思，他明白自己做错了许多事情：一是测验做得不太好；二是在家经常玩电脑。他告诉我，刚开始，他跟同学的关系很好。后来就会和同学打架，一半是因为同学欺负他，另一半是因为他烦别的同学。他说他在学校过得非常不愉快，因为学校有一些“坏人”，劝他一起去网吧。如果他不去，他们就不还给他钱，还会冤枉他偷了别人的钱。他也常常与老师发生矛盾，因为老师常常会偏心，明明有时是别的同学的错，可老师总是责备他，所以他常常会跟老师吵架。英语老师经常不理睬他提出的问题；数学老师经常找他的茬，只有语文老师对他很好，关心他，不仅教他做作业，还会让他在课上读书。德育副校长、书记、校长和教研室主任见有人欺负他，也会帮他，所以他很喜欢这些老师。他酷爱智力攻城游戏。他最喜欢做的就是提前回家，趁妈妈不在家，玩游戏。他充满激情地讲述着他的游戏技术，对游戏中的人物如数家珍，他说打仗太好玩了。对此，我确实自卑了一番。

我同他有过几次接触之后，如其他的老师所说，他找我的次数确实多起来了，但我感到的是他那孤独、寂寞的心。凭着个人对教育的理解以及个人的教育良心，我有一种强烈的责任感想要去帮他。我跟他聊过几次，发现他处于一种极度寂寞的边缘。他非常渴望有人听他说话，有人关爱他。他说过，他的父母只知道不让他干这干那，根本没有时间与他进行对话。接下来，我主动找过他一次，他也来找过我几次。通过接触，我并未体验到他是不可救药的学生。相反，我发现他其实很聪明，不管是在智力上还是情感方面。有一次，我同他聊完天，他想看几本名著，于是，要求我跟他妈妈提个建议。他先拨通了家里的电话，告诉他妈妈，有一个“教授”（我给他纠正，我是一名“研究生”）在帮他。他想利用我的“身份”去说服他妈妈，因为他妈妈一般不会听信他的话，不管他说得对还是不对。

学校却把这样的一个学生划归为“变态”的学生。对此，学校真应该好好地反思一下评价个体的具体标准。我有几次把自己跟林子的交往体验和故事讲给N中的教师们听。我质问他们：“凭什么说他是差生?”教师给我的理由无非就是“他的考试成绩很差”“在班上他不会‘做人’总遭人欺侮”“他的行为有些‘怪’”，等等。对于这样一名心理上需要呵护、关爱和帮助的“病人”，教师们给他的却是歧视与伤害。而在跟林子的几次交往中，我发现，他的差其实并不是自身的原因，而是文化的结果。

每当老师们见到他，都是躲着他，连心理辅导老师都在躲着他，嫌弃他，班上的学生更不愿意接近他。他告诉我，有时他想跟同学玩，可他们就打他。学生都不愿意理他，老师们却说，由于别人不愿理他，他又想去接近别人，结果总会挨揍。教师在轻松地讲述着这些故事，甚至每一个教师谈起他时都是同样的口气，那种“冷漠”令我觉得十分悲哀。

学校中同样游荡着其他孤独无助的学生，他们俨然成了校园的“流浪汉”。看着他们，我心里泛起了伤感。面对着一个个孤独无助的生命，学校最为伤脑筋。他们曾经采用的是“逼”“赶”等方式，事实上，即便把他们赶进教室又能怎么样？赶进去之后，除了上课“捣乱”之外，剩下的就是睡觉。据老师们讲，“厌学”其实是一种普遍现象。面对这一群体，我建议学校给他们设置一些让他们感兴趣的课程，给他们提供自由发展的空间。可学校领导说：“这不现实，也从来没想过。”

教师的职业良心如果不与教书育人的最高目标和必要的教育技能相结合，良心就会成为一种不可捉摸的、充满随意性的东西，危害教育目标。创建适应学生发展之现实需要的学校，而不是让学生适应现实学校，这一任务异常艰巨。以满足具体学生个体的个性化需要为目的，去思考学校的优质化建设，我们还有很长的路要走。

5. 人格

如果说教师的幸福是教师职业道德生活的起点和目标，教师的公正、仁慈、义务、良心就构成教师伦理范畴的经纬，那么经纬连接后形成的最终结构就是教师的人格。人格一词的英文是“personality”，源于希腊文的“persona”。在希腊文中，“persona”的意思是“面具”。在古希腊，演员们戴上不同的面具表现不同角色的典型性格。所以，在心理学中，“personality”也被翻译为“个性”，也可称为“人格”，指一个人整个的精神面貌，即具一定倾向的心理特征的总和。这里所讲的教师的人格是从伦理学角度谈的道德人格。所谓道德人格就是个体稳定的道德面貌，其实质是人在道德上区别于动物界的规定性。它既指个体道德行为的一定范式（格式），也指人的道德品质和境界（格位），是人的格式之“格”和格位之“格”的统一。道德人格的形成或者说决定人格特质的基础是社会关系。不同的历史发展、文化、阶级以及社会分工等因素都直接或间接地影响人格的形成与特征，所以道德人格又具有一定的客观性。同时，道德人格又是一个人道德努力的结果，是一个人的人性、价值与尊严的标志。人类增进德性、减少兽性的种种努力的目标与结果都是道德人格不断提升的过程。赫拉克利特说：“教养是有教养的人的第二个太阳。”而一个对人格不关心的人肯定是一个不自觉的盲目存在，同时也必然是一个无所追求，因而与动物趋近的人。

所谓教师人格，是指教师作为教育职业活动的主体，在其职业劳动过程中形成的优良的情感态度、合理的智能结构、稳定的道德意识和个体内在的行为倾向（行为习惯）。教师的道德人格是指作为教师这一特定社会角色所表现出来的道德面貌，是教师在自己的职业活动中表现出的稳定性的道德行为范式（格式）和道德品质与境界（格位），也是教师之所以成为教师的主体本质。由于职业的规定性，教师的道德人格与一般道德人格有显著的不同之处。第一，教师的道德人格在内容或结构上的特性是“人格与师格的统一”，即一般道德人格与职业道德人格的统一。教师的职业决定着教师的人格也是教育的手段或最重要的影响因素之一，作为教师，“他不仅应当教育自己，使自己达到理想的境地，而且还应当教育别人”。对于教师来说，自己的人格一方面是自己的本体价值的标志，但另一方面，由于教师的人格是教育活动中的中介或工具，所以又具有工具价值。所谓“善歌者使人继其声，善教者使人继其志”，教师的人格建设的基本角度有两个：一是“在广泛意义上”将自己培养好。因为，“正如没有人能把自己没有的东西给予别人一样，谁要是自己还没有发展、培养和教育好，他就不能发展、培养和教育好别人”①。二是在任何发挥人格的工具价值方面提高自己。马卡连柯在谈到教师的语言时曾经这样说过：“我们要善于这样说话：使孩子们在我们的话里感到我们的意志，感到我们的修养，感觉到我们的个性。”教师除了要树立人格榜样之外，特别重要的是要使自己的人格具有感化人的中介特性。第二，教师的道德人格从层次性的角度来看，具有较高的品位。“学博为师，德高为范”“学高为师，身正为范”“为人师表”等格言正是对教师道德人格的反映。品位很高，意即为师的人必须注重仪表、言行、形象，这是“师”足以供人效法的外在前提。“为人师表”要求教师在道德和学问上为人之榜样。

总体来说，中学教师的人格现状可以被描述为“表美、道美、风格美”。前面述说了中学教师种种多样的令人忧虑之现象，问题是存在的，但是，教师的主流是道德的、高尚的，他们正以自己的思想、学识和言行，以自身道德的、人格的、形象的力量，通过示范的方式直接影响着当代的学生。以下是笔者访谈中的个别老师的心声：

“我们只有首先把握好自己，才能更好地去教育别人。不论学校以外的

① 张焕庭．西方资产阶级教育论著选［M］．北京：人民教育出版社，1964.340.

世界如何纷扰、浮躁，我们都要保持教室这方净土的神圣、讲台这方高地的崇高、教师这个称号的纯洁。”

“教师这一职业的特殊性，决定了我们必须坚持‘三自主义’：自省、自修、自律。自省，就是常常反省自己，看自己是不是一个合格的教师，有哪些缺陷，哪些不足，给自己一个准确的定位。自修，就是不仅要针对自己的缺陷和不足有目的地去学习、改正和提高，还要不断地关心时事，留心外部世界的发展，永远保持与时俱进的学习状态，‘风声雨声读书声，声声入耳；家事国事天下事，事事关心’。自律，就是永远记住国家法律、学校纪律以及职业道德，端正自己的人格作风，在任何情况下有所不为。”

“我觉得我们必须保持教师这个职业的一种敬畏心理。如果教师是个好人，那他的学生长大后就可能是个好人。反之，如果教师是个学识和道德都不合格的人，那他的学生将来的发展便值得担忧了。‘学高为师，身正为范’永远是教师行业的金科玉律。”

“作为人民教师，最重要的是要有爱心和责任感。我相信每一个有爱心和责任感的教师都会很好地调整自己的心态，保持健康、昂扬向上的精神面貌，努力把自己最好的一面呈现给学生。”

以下是一位老师在初一第一学期期末前（2005 年 12 月 23 日）的一次对学生的讲话内容：

“又到年末了，回忆一下今年你们所走过的路，你们经历了人生的第一次飞跃，从小学踏上了初中之路。很幸运地，我们大家能够走到一起。说句心里话，能当上你们的班主任我很开心。虽说我对你们很严格，但是，我是恨铁不成钢，希望你们能体谅老师。说到我们的相处，从我拿到你们基本资料的那一刻，对每个人我都仔细认真地看。从开学的第一天，我就知道了吕文舒（该生父母因婚姻问题双亡，由外祖父母赡养——作者注）的故事。接下来，在与你们家长的接触过程中，我知道了我们班陈增进、林彬都是单亲家庭中长大的，但我希望大家在（6）班能感受到爱。初中三年对人的成长是非常重要的，所以，我要把你们培养成一个善良的人，一个有爱心的人，要看到生活中的美，这样你们的生活才会充满阳光。”

加里宁说：“教师应当是人类心灵的工程师。”人类灵魂的工程师就应该做到“表美”“道美”“风格美”。首先，要形成优良的情感态度。比如，要有宽广的胸怀，能够容人、容事、容误会、容委屈，“宰相肚里能撑船”；要有一种热情、开朗、豁达、合群的性格，性格决定命运；要有面对压力时不屈不挠的坚强意志；要永远有一副微笑的面孔；有抛弃一切烦恼的能力；要永远保持良好的心态，即积极的、向上的、乐观的、发展的精神状态。只要教师有了优良的情感态度，就可以提升自己的生活境界了。

其次，要形成合理的智能结构。这就教师职业而言，一是专业化成长，二是丰厚的人文底蕴。所谓专业化成长有两个含义：一是在自己所教的学科领域内，达到尽可能高的造诣。一个语文教师不仅要熟悉汉语、文学、文学史、语法修辞、中外名著、名作家，而且本身要有足够高的口语表达、文字表达能力，做到出口成章、引经据典。一个物理老师要站在高等物理的高度来驾驭中学物理的内容，要有熟练的动手能力，要有深入浅出的诠释能力。二是每个教师都要潜心钻研教学，从现代教育理念、学生心理和学习心理规律出发，提高驾驭课堂教学的能力。所谓丰厚的人文底蕴则是指教师要具有较为广博的知识和广泛的兴趣，具有较强的社会敏感度，对于国内外政治、时事、历史、文学、艺术、宗教都应广泛涉猎。一个期望享受职业和事业的教师应朝着“教育专家＋杂家”的方向努力。

再者，稳定的道德意识。根据教师道德意识的先进性理念，一方面，教师要熟悉和遵循社会公民道德的诸多领域，并内化为自己的道德行为基础；另一方面，在涉及道德领域的问题上，要有抗干扰、抗诱惑的能力，稳定地把握自己，“勿以善小而不为，勿以恶小而为之”。稳定的道德意识体现为教师的风度、风气、风范、作风。

最后，个体内在的行为倾向。这是教师内化的道德意识于外在行为上的体现。教师的言行、举止，都要达到良好习惯的高度。

所以，教师人格已远远超出了教师一般职业道德的范畴，它不仅包含师德，也包含世界观、人生观、价值观，还包括了政治立场和态度、法纪观念、学识风范和行为，并集社会上普遍需要的优良品格、思想、情操、才学、气质等于一身，并且在教书育人中展现出来。人格修养主要是伦理或道德问题，也就是求“善”的问题。人格修养要真正有效地进行，一定要合乎审美和立美的规律。“表美”是教师人格的外在表现，即教师的形象之美。“师者，人之模范也。”而“模范不端，则不模不范矣。不惟立言制行，随时检点，即衣冠瞻视，亦须道貌岸然。”[①] “道美”指教师表美的精神内涵或内在方面，是教师人格的精神方面，教师的“道美”是“任何教科书、任何道德箴言、任何惩罚和奖励制度都不能代替的一种教育力量”。“风格美”则是道德主体表美与道美的统一。

（二）中学教师的“幸福感”

美国教育家艾德勒说：“追求幸福是我们的第一职责；对人公正，对整个社区公正，是我们的第二和第三职责。”幸福的表现方式是心理上的幸福感，是教师精神世界状态的重要表现之一。

1. 本体界说

人的幸福包括人的生理幸福、心理幸福与伦理幸福。生理幸福主要是指因满足生理需要而体验到的幸福。生理需要是维持自然机体生存和发展的需要，通常包括“食、色、衣、住、行”等方面。心理幸福主要是指因心理需要得到满足时的幸福体验。心理需要是使个体心理产生和发展的需要。按照马斯洛对于需要的分析，心理需要主要包括认知需要（如认识、理解、说明等需要），美的欣赏需要（如对顺序、对称等的需要），自我实现的需要（如寻求自我满足、成就、发展最优潜能的需要）。伦理需要是指人的社会性需要得到满足时所产生的心理体验。人是社会性的动物，由社会关系所产生、确证和满足的需要就是人的社会性需要。

显而易见，幸福首先是一种主观的心理体验，幸福感作为一种感受，首先要经过幸福观的过滤。观念虽然是文化的产物，但只有当某种观念经过了体验者自己的内化和认同后，才能由此引起相应的幸福感。“其实，每个人都是根据自己真心认同的幸福观才真实地感受到幸福的。强行的、未经内化的社会价值观无法真正让人感到幸福。所以，无论如何，幸福感总是基于感受主体的价值体系和标准，而不是基于他人的标准。”[②] 幸福的主观性也启示我们，幸福的获得虽然要以一定的外界条件为基础，但更重要的是人自己的感受性和生活态度。人的基本生存条件得到保障以后，外在

---

① 张行简．塾中琐言·端品［M］．

② 刘次林．幸福教育论［M］．北京：人民教育出版社，2003. 32.

的物质条件对人的幸福感便丧失了决定性的意义。此外，幸福是心理体验与伦理规定的统一。由于主观感受得到肯定的修饰，因而幸福便是主观心理体验与客观伦理规定的统一。主观感受决定了一个人是否有幸福，伦理规定决定了一个人的幸福是否应当。幸福当然首先是一种主观的心理体验，但是，单纯的主观体验是靠不住的，来源于不合理欲望的快乐只是虚假的幸福。费尔巴哈说过："人的一切行为都是追求幸福。人追求着对他来说是善的东西，避免对他来说是恶的东西。幸福或善引起我们的满意、愉快、欢乐的感情，不幸或恶则引起痛苦、悲哀、损失的感情。"① 因此，幸福要求在心理学的体验上和伦理学的价值上都要受到全面人性的关照和指导。

根据拉特·维荷芬（Veenhoven）的定义，总体幸福是个人对总体生活质量的满意程度。幸福是较为隐性的认知状态，有异于短暂的愉快情绪。从生活的一般目的上看，生活的过程就是追求幸福、创造幸福的过程。追求幸福是每个人都在自觉或不自觉进行着的活动。每个人对幸福的理解都不尽相同，因为幸福是人们按照自己的尺度来衡量的，是人们依照自己对生活的理解去评价的，所以具有主观性，但又是通过对不同生活状况的比较才能判断出来的，所以它又具有相对性和客观性。幸福是人们相对满意的一种生活状态和感受，同时，这种状态又是变化发展的。在不同的历史时期和年龄阶段，人们的幸福又受到一定的时代和社会历史条件的制约，具有时代性和历史性。正是因为幸福的这些复杂特性，所以千百年来，尽管有无数的思想家对其进行过探讨，却始终没能形成一致的看法。从伦理学的角度看，幸福是人的需要得到满足时所产生的一种愉悦状态和愉悦感，这种愉悦感绝非某种一般程度的快感，而是人的根本需要在一定程度上得到满足时所产生的愉悦感。所以，对一个人来说，真正的幸福应该建立在基本需要得到充分满足的同时，发展需要也得到一定程度的满足。此外，幸福的另一个不可或缺的规定是合理。合理是人的观念和行为与相关对象相应、相称、和谐统一的关系。幸福的合理规定即一个人的需要及满足需要的手段是否合乎时代及社会总的价值取向。由此而来，幸福可以被认为是合理的、个人意向上追求的、理性与情感评价上的满意的生活行为状态。

① 黄伟合．欧洲传统伦理思想史［M］．上海：华东师范大学出版社，1991.272.

那么，什么是教师的幸福呢？幸福有高级与低级之分，有善的幸福和恶的幸福之别。高层次的幸福是个人幸福与他人、集体、社会的幸福相一致的幸福，低层次的幸福仅仅是个人的幸福，是小范围满足而得到的幸福。善的幸福是以奉献集体、他人、社会为前提的幸福，恶的幸福则恰恰相反。教师是教育者，是培养人的人，在人类社会的延续和发展中起着重要的桥梁作用。所以，教师的幸福应该是一种高层次的、善的幸福。“教师的幸福就是在自己的教育工作中，基于对幸福的正确认识，通过自己的不懈努力，自由实现自己的职业理想，实现自身和谐发展而产生的一种自我满足、自我愉悦的生存状态。”① 檀传宝在《论教师的幸福》一文中，从幸福理论的角度系统阐述了教师的幸福就是教师在自己的教育工作中自由实现自己的职业理想的一种教育主体生存状态，而且指出了教师幸福具有精神性、关系性、无限性等特点。

2. 基本现状

斯宾诺莎在《伦理学》一书中曾阐述，幸福不是德性的报酬而是德性自身；并不是因为我们克制情欲，我们才享有幸福，反之，乃是因为我们享有幸福，所以我们能够克制情欲。② 就生活的艺术而言，幸福是完美的标准；就人道主义伦理学而言，幸福是美德的标准。③ 幸福是生活的根本目的。由于通常的伦理学错误地把幸福看成是某种行为的目的或者结果，于是，幸福看上去就像是利益，特别是物质利益和权力，至少也是和利益无法区分的。但是，幸福与利益的根本区别在于利益可以分配，但幸福却不可能分配，就像智慧、能力、德性、思想和成就等一样不可能分配。事实上，幸福就是生活的成就，或者按亚里士多德的看法、幸福则是德性（virtue）的实现。获得幸福的生活方式是得道而不是得利，或者说，幸福不是由利而是由道而德（得）。④ 从这个角度上看，中学教师的职业幸福感机会会大于其他行业。但由于现代经济的飞速发展，社会、家长、学生对教师

---

① 陈艳华．谈教师的幸福［J］．济南大学学报，2003，(1)：79.

② ［荷］巴鲁赫·斯宾诺莎．伦理学［M］．贺麟译．上海：商务印书馆，1958.248.

③ ［美］埃·弗洛姆．为自己的人［M］．孙依依译．北京：生活·读书·新知三联书店，1988.177.

④ 赵汀阳．论可能生活［M］．北京：三联书店，1994.17.

职业的要求与需求不断提高，加上我国教育制度过于僵化，学校体制的规约等，教师精神压力加大，而个性的压抑更使教师的幸福感缺失。

(1)“痛并快乐着”——一线中学教师说“幸福”

幸福与生命力、情感强度、思想及生产性的提高相关联，满足欲望并不一定能够获得幸福，显示优越人性的道德生活才是幸福的决定条件。有意义的生活必定让人产生幸福感，那么什么样的生活方式才是有意义的呢？作为中学教师，他们每天工作繁忙、琐碎、辛苦，但是，毕竟是人对人的事业，工作中有些情感享受是其他职业无法比拟的，这可能就是做中学教师的最大幸福感受吧！以下是深圳市S初级中学曾贵燕老师在“我的教育故事”中的一段话，这段话表达了大多数中学教师普遍感受到的一种职业幸福。

每年的教师节，我都会收到来自不同地方的学生的问候，或贺卡，或电话。今年的教师节，我是在美国尔湾度过的，因为美国没有教师节，加上还在培训学习，我们的身份也变成了学生，自然也淡忘了这个节日。然而，那天我一上网，久违的学生C“老师，节日快乐”的祝福出现在MSN屏幕上，接着，他要我的电话号码。我想，在MSN上谈不是更好吗，又不用花钱……正想着，电话铃就响了。他照例细细地询问我的生活和工作，并汇报了他在英国读书的近况。其实，我们去年教师节还在一起吃饭呢，谈起来并没有觉得生疏。然而，来自他的那份隔洋的拳拳的关切和祝福，让我每次都不仅觉得温馨，还常常感慨不已，为自己竟然能成为人师所得到的这份喜悦而心存感激。[①]

以下这则故事是常常在教师中发生的事情，辛苦之余，学生的真情给教师以很大安慰。

刚从大学毕业时，我并没有觉得当老师是件幸福的事，因为我的母亲也是一位教师，我觉得她很辛苦。

班上有这么一个男孩子，他很乖，上课回答问题也很好，但家庭作业做得一塌糊涂，让我百思不得其解。我决定对他进行一次家访。

男孩的妈妈是个职场白领，她一直对我重复着这样的话：“我这么优秀

① 王晓彬，李雷鸣．点燃希望的火种——讲述我的教学故事［M］．深圳：海天出版社，2006.138.

的一个人，为什么我的孩子成绩就是不好?”看到孩子房间里堆积如山的课外练习本，我才明白，他每晚都把时间花在做其他练习上了，怎么还能抽出时间认认真真地做家庭作业呢？这孩子每天放学后都喜欢独自坐在学校附近的珍珠奶茶店，不肯回家，哪怕晚一分钟也好。后来，我建议让小男孩先住到我家一段时间，又让他妈妈来学校听课，他妈妈几次观察发现，其实孩子并没有她想象中的那么一无是处，而是思维敏捷，反应很快。最后，她想通了，以新的眼光看待孩子。

而小男孩很有趣，有段时间，我经常发现他和我同路，坐同一路公交车，后来，我才知道，他是听父母说那段时间社会治安不好，怕我一个人回家有危险。我真的很感动，那么小的一个孩子，已经懂得保护老师了，这是我当老师最幸福的事。

亚里士多德认为，有两种快乐是合理的：一种是在满足需要和实现人之能力的过程中所产生的快乐；另一种则是在获得人之能力的体验中所产生的快乐，后一种快乐是更高尚的快乐。最令人满意且完美的快乐具有这样一种性质，即它是伴随着对获得的或实现了的人之能力的积极运用而产生的。它意味着欢乐、自发性或“无阻碍的”活动，而“无阻碍的”意味着“不受阻拦”或“不受挫折”。因此，快乐使行为完善，并使生活完美。最伟大、最持久的幸福来源于最高尚的和具有神圣性的人类行为，即人类的理性行为，人只有具有这种神圣因子，才会追求这样的神圣行为。

以下是深圳市S初级中学的孙利秋老师讲述的一则教育故事：

快乐的日子总是过得特别快，两年多的教学生活已经过去了，从刚跨出校门的激动和迷茫，到现在面对教育工作的从容和坦然，在深圳市S初级中学这片热土上，我得到了我想要的幸福。

那次快乐的约定，我至今难以忘怀。临近放暑假，期末考试也快到了，学生们吵着说放假要一起出去玩，开心一下。看着他们热切地计划着精彩的暑假节目，却没有丝毫要认真复习的样子，我着急了，每天苦口婆心地说：“要认真啊，同学们!”可他们却还是那么贪玩。我决定想个办法刺激刺激他们。班会课时，我问他们最大的愿望是什么。结果，班长大声说：“想秋姐（指这位教师，作者注）请我们全班吃麦当劳啊!”全班同学纷纷响应，一时间大家都说要我请客。我微笑着说：“世界上没有免费的午餐。

如果你们想让我请客，那就要在这次期末考试中考个好成绩！”由于同学们入学成绩比较差，一个年级500多人，他们的成绩都排在200多名以后，所以我跟他们约定只要他们的成绩能进年级前100名我就请客，跟自己中段考成绩相比能在年级前进100名以上的同学我也请。教室里的欢呼声响彻云霄，在吵闹声中，我隐约听到一个女生大声说：“秋姐，你输定了！这次要破财啊！”我呵呵地笑了起来。从那天起，看到同学们都在努力，我高兴之余也有点担心标准定得太高了，到时想请客都没人“达标”。

紧张的日子过去了，考试成绩出来了。我拿着成绩表一看——天哪！粮食的力量真是大啊！我班居然有11名同学进了年级前100名，跟自己中段考成绩相比进步了100名的也有七八位。当天中午，我就领着这帮让我惊喜的同学浩浩荡荡地奔赴麦当劳餐厅。同学们像飞出笼子的小鸟一样扑向麦当劳餐厅，毫不客气地点了如小山般高的食物，开心地享用起来。在闹哄哄的氛围中，学生得意地问我：“秋姐，没想到我们这么厉害吧？嘻嘻，为了让你请客，我这次考试把自己的水平发挥得淋漓尽致了！我们要吃穷你！怕了吧！”我故意捂着胸口夸张地仰天长叹：“天哪！不要啊！我的钱啊！”“哈哈哈……”笑声在空中飞扬，幸福在大家心中流淌。因为同学们的努力，我终于可以幸福地遵守这个快乐的约定了。

值得回忆的事情太多了。我的教学生活也许谈不上伟大，但是，很不平凡，也许就是因为这份不平凡，才让我难以割舍。这群可爱的学生让我明白我拥有一份厚重的爱和一份沉甸甸的责任，它让我鼓起勇气坚持下去，虽然前进的道路上有风雨，也有荆棘，但是，我坚信有了这帮可爱的学生的支持，一切都会好的。

幸福来自于有创造性的生活，而重复性的活动只是为了生存，而生存只是一个自然过程，无所谓幸福还是不幸福，其中并没什么意义需要争论。而诸如亲情、友情、爱情、艺术和真理都是人类最富有创造性的成就，它们以纯粹意义性的方式存在，所以才会永恒，所以才不被消费掉。幸福是拥有健全生活的经验，是全部生活行为所追求的持续状态而不是一个漂亮的大结局，幸福必须是能够留下永恒意义的事情。

深圳市S初级中学一位青年教师在其博客上写道：

在我两年的教学生涯中，深深体会到了作为一名教师的幸福。当我全身心地投入到教学工作中，每个孩子都吸引着我，于是，我全然忘掉了时间的时候，我感到幸福；当我营造一个充满生命活力的课堂，和学生一起克服困难、一起享受成功的时候，我感到了幸福；当我所教的孩子成绩有所提高、思想有所进步的时候，我感到了幸福；当我渐渐地发现，知识得到不断地充实，自身得到不断地完善的时候，我感到了幸福。

幸福必须是一种行为在活动过程中本身就能够产生的感受，否则就只是必须付出代价去获得的利益。利益确实需要“苦苦地”去获得，因为不付出代价就得不到利益，代价或者是劳动或者是尊严，或者是阴谋或者是冒险。但幸福却不是用代价换来的，即所做的事是本来就是人本身乐意做的事情，这个行为本身就直接产生幸福。

这份快乐感受是中学教师特有的职业幸福感，这种幸福感是教师工作动力的重要源泉。这种幸福感是教师职业特有的，但是，随着社会的进步、经济的发展，这种职业幸福也在逐渐被侵蚀。

(2) 深圳市S初级中学教师的“幸福感”缺失

笔者于2006年11月通过“总体幸福感量表（General Well-Being Schedule (Fazio，1977)）”对深圳市S初级中学的73名教师进行了问卷调查，结果表明，男性教师得分为69.9分，比全国常模75分低5.1分；女性教师得分为73.1分，比全国常模高2.1分，说明该校男性教师幸福感比较低（见下图5—1）。

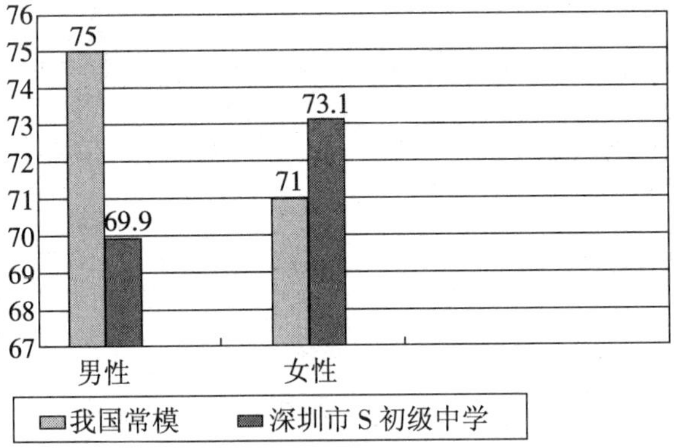

图5—1　深圳市S初级中学男女教师幸福感得分与常模比较表（单位：分）

三、教师精神世界现状的原因分析

(一)现代性对人的负面影响

哈贝马斯曾用“生活世界殖民化”来说明现代性对人的影响，意指政治、经济等体制对人类生活世界的控制，他认为，生活世界的理性化和体制化是现代社会的一个病症①。现代社会仍然处于剥夺型的社会发展模式中，人们整个日常生命活动都是围绕着物质生产活动而展开的，精神生活虽然是必要的，但在经验世界里则是次要的甚至是多余的。在当代，物质活动与精神活动的矛盾日益明显。一方面，人的物化状况加深，“发达”的物质生活难以转化为健康向上的精神生活；另一方面，人的精神活动既难以吸纳和消化现代物质文明成果，也对物化的现代状况缺乏足够的批判。应当说，现代性的推广会使功利主义及物质主义的盛行合法化，同时，对传统的重义轻利的社会交往模式也是一次彻底的颠覆，其负面影响已暴露无遗：物欲膨胀，人的向度被排挤掉，而且，随着技术化与工业化的推进，人的物化程度越来越深。另外，技术理性与工具理性要求人们按部就班地适应和服从既定规则，禁止进行规则之外的活动，包括选择、反叛和创造，人们并不能按照自身的尺度去实现其实践价值。总之，通过市场经济、工业技术以及大众文化的整体动作，发达工业社会实现了对现代人生存模式的框定，在这一模式中，人真正成了马尔库塞所说的“发达工业社会中的舒舒服服的不自由的奴隶”②。中学教师是这个社会中的群体之一，当然无法摆脱社会大背景的影响，这是教师道德世界和幸福感缺失的重要原因之一。

---

① 郭元祥．生活与教育——回归生活世界的基础教育论纲［M］．武汉：华中师范大学出版社，2002.8.

② 邹诗鹏．实践——生存论［M］．南宁：广西人民出版社，2002.137.

（二）学校管理的官僚倾向

目前，官僚制是各级各类学校管理的一个重要的特征。官僚制是单一的集权式结构自然发展的结果，它具有专业化分工、多层次的管理台阶、集中的人员分组以及明确的职权位差等特点。由于当代学校在规模上不断扩大，事物性活动日益增多，越来越侧重于对工作绩效和秩序的追求，因此，官僚制往往被视为一种各级各类学校难以规避的有效方法。正如英国教育专家、莱斯特大学教育管理中心主任托尼·布什（Tony Bush）指出的那样："学校和学院有许多官僚制的特征，如校长位于等级制结构的顶端。在中学和学院里，教师的工作安排根据他们的专业知识来确定。学校有许多要求学生和教师执行的规章制度，他们的工作和学习主要是由时间表严格支配的。校长和高级教师对学校管理委员会和外部的资助机构负有效能责任。由于这些原因，官僚理论的许多文献充满了教育管理的内容。"①

官僚制是同现代大工业生产相适应的一种组织管理模式，总的看来，它的优势既在于能够有效地满足组织运行的技术性要求，也在于能够保障组织行为的有序性和统一性。在韦伯看来，官僚体制一旦得以充分的实施，就成了"最难摧毁的社会实体"②。对于官僚体制带给教育系统的危害，美国耶鲁大学、加利福尼亚州大学高等教育和教育社会学教授伯顿·R·克拉克（Burton R. Clark）认为，官僚体制具有权力与工作绩效高度关联的特征。在克拉克看来，这种"官员的权力"是有问题的，原因在于它综合了官僚、社会和政治的要素，一个社会与另一个社会各不相同。这种权力为谁说话也是有问题的。中立的管理人员的官僚权力总是充当更高层次的政府机构的代言人，而这些为特定群体利益服务的"官僚"，权力则为他们自己的利益说话。③ 在各级各类学校中，官僚体制的存在表明了权力作用的有效性，并框定了权力链索的基本特征。对于官僚体制中的现代官员特殊的

---

① ［英］托尼·布什．当代西方教育管理模式［M］．强海燕译．南京：南京师范大学出版社，1998.54.

② ［德］马克斯·韦伯．经济与社会（下）［M］．林荣远译．北京：商务印书馆，1997.309.

③ ［美］伯顿·R·克拉克．高等教育系统——学术组织的跨国研究［M］．王承绪译．杭州：杭州大学出版社，1994.133.

运作方式，韦伯归纳出了以下六个方面的特点：其一，存在着固定的、受法律或行政规则普遍制约的、有序的机关权限原则；其二，存在着职务等级和逐级制约的原则；其三，现代职务的运作建立在文件、各种各样的常设官员和文书组织机构基础之上；其四，与各种职务相对应的工作一般以严格的专业培训为前提；其五，职位的升迁意味着投入更多的时间与精力；其六，相应的职务工作的运作可以参照普遍存在的、比较固定和详尽的说明来进行，这些规则是完全可以习得的。[①]

在官僚体制中，组织目标的预设、行为策略的制订、方式方法的选择、规章制度的出台等方面更多地来源于顶层权力组织或个人的指示，而各级各类学校组织中的成员大多是专业人员，两种群体文化之间的差异性是显而易见的，如果后者始终位于“官僚体制金字塔的底部”，不但规章制度得不到舆论的支持，学校内部的组织“就会冒被分割为几个竞争性利益群体的危险”[②]，教师就只有被动执行的功能，被规约成为主要特征。由此，教师职业成为被严重规约的职业，现实的中学教师被严重规约、束缚在学校的各种制度和惯性文化中。正如德国当代著名哲学家、社会学家哈贝马斯（Habermas）所认为的那样，无论是什么样的制度都是外在于人的本性的约束，虽然对人的本性的适当约束是人类自身不断得以提升和发展的动力源泉，但对这种约束，我们要关注它的合理性。那么，教师组织中是否存在着制度化的东西呢？这些制度是否都具有合理性呢？相信这是一个不言而喻的问题，因为制度是国家的衍生物，学校是不可能不受制度的规约的，这种规约也必然会在教师的组织中有所反映。但是，现在这种规约已经到了与教育的内在要求相背离的程度，已经明显地同人的合理性需求相冲突，因为事实证明，教师组织中的规约几乎是无所不在的，正如西方学者指出的那样：“刚刚跨入校门的教师不得不接受这样一种规约：他不得不去掌握那些可能是无足轻重的却是作为优秀教师必须融会贯通的教育理论；不得不接受组织的特定安排；不得不接受工作场所和日常用品；不得不接受学

---

① ［德］马克斯·韦伯．经济与社会（下）［M］．林荣远译．北京：商务印书馆，1997. 278—281.

② ［英］托尼·布什．当代西方教育管理模式［M］．强海燕译．南京：南京师范大学出版社，1998. 55.

校的课程安排；不得不接受学校采用的评估系统；不得不接受特定的有效资源；不得不接受已被学校承认的教育方法上的杰作；不得不接受同事和其他人的期望；不得不本着优先法则接受已有的目的、目标和结果。”①

教师组织中的种种制度性规约的负面影响首先反映在对教师群体的极大伤害上。西方教育社会学学者将教师类比为牺牲者或受害者（victim），持该观点的人认为，教师实际上是一些孤立无助的殉道者，许久以来，他们被严重规约的境遇没有任何的改变，有限的权利与毫无权利没有任何区别。将教师类比为牺牲者和受害者重在澄清一些被严重扭曲了的认识，旨在揭示教师被规约的程度、有限的权力以及沉重的工作负荷。② 不管人们赞同与否，教师组织是有着巨大的封闭特征的，这一职业与其他职业的联系虽然在日渐增多，但同其他职业相比，联系还是极其有限的。与教师职业活动在时空方面的稳定性相反，教师不但在道德、伦理、意志、情感等方面要经常接受各种各样的考验，还要时时面对着来自工作和人事制度上的种种冲突与危机，对此，鲍尔（Stephen J. Ball）认为，在官僚体制的作用下，教师的教学工作受到控制，办学如同办工厂，不得不遵循市场和竞争的逻辑，学校管理制度化导致了工作环境的恶化、教师主动性的丧失、自主权的失落以及决策权的形同虚设，不同的课程仅仅是将知识输送给学生的传递系统，教师成了生产系统中的技术操作人员，他们的教学工作不得不接受“越来越繁杂和越来越具压迫性的控制”，教师与管理层之间相互猜疑，行政权力与学术权力相互冲突。③

现行的教师组织制度对于我国中学教师的巨大伤害是显而易见的，这一方面体现在教师对待学生经常表现出来的过激言行上，另一方面则体现在教师的心理障碍上。从前一方面来看，在学校的日常管理中，教师体罚学生可谓是一种普遍的现象，这已经成为我国当下教师“德行”缺失的一个重要原因。针对上述现象，研究者往往忽视的两个关键的问题是：教师

---

① Roland Meighan. A Sociology of Education ［M］. London：Holt，Rinehart and Winston，1981. 49.

② Roland Meighan. A Sociology of Education ［M］. London：Holt，Rinehart and Winston，1981. 40.

③ ［英］鲍尔．管理学：一种道德技术［M］．北京三联书店，牛津大学出版社，1999. 131—136.

如果不这样做会有什么样的连带反应？如果教师不这样做又该怎样做？事实上，教师并不愿意采用这种方法，试想，如果采取和颜悦色的态度就能够解决问题，有谁愿意面目狰狞甚至招至种种非议？问题是舍弃这种方法又能有什么更为有效的方法呢。这表明了在仁慈愿望背后的一种无可奈何，而在其无可奈何的背后又表明了什么呢？如果教师的职业文化在社会主流文化中自身都难觅栖身之地，它又如何能够容纳学生亚文化的存在，并自觉地谋求学生亚文化与社会主流文化的连接？在“有限的权力与毫无权力没有任何区别”的境域里，学生在形式上的服从与认同成了教师固守自身地位与尊严的最后一道防线，残酷的现实迫使教师选择了有悖于教育本真意义的策略，这不但使学生成了教师艰难境域中的殉难者，也迫使教师本人成了牺牲品，正如沃勒指出的那样：“教师将大部分教学视为说教，即时性的能力学习变得愚钝，教师成了学习的问题持有者，屈从于权威的不良影响，对教师的认识产生了冲击，这种影响蔓延生长，点点滴滴侵入并吞噬了创造的源泉。”① 在我国两千多年的封建社会中，教育成了一种规训和惩罚的手段，丧失了培养自由心智的目标。处在这种文化环境中的教师形成了奴性心理和工具性人格，盲目地接受社会的规约，为统治阶层所倡导的社会价值、社会制度或社会规范而服务，这造成了人的本真存在状态向非本真存在状态的跌落和沉沦，即人的异化。在非本真存在方式下，教师以他人的眼光看待自己，被置于与他人相同的地位，甚至可以被任何他人所替代。这种他人不是作为有独特个性的、确定的他人，不是抽象的人和人本身，也不是某些人和一切人的总和，而是某种中性的、平均化的、无人称的、不确定的人。由于社会过多地看重教师在教书育人上的价值，而没有将其看作是一个独立的生命个体，教育活动更多地被看作是培养学生的活动，教师只作为学生成长的促进者，是一种育人的工具，这些现象都导致了教师生命活动自主性的缺失。教师习惯于按照固定的规范行事，在职业活动中失去了自我创造和自我选择的能力，这是一个普遍现象。所以，解除不必要的规约，解放老师是实现教师道德健康的客观条件。

① Peter Woods. Teacher Strategies：Explorations in the Sociology of the School［M］. London：Croom Helm，1980. 134.

陶志琼曾写过一本著作《教师是谁》，深刻剖析了“教师”被“物化”和“他化”得太严重，“教师是灵魂工程师”“教师是蜡烛”“教师是园丁”“教师是心理医生”“教师是朋友”……教师似乎什么都可以是，但就不可以是他“自己”。她认为，人之所以为人，教师之所以为教师，就在于其有一种人和教师特有的精神面貌，而不仅仅是说其有了人的体貌。的确，教师之所以为教师，就在于教师有一种教师的精神面貌，而不仅仅是说教师有教师的称谓。她说：“在我的心里，‘教师就是一颗太阳树’。”①

世上，
唯有太阳是自明的。
老师，
就是那自明的太阳，
是自明太阳升腾起的一棵树。
这株神奇的太阳树，
用无数个四季，
不断吮吸宇宙的灵气，
和人类的精华，
生长她的每一片永不言败的金叶。
然后，
用她的每一片金叶，
去照亮他人的心灵，
去生长，
心灵的想象。
用她的花籽，
去培育新的太阳。

（三）教师现有素质难以应对学校生活的消极文化

在当今时代，由于各种媒体的传播范围空前拓展，网络技术逐渐为各年龄阶段的人群所掌握，社会的影响以潜移默化的形式渗透到学生生活的

① 陶志琼．教师是谁——教师教育哲学导论［M］．北京：中国文史出版社，2004.3.

方方面面中。这在很大程度上对增加学生的生活常识、促进他们的社会化进程起到了重要的作用，但同时也削弱了学校教育的作用，使学生思想呈现多元化的趋势。学生的个性较以往更加突出，这在一定程度上给教师组织教学带来了难度，对教师的教学水平和素质提出了更高的要求，于是，就有教师将后进班称作“恶人谷”，把给学生上课称作“去战斗”。这从一个侧面反映了新形势下教师职业面临的挑战，同时也说明了我国教师素质亟待提高。而就目前来看，我国教师群体中有相当一部分人仍在进行复制型劳动，按照传统方式传授知识，缺少驾驭教学、因材施教的能力，在职业活动中自主性差，缺少自我调节的能力，再加上我国教育体制和学校体制不正确的规约与制约、学校消极文化的影响等，从而造成了目前中学教师的生存烦恼。

1. 玩世不恭、成就感低落，使教师与幸福无缘

对职业的幸福感与工作的前景、激励机制等是直接相关的，但作为中学教师，工作空间的有限性和工作时间的无限性决定了他们发展前景有限，加上学校如果没有很好的激励机制和发展平台，长此以往，教师会情绪衰竭、玩世不恭就不言而喻了。

以下是深圳市S初级中学罗老师的感言：

可以说，每个刚刚走上讲台的教师都曾经有过壮志宏图。有的想通过自己的努力成为学校的领导，有的想通过自己的拼搏成为一代名师，但随着岁月的流逝，工作的打磨，许多人的棱角被磨平了，雄心没有了，壮志也消失了，更多的是对事业前途失去了信心，在平淡之中无奈地工作着。因为老师们发现，原来现实和自己的理想差距如此之大，在学校里，并非自己的业务水平高就能走上领导岗位，于是，在这些人中，有的向社会“投降”了，成了自己曾经厌恶的人，更多的是变得冷漠甚至消极了。他们发现现实和自己的教育之梦距离太大了，必须在应试教育的怪圈中旋转，否则就会受到领导的批评，家长的指责。于是，他们就回到现实中，为了生存而麻木机械地重复前人的劳碌，因此，现实和理想的矛盾被掩藏了，只是如此工作着。当然，也有少数辉煌灿烂的人物，但他们的机遇、他们的环境并不是每个人都能遇到的，而且，我也一向认为不能用那些少数人成功的例子去衡量我们这些普通人，不能以这些特殊的例子来要求普通的

教师。我们的教育机制、教育氛围应该反思：为什么要让教师如此无奈地在平淡中工作，难道他们就不需要激情吗？他们不愿意在平淡中无奈地工作，他们不愿意在灰色中流泪生活，他们同样也能阳光灿烂，生机勃勃。

看来，幸福的对立面并不是悲伤或痛苦，而是意志消沉，这种意志消沉是内在贫乏和非生产性的结果。①

在深圳市S初级中学，消极的学生文化使得部分教师丧失了"尽力"的信心，长期成就感的缺乏导致了他们工作倦怠，第二章中，我们提到的调查显示，该校的教师中，只有17.5%的教师肯定认可具有专业成就感，45%的教师对具有专业成就感持否定态度。以下是对某一位教师的的访谈记录：

多数教师感觉到工作没有意义。有以下几方面的事件让老师灰心：一是教师或班主任往往费了很大的劲、花了很多时间去抓班级建设，但效果并不是很好，原因主要是整个学校文化都不是很好。二是教师不愿尽力去做，包括我本人，如能尽力也许情况会好很多。学生逍遥自在，很放肆大胆，无组织纪律，上课早退、睡觉、开小差等，很多教师是不理会的。其实，这是每一个教师的责任，每一位老师都应该去过问，领导更应该采取一些措施。

这位教师说，在深圳市S初级中学工作，最大的感受就是没有成就感，这主要源于消极的学校文化。以下是相关访谈记录：

学生不是很聪明，老师也就教不出成绩，加上平时上课学生又不愿意听，觉得自己讲了也是白讲。我班有八九个学生的智商在60多分，有好几个学生加减法还不会呢，家长对他们没什么要求，年龄大点就回家帮忙做生意，学生自己也没有什么追求。面对这些学生，教师确实心里没底。学生那种无所谓的态度大大削弱了教师的积极性，破坏了师生关系。总之，最大的问题是工作没有成就感。

2006年，教师节，在网上流传这样一则打油诗：教不严，师之惰；教太严，轮胎破；管太多，师闯祸；管太少，没事做；成绩好，无话说；成绩糟，为师过；聪明人，选工作；教师职，傻瓜做。有教师回应说教师真可怜，有的家长恨不得孩子在街上跌跤都要来找教师的麻烦。这些话虽然

---

① ［美］埃·弗洛姆．为自己的人［M］．孙依依译．北京：生活·读书·新知三联书店，1988.177.

有些片面，但从一定程度上反映了现在教师的心病，教师得不到社会的理解，得不到家长的理解，甚至得不到学校领导的理解，得不到同事的理解。做老师有时候是开心的，但很多时候是苦闷的，也许苦闷多于开心！高帽一顶，枷锁一身，劳苦一生，受气一世！

教师的这种不幸福感受与社会的价值取向、教育制度对教师的评价、教师自我评定是息息相关的，所有人都在选择关注一种结果，那就是培养出好学生。而学生好坏的评价标准就一定是固定的一个吗？生活中最主要的不幸就是误以为生活目的是某种结局或者某种可以达到的目标，这种态度离间了生活与生活目的。生活目的成了遥远的目标，总也达不到，生活也就似乎总还没有开始，结果，活着就变成了白活。生活目的是与生活一起显现出来的东西，它不是遥远的目标而是与生活本身的意图最接近的存在方向性，但它又是永远无法完成的追求，或者说是总在实现中的追求。生活目的不是某种结局，而是生活本身那种具有无限容纳力的意义。①

2. 教师评价——教育问题的最大结症

一直以来，不公正的评价成为教育问题的最大结症，也使教师的幸福感缺失殆尽，以下是在教育网上摘来的一位中学教师的呐喊：

中小学教育问题的最大症结

提出这样的命题，实在是冒天下之大不韪，但这也是事实。笔者也不否认考核制度曾起到的作用，但时至今日，其存在是弊大于利，它是中小学教育诸问题产生的罪恶之源。

教育问题之多，着实令人痛心疾首，它不仅关乎当下每个家庭的利益，更关乎这个民族的未来和希望。教育的最大问题就是短视，就是拔苗助长式的愚蠢。教育不同于任何一个行业，教育是育人的，因为育人，它的价值的实现是隐性的、长期的，它不像工厂那样可以计件、计时，或计量，是时效的，可衡量的。

教育的“产品”是培养高素质的人，这是教育的大众化的价值取向和原则，而现实的教育是重“教书”而轻“育人”，学生人格的缺陷和素养的下滑不能怪社会，因为教育本身就是畸形的，它对现实的道德的下滑起了

① 赵汀阳．论可能生活［M］．北京：三联书店，1994．15．

推波助澜的作用。在这种畸形中，最切命的不是别的，就是对教师的考核。

考核教师可追溯的历史并不远，真正大范围的推行是在20世纪的90年代。从此以后，教师的评优、职称、工资，甚至是聘任，或岗位的轮换都与之挂钩。当关乎个人切身利益乃至饭碗的基本问题时，道德恐怕就变成了毫无价值的遮羞布了，衣食足而知廉耻啊，别忘了教师是一个最普通的广大的社会群体。考核制度几乎是每个单位自己制订的，制订者水平参差不齐，不问实用性，也不谈操作性，事无巨细，每每过问，大到上课、备课、考勤，小到教师之间说话，无不定出个分值来。

“考考考，领导的法宝”“分分分，已变成了教师的命根”。学生成绩高了，自不必说；学生考试成绩不好了，一切无话可说，挨批、轮岗那就司空见惯了。于是，教师为了那可怜的学生分数，去责骂，去体罚，去布置繁重的作业，去加班加点，去乱收费，俨然成了泼妇恶男，全然没有师者的尊严。他们被逼学会了狭隘、自私和近利，抛弃了集体观念和团结精神。

教育是广泛的，除了知识上的“传道、授业、解惑”，其本身的行为和人格对学生潜移默化的影响更是巨大的，身正为范啊！可怜的是，教师只能做语言上的巨人，行动上的矮子，其身不正，何以正人？在缺陷的人格和自利的追逐下，教师在贬损着自己、贬损着教师、贬损着教育，在弱化着自己的辛勤劳动。特别是一些中学，为了所谓公平的年度考核，每年都把教师和学生重新编班，只开设考试的科目，学生的全面发展就只是死读书，素质教育让位于应试教育，自然也就要求教师在一年内教出高分，这不有悖于“百年树人”的常识吗？

教育是和谐的事业，是团结才能干好的事业。考核却在淡化着教师之间的协作，无能为力的教师就把所有的矛盾和焦点逐渐转移到他们的可控对象——学生身上，导致学生厌恶教师，教师厌恶领导。日复一日，年复一年，恶性循环就产生了，弄得师生关系紧张兮兮，剑拔弩张，学校这一圣洁的地方充斥着阴森和可怕。考核可能起了一个很好的管理教师的作用，但拴紧了教师，也就放松了学生，这就是这几年校园事件触目惊心、频频发生的缘由之一。

无情的考核也让教师对一些无关乎己的事漠然，没有了配合和默契。教师不同于其他行业，特别需要上级的监督。它本身就是一个公开地接受社会监督的职业，一代一代的学生、教师、无数的家长，还有社会，时时刻刻都在给教师约束和评价，教师时时刻刻处在一个监督的影子之中，这种监督是无形的、长期的、随处的。

然而，考核的存在让教师无视道德的无形力量，只关注自身眼前看得见、摸得着的利益了。倘若没有现在这样的考核制度，教师仍会认真地履行自己的职责，他们更注重用言行一致来教育自己的学生。考核没有施行之前的教师并没有因为没有考核而不认真从教，他们那时更注重的是长远、是人格、是师道、是素质、是全面。只有解放教师，才能解放学生，只有解放学生，才能解放教育。

中学教师在现实的具体的考核制度规约下，成为被动的生存者，丧失了人格的完整，弗洛姆曾说过："幸福象征着人找到了人类存在问题的答案：生产性地实现他的潜能，因此，他既与世界同为一体，但同时却又保持着他自身的人格完整性。在生产性地运用他的精力时，他提高了自己的能力，他'燃烧自己，却不化为灰烬。'"① 而时下，过分的考核制度蚕食了教师的幸福。

3. 压力——赶走了教师的幸福

中学教师承受的各种层面的压力，使他们丧失了感知幸福的敏感度。在深圳市S初级中学的调查结果（见图5—2）说明，教师的压力感非常严重。

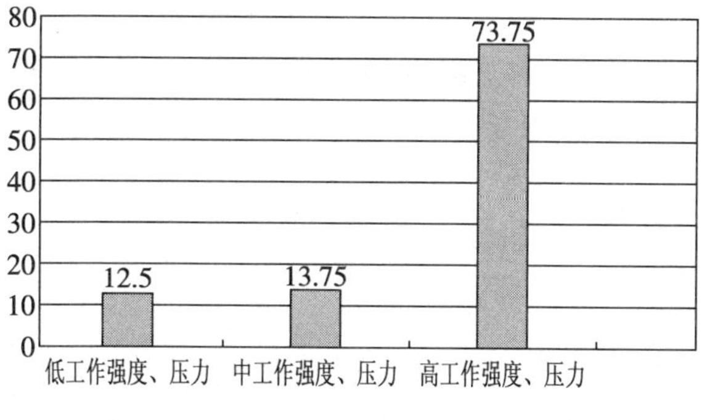

图5—2　深圳市S初级中学教师工作强度和压力情况分布图（单位:%）

① ［美］埃里希·弗洛姆．为自己的人［M］．孙依依译．北京：生活·读书·新知三联书店，1988. 176.

四、改善教师职业幸福感的策略

国内学者王海明认为，幸福是人对一生具有重要意义的事件的需要、欲望、目的得到的心理体验，是一种主观与客观的统一物。他按照不同的角度把幸福分为物质幸福、社会幸福、精神幸福、自我实现幸福、非自我实现幸福、利己幸福、利他幸福、过程幸福、结果幸福。实现幸福的条件是：(1) 意识正确，即对幸福的主观意识与客观规律相符；(2) 选择适当，即对幸福的欲望，选择与自己的才、力、命、德必须一致；(3) 努力奋斗；(4) 修养品德。

1. 教师要学会正确确认自己的“主观幸福感”

主观幸福感（Subjective Well bcing，简称 SWB）是衡量个人和社会生活质量的一种重要的综合性心理指标。作为心理学专业术语，主观幸福感专指评价者根据自定的标准对其生活质量的整体性评估。目前，关于影响个体 SWB 水平的主要理论观点有：(1) 遗传、人格特质及人格—环境交互作用理论。遗传、人格特质确实影响主体 SWB 的水平，但是 Oishi，Diener，Lucas (1999) 认为，在人格和 SWB 之间的联系中，价值观扮演了重要的相互影响的角色。当然，在人格对 SWB 的影响中，情境也起到了一定的作用，所以，这一理论认为，遗传、人格特质及个体的价值观和情境的交互作用影响着 SWB 的水平。(2) 社会心理学理论。它包括社会比较理论和期望值理论。社会比较理论的基本观点是个人与周围人比较，如果自己优于别人则感到幸福。社会比较过程包括：首先，获得社会信息，其次，思考社会信息，包括他人和自己的比较，再次，对社会比较的结果作出反应。当然，社会比较受到人格的影响，幸福的人常作向下比较，不幸的人既作向下也作向上比较。期望值理论的基本观点是期望值与实际成就之间的差距与 SWB 相关，期望值、现实条件与个人外在资源（权力关系、社会关系、经济状况等）和内在资源（气质、外貌等）是否一致，决定着 SWB 水平，向期望值接近的过程而非最终目标的达成对幸福感最为重要，具有高期望值的人，尽管当前状态离目标相去甚远，也会因处于向目标接近的过程中而感到满足；在决定SWB时，期望的内容比期望实现的可能性更重要，如测量被试期望目标的信心时，对实现内在期望（个人发展）的可能性估计与SWB呈正相关，而大多外部期望（名誉、金钱等）的可能性估计与SWB呈负相关。(3) 目标理论。Brunstein等人（1998）认为，当一个人能以内在价值和自主选择的方式来追求目标并达到可行程度时，SWB才会增加，即目标必须与人的内在动机或需要相适应，才能提高SWB。如成就价值观强的学生，成绩优秀时，他的SWB升高，具有较强社会价值观的学生，在满意的人际交往中才感到幸福。目标与个人生活背景相适应，才能提高SWB水平。

2. 体验教师职业的幸福

陈艳华在《谈教师的幸福》一书中，相对具体、理论联系实际地提出，教师幸福的产生依赖于教师的辛勤劳动、积极创造，依赖于教师对教育理念的科学把握。教师的幸福体现在对学生的理解和关怀中，体现在学生的成长中，体现在对教育事业的真诚奉献中，体现在不断的自我修养和提高中，体现在学生对教师的真诚热爱中。具体而言，教师的幸福具有三方面的内涵：

（1）教师的幸福是物质与精神相统一。幸福既不是纯粹的精神体验，也不是单纯的肉体感官的满足，幸福在本质上是一种物质与精神的统一。禁欲主义无视人的感观满足，鄙视人对物质生活的追求，它从本质上歪曲了人类幸福的完整内涵。一直以来，人们把教师比喻为“春蚕”“蜡烛”等，更多的是强调教师的精神层面上的奉献。事实上，教师也是人，是最基本的人，不是神，也有自己的喜怒哀乐和各种需要。所以，不能否认，基本的甚至较为充分的物质条件是实现教师幸福的必要物质基础。当然，教师的幸福更在于它的精神性。这种精神性就是社会对教师价值的认可和教师在辛苦的劳动付出之后能够受到社会以及人们的尊重。

（2）教师的幸福是享受和劳动创造相统一。人不同于动物一个重要的方面就是人不仅是单纯的享受者，更要自由自觉地创造和劳动。因此，幸福不仅仅是静态的享用，更是一种动态的创造。也只有在劳动创造中，人的生存、享用和发展三个层次的需要才能依次得到满足，人类需要的自然本质和社会本质才能最终统一。幸福是人人都向往和追求的，但并非人人都必然获得幸福。获得与感受幸福都是一种需要磨炼和培养的能力，教师的幸福更是这样，它不是必然的，而是具有给予性和被给予性的。对自己生存状态的体会构成教师的幸福感，而这种幸福感的产生又是建立在对幸福的正确认识基础之上、建立在艰苦的劳动付出之后的。

（3）教师的幸福是自我实现和真诚奉献相统一。教师职业具有巨大的奉献价值，但是，教师的教育活动又绝非对自己生命的消耗，而是凤凰涅槃般的重生。教师的价值和才能在劳动中得到体现和展示，在劳动、创造、奉献中保持教育生命的鲜活和永生。尽管教师职业辛苦，但这却是一种不断超越自我的活动，是一种自我实现的表达方式，是一种生命的高峰体验。

总而言之，教师的幸福就是教师在自己的教育工作中自由实现职业理想的一种教育主体生存状态。教师的幸福也称为教育幸福，教师对自己生存状态的意义的体会构成教师的幸福感。

3. 教师应追求可能的生活

赵汀阳在《论可能生活》一书的序言中说，人的行为是为了构成某种有意义的生活而不是别的。但是，随着社会机制日益发达，尤其是现代的生产、分配和传播制造了大量的表面目标和利益而掩盖了生活的真正意义，各种体制和标准把生活规划为盲目的机械行为，人们在利益的获得中失去了幸福，在社会规范中遗忘了生活，就好像行为仅仅是为了实现体制的规范目标的行为，而不是为了达到某种生活意义。社会成功了而人失败了，这实际上是人们面对生活事实时，用社会观点而不是使用生活观点去进行最后解释。这种以程序合理性（形式）去回避或掩盖实质合理性（内容）问题是现代社会的特征，这种现象在法律规定、管理制度、教育体制、考试标准、审查制度中比比皆是。虽然生活总是社会性的，但社会只是生活的必要条件，而生活本身的意义和质量才是生活的目的。在社会机制中，生活决不意味着为了社会机制而生活，那样就失去了生活的本意。所以，现代社会是个“喻于利”而且见利忘义的小人社会，为了给小人社会建立秩序，制度问题变成了首要问题，以至于现代社会的弊端已经积累到了几乎完全毁掉了生活的幸福的地步，人们在空虚的快乐中饮鸩止渴，幸福和德性的问题才卷土重来。其实，生活的目的就是为生活本身着想，那么，追问生活的意义就是追问什么是任何一种可能生活所追求的生活效果，这一效果就是每个人都知道的而且是人人最想要的“幸福”。只有当个体找到适当的方式自由（合目的性与合规律性）、成功地实现了自己的生活目的时，才会获得真正的幸福和幸福感。

第六章 对教师的应然生存状态的研读

本章从哲学角度对教师的应然生存状态进行分析。人来自于物，却又不是物；人有着动物的生命体，但又不等同于动物的生命体。人不满于种生命支配的本能生活，人的生活是经过理解和策划的有意义的生活。因此，人能够主宰自己的生命，能够自主地支配自己的生命活动。

人是生活中的人，是现实的人，也是孕育着可能生活和追求可能生活的人。关注人，关注人的生活，是人类一切活动领域的根本目的和出发点。人类实践活动的终极目的无不指向着使人成为人，使人过人的生活，过更好的生活，使人的生命有价值，即实现人的价值生命！

——赵汀阳

一、何谓“应然”

存在于现实中并关怀存在的未来性，这就是关于教师生存状态研究的意义所在。生活事实的特殊性就在于它的未来性不是自然运行的结果而是人类设计的结果，对于人类生活而言，现实只是未来的一个必要条件而非充分条件。[①] 对于人，面临着“应然”的问题。什么是“应然”?“应然”是非必然的，它不是以不可抗拒的、强制的形式，而是以呼吁、说服的形式作用于人的。应然性其实对于人来说就是其感受中的内在的必然。应然就是揭示人领会事物意义的根据，它得出的不是含混的、事实上的、从外部强加的“显见性”，而是对于意识来说，是清澈透明的、有说服力的“显见性”。人类的实践生存绝不是单纯的试错过程，人类的每一个实践活动自身都蕴含着人类的某种形上诉求，人永远想过得更好，对这种终极性的价值追求是不能不存在的。如果人类没有对更好的东西的追求，人类的实践活动本身就会像一潭死水一样失去了内驱力和生命。因此，应然性更是一种内在的说服力。

① 赵汀阳．论可能生活［M］．北京：中国人民大学出版社，2004.7.

不容忽视的是，中学教师的现有生存状态存在诸多令人不容乐观的地方，但是，我们也应该理性而客观地看待这一现状。所谓人的本质，在其现实性上“是一切社会关系的总和”，中学教师的生存状态也是现实社会关系的综合产物，受教师个人的、社会的、学校的以及学校的文化的等多个层面的多种因素的交互影响，大到时代背景、社会背景，小到社区环境、学校文化、课堂气氛等，对教师的生存状态都有重要意义。

凡是现实的东西都是令人不满意的，感情用事或许是好的生活态度，但却是坏的理论态度（这两者经常被颠倒使用，其危害就如同某人需要实际帮助时我们却给予他同情，而他要独立行事时我们却又插手一样）。无论是社会的发展还是教育的发展，必然要支付一定的成本、付出一定的代价。或者说，中学教师现有的生存状态正是这一时代特质的表征，是当前社会关系的总体效果。然而即使这样，我们也十分有必要澄清“中学教师的应然生存状态”这一概念，不仅是为了让人们了解中学教师的理想的生存状态是什么，更是为了进一步探求我们需要从哪些方面做出切实的努力，我们要存在于现实中并关怀存在的未来性，毕竟“人是他自己的最终的目的”(康德)。“没有任何事物比人的存在更高，没有任何事情比人的存在更具尊严。”① “人不能只靠面包活着”“人被宣称为应当是不断地探究他自身的存在物——一个在他生存的每时每刻都必须查问和审视他的生存状况的存在物。人类生活的真正价值，恰恰就存在于这种审视中，存在于这种对人类生活的批判态度中。”② 那么，怎样的生存状态才是更理想的、应然的状态？马斯洛指出，完全成熟的人是真正的、自我实现的、个性化的、创造性的、健康的人。当人的认知行为由“成长激发”时，它不倾向于“需要缓解”而更趋向于自我实现、丰满人性，更趋向于表现、更无我、更以真实为中心。这种观点的潜在含义就是：“一旦我们个人的问题得到解决，我们就能真正为世界而对世界感兴趣。”③ 看来中学教师的理想生活状态应该是走向“可能生活”（指个人面向未来的发展可能性，主动筹划的理想生活）。在时

① 〔美〕埃里希·弗洛姆．为自己的人［M］．孙依依译．北京：生活、读书、新知三联书店，1988.33.

② ［德］恩斯特·卡西尔．人论［M］．上海：上海译文出版社，1985.9.

③ ［美］亚伯林罕·马斯洛．马斯洛人本哲学［M］．成明译．北京：九州出版社，2003.113.

态上，可能生活与过去已有的和现在已经实现的生活是相对的，它是个体所面对的未来生活，这种未来生活是他经过明智选择和精心设计各种发展可能性而得以展现和规划的生活前景。在性质上，可能生活与现实生活是相对的，这种生活不是对过去已有生活的机械重复，也不是对现实生活的自然延续，而是个体在主动地理解已有文化成果和现实生活内容的基础上主动选择和创造的生活。也就是说，教师的理想生活应该是在超越人的基本生理需要的基础上的能够体验存在性价值的高级需要的满足。所以，把教师当“人”看（把“人”当“人”看），在满足他们基本生活需要的基础上，更要关注他们的存在性价值的需要，使他们逐步趋向于马斯洛所说的自我实现的人、完全成熟的人，这才是中学教师的理想生存状态。

（一）以“人”的方式来认识“人”

我是一个人，
与其他人别无二样。
我能看见，我能听见，
我会吃，我会喝，
与动物也无区别。
但我只是我自己，
我属于我。
而不属于其他任何实体，
也不属于其他任何人；
我不属于天使也不属于上帝，
因为我与上帝同为一体。

——艾克哈特大师《断片集》

弗洛姆说，每一个人都代表着全人类，他是人种的一个特例。他是“他”，且他是“全体”；他是具有他的独特性的个体，在这一点上他是唯一的，而与此同时，他又是人类全部特征的代表。世界上没有两片相同的树叶，也没有两个相同的人。这不仅表现在人的身体特征上，更表现在人的精神特征和个体行为习惯上。人的精神特征的独特性主要表现为认识背景的独特性和认识结果的独特性。人的个体行为习惯上的独特性主要表现在人们在面临一种刺激时，作出的反应的方式和强度不同。人存在的独特性也为其生活世界涂上了个性的色彩，每一个人的生活世界都是独特的，不同的事物和事件在每个人的生活世界中被解释为不同的意义。人的独特性和其生活世界的独特性是不可丧失，也是不可让渡的，否则，人就被他人或社会力量异化了。

1. 人是“种生命”和“类生命”的双重存在

人虽来自于物，却能超越于一切物之上，人是生命存在，却又超越了生命的局限。人就是这样一种仿佛来自两个世界、生活在两个天地，既近于禽兽又类于天使，身上充满了“二律背反”式矛盾，既“是其所是”而同时又“是其所不是”的那种存在。① 高清海教授指出，我们对人的认识要突破“物种”的认识逻辑和方法，用人的方式来认识人，把人在本性上与动物区别开来，确定人的两种生命观。动物的生命是前定的，总是先在规定着后在，动物的生命、动物的本性，与后大的活动没有直接的关系。但人的生命则不同，他是靠后天的活动来成长的。马克思说：“一旦人们自己开始生产他们所需的生活资料的时候，他们就开始把自己和动物区别开来。”马克思以实践的观点来考察人的本质，认定“个人怎样表现自己的生活，他们自己也就怎样。因此，他们是什么样的，这同他们的生产是一致的”。所以，人的本质是在实践活动中由自己创生的，人是自己本质的创造者。

人来自于物，却又不是物；人有着动物的生命体，但又不等同于动物的生命体。动物的生命是单一的“种生命”，人的生命不满足于种生命支配的本能生活，人的生活是经过理解和策划的有意义的生活，因此，对于人，他不只满足于为生命存在而“活着”，而且还追求理想和自我价值的“为什么活着”“人生的目的和意义”。这说明，人已经突破“种生命”的局限，去追求具有价值和意义的“超生命的生命”。马克思将这种依靠自身的实践活动，创造了自身独有的“超生命的生命”叫作“类生命”。如此看来，人是双重生命的存在，既具有和动物共有的“种生命”，又具有自己独特的“类生命”。种生命是自然的生命，是物种所在先设定的本能生命，因此，

---

① 冯建军．生命与教育［M］．北京：教育科学出版社，2004.1.

它是自在的生命，它为每个生命个体所承载。类生命是自我创生的自为生命，它是社会历史积淀的文化、科学、智慧等在个体身上的反映，因此它是精神的生命、智慧的生命和价值的生命。对动物来说，种生命就是它的一切，动物的种生命是什么样的，它就怎样表现它的活动，所以，动物的活动和它的生命是统一的，就是它的本能体现。对动物来说，它们没有对价值的追求，它们没有对昨天和明天的区分，没有对已为和应为的区分，没有本能和意义的区分，活着是它们唯一的追求。人具有双重生命。人的种生命从形态上来看，与动物相同，是自然给予的，它与身结为一体，遵循生物体的运行机理和规律，有生有死，是有限的生命，并非人的意识和意志所能支配的。每个个体都是一个自然的生命体，在种生命上没有太大的差异，甚至没有差异，但后天所造就的社会人，其类生命却有巨大差异。这说明，人的类生命已经超越了种生命的有限性，而走向无限，获得自我创造、自我规定的自为性。从这个意义上说，人能够主宰自己的生命，他能够自主地支配自己的生命活动，这就是类生命的本质。

对人的本质的考察，人们长期以来使用的是“二分法”，从而陷入了“肉体与灵魂”“物性与超物性”“生命与精神”“实然与应然”“野兽与天使”的争论之中，按照这种“非此即彼”的思维方式，无法认识“是其所是，是其所不是”的矛盾性的人。所以，对人本质进行考察最适合的方式是运用复杂性理论。法国的埃德加·莫兰（Edgar Morin）在《复杂思想：自觉的科学》一书中考察了生物的复杂性，在《迷失的范式：人性研究》一书中考察了人的复杂性，对我们系统地认识人的双重生命的复杂统一性，有着重大的启示。

莫兰把复杂性的第一要义归结为系统和整体性。“复杂性从系统的存在开始。系统意味着在一个整体中不同元素的相互关联，这个整体因此成为一个复杂的统一体。”① 系统的复杂性表明，整体具有孤立的元素所没有的特性，元素离开了整体就失去了整体的品性。对于人的生命而言，它由作为人的生命的种生命和类生命组成。种生命和类生命并非两个生命，它们在人身上也不是单独存在的。它们与人的关系是“三位一体”的关系。种

① ［法］埃德加·莫兰．复杂思想：自觉的科学［M］．北京：北京大学出版社，2001.235.

生命或类生命任何一个脱离了人这一整体意味着他不再是人，而分别是“物”或“神”。人的自我意识使人总是处于二元分裂的世界之中，但人一直在不断地努力克服分裂，在分裂中寻求统一，达到一种完整，这就是马克思提出的“总体的人”的理想——作为一个完整的人，占有自己的全面本质。

复杂性的第二要义是自组织。莫兰把生物的基础单位细胞比作“奇异的自动化工厂”，把人的生理成长比作“自然的自动机”，指出“生物系统是一个持续的自我产生或自我创造的过程，或者说持续的再组织的过程”。“自组织”成为生物复杂性的核心。① 自组织就是面对无序、“噪声”和差错，排斥或吸收它们所产生的熵，完成自我的更新。生物学的研究表明，作为生物体，其生命具有自组织性。其实，人的类生命也具有自组织性，因为类生命不是前定的、先在的，而是随着人的社会实践活动所不断地创生的、处于历史变化中的“自我规定”。换言之，人是自身活动的创造者，是自己命运的主宰。人作为双重生命的存在，种生命代表一种实然、一种现实，类生命代表一种应然、一种理想，人的整体生命的发展，就是实然和应然的否定性统一，即人为了追求应然，不断地否定自身，超越自身的存在，而达到一种新的应然。超越性是人的生命发展的动力，是使人不同于单纯的生物体的自组织性。正是凭着“超越”这一自组织性，人的双重生命才能够获得再生性。

复杂性的第三个要义是复杂性伴随着无序、“噪声”和差错而运转，表现为矛盾和悖论。无序是一种偶然性，它不服从于系统、组织预先确定的模式。噪声是指任何改变信息的传输或使之模糊的干扰。差错是任何相对于信息来源的不准确的信息接受。对人造机器而言，其元件之间是严密组合的，任何的无序、噪声和差错，都可能增加系统的熵，导致系统的破坏、退化和解体。但对生物来说，因为它的自主、灵活性，它便能容忍一定程度的无序、噪声和差错，而且“生物系统愈是进化，愈是复杂，它愈是在本身包含着无序、噪声、差错”。这三者在生物体的自组织中，起到更新的作用。正是因为噪声、无序和差错伴随着生物体的发展，复杂性又表现为

---

① ［法］埃德加·莫兰．迷失的范式：人性研究［M］．北京：北京大学出版社，1999.99.

矛盾和悖论，生物体是建立在矛盾和悖论的基础上来发展它的新品质的。

人的生命就处在矛盾和悖论之中。人是物，却又不是物；是生物体，却又不能把他当作生物体。生死是必然的，生命是有限的，但人总是通过自己的创造活动，超越有限、虚无和死亡，在有限中追求无限、永恒的意义。人从“历史”中来，生活在现实中，但他却面向未来，把未来、明天作为人生的期盼而时刻不会放松。就这样，“自然性与超自然性、有限性与无限性、历史性与超越性等，这些互相对立的两极性矛盾关系便在人身上同时存在，并且两极相通，共同构成人的生命的有机组成部分……人的生命不存在于任何一极，而是存在于这些环节的否定性统一之中”。所以，以人的方式看待人，人既不是物，也不是神；但他既具有物的被动性，更具有神的自由性，他处于动物和神之间；他虽然是一个物，具有物的被动性，但又在不断地向着神性越升。人是一个双重存在，是物性与神性、冲动与精神、种生命与类生命的二律背反。

2. 人是“超越性”的存在

人的生命与动物不同，动物的生命是单一的，因而是特定化的、固定的、封闭的，但人是双重生命的存在，他生活在一个二律背反的“张力网”中。一方面，人“直接是自然的存在物”，来源于大自然，生存于大自然，适应于大自然，是大自然的一部分，在其生命中渗透着大自然的力量，有着动物的“物性”与被动性。另一方面，人的生命本质是不确定的，大自然在造人的时候，只完成了人的一半，另一半只好由人自己通过创造性的活动来完成。生理的短缺，环境的压力，使创造成为人的天性。人无时无刻不在为超越生存的局限性以及成为一个“创造者”的愿望所驱使，无时无刻不在内心激荡着一种趋向自由的力量、热情，这就是来自于人的生命的特有的“超越性”。人是唯一能够“是其所是”和“是其所不是”的存在物。人要超越现实的“是”，追求理想的“不是”。人就是一个这样的永远的不满足者，直到生命停止的最后一刻，他才会停止对这种超越的追求。

人是不确定的、可能性的存在，他生活在希望之中。布洛赫（Ernst Bloch）在《希望的原理》一书中指出，人借助于自身的主动性与超越性，为自身创造他的未来，他的生命进程就是不断地走向一个他所期待的目标。所以，布洛赫（Ernst Bloch）认为人的希望是人性的根本，而希望的基础则是人永远“指向前面的意向”，即不懈地自我超越。我国青年学者贺来也认为这种超越现实、追求理想的精神是人的本性，他称之为“乌托邦精神”。所谓“乌托邦精神”，是人类对超越现存状况的价值理想不懈追求的精神。乌托邦精神是人的根本精神。① 人的超越性是人的双重生命、双重生存方式的反映，它是人的生命本性的需要，同时又在实践活动中得以实现。实践是一种认识和改造客观事物的活动。在实践活动中，人不仅改造了社会物质生产条件，生产了满足自身生存的物质资料，同时也改造了社会，生产了属于人的社会关系。在改造外界的物质生产、社会物质生产条件的同时，人既不断地重构人的世界，又不断地重构人的本质。只要生命存在，人总是要进行实践活动，在实践活动中，人超越了现实，超越了既有，向着新的目标，为着自己的未来而前进。人生活在自然中，却要不断地超越自然对人的限制，创造超自然的价值生活。人生活在“历史”与“现实”之中，但他却向往着未来，不断地为未来做准备。人是一个现实的存在，是一个既定的生命，但人对自身总是不满意的，于是，就在可能性中追求一个永远“不是的我”。人是有限的存在，死亡是生命的必然，但人在追求着无限，追求着永恒，给有限赋予无限的意义。就这样，自然性与超自然性、历史性与未来性、现实性与可能性、有限性与无限性，这些相对立的两极在人的生命中同时存在，人的生命不存在于任何的一级，而存在于这些环节的否定性中。人如果没有来自生命深处的超越性，人就降格为动物。张曙光在他的《生存哲学——回归本真的生存》一书中说：“所谓本真的、原初的生存，并非时间上无限上溯的人的原始生存状态，而就是指生存的这样一种基本性质：它总是趋向于作为“目的”的生存自身，趋向于更好的生存。”②

中学教师首先作为人，具有双重生命的存在，即种生命和类生命。他们有保全种生命（自然的生命）这一本能生命、自在生命的需求，但作为精神文化的生产者、传播者，他们更追求自己的类生命，即自我创生的自为生命、精神的生命、智慧的生命和价值的生命，他们比其他人群更多地

① 贺来．现实生活世界——乌托邦精神的真实根基［M］．长春：吉林教育出版社，1998.

② 张曙光．生存哲学——走向本真的存在［M］．昆明：云南人民出版社，2002.187.

追求超越种生命的有限性，而走向无限，获得自我创造、自我规定的自为性。从这个意义上说，教师的理想生存状态应该是能够自主地支配自己的生命活动，不断地否定与超越现实，成为自己生命的主宰，成为自身活动的创造者，逐渐趋向于完全成熟的人，即真正的、自我实现的、个性化的、创造性的、健康的人，趋向于自我实现、丰满人性，更趋向于表现、更无我、更以真实为中心。这应该是教师生存状态的最高境界。

教师生活世界应该是什么样的？要理解教师的生活世界，首先就要了解人、生活世界、教育三者的本质及其之间的关系。教师作为教育中的人，他的生活世界应该是多维度的，但在众多的维度里，“人”这个维度应是最基本的维度，其他一切对教师的释义如“教育者”都应以“人”的存在为前提。“人的独特之处在于人是符号动物，最代表人的本性的是人的文化，因此，我们只有进入文化世界才可能认识人，文化是人类把握世界的基本方式。”据此，孙正聿老师把人的世界分为“三重世界”，即“自然世界”“文化世界”和“意义世界”。人从“自然世界”向“文化世界”和“意义世界”的转变过程，就是人的“自我超越”的过程。他对人的“三重世界”的划分，是从人本身的纵向发展角度出发的，说明了每个个体都有发展的需求，每个个体都充满了对“真善美”世界的向往和“有意义的生活”的追求，是一种内在的自主的发展。

这“三重世界”正好与教师发展的方向不谋而合，教师由“普通人”向“知识人”进而向“教育人”的转变，正是依赖于其所拥有的知识。教师因拥有的知识结构和参与知识的方式与众不同而有别于“普通人”，从而成为“知识人”。教师在参与知识的过程中，获得了丰富的个人实践知识，在反思提炼的基础上形成具有实际意义的实践知识，然后利用自己创造出的个人实践知识去影响人、感化人，培养出新一代的公民，从而成为“教育人”。教师就是在占有、消费、传递、生产知识的过程中不断超越自我而获得发展的，即实现从“生存”向“生活”的转变，实现从“普通人”向“知识人”再向“教育人”的转变。“知识人”区别于“普通人”，在于他的知识；而“教育人”区别于“知识人”，在于他对知识的独特的创造性——培育新一代公民。但不管教师处于哪一个层次，不论是“知识人”，还是“教育人”，都必须以“普通人”的“完整发展”为前提。在“人的世界”

里，教师的发展是自在、自为、自由的，没有矫情，不必伪饰，真情自然流露，生命自由舒展，一切都自然而然，顺理成章，教育也就这样发生了。诚如宁虹老师所说，教育就是一种召唤，就像爱和友谊一样存在于情感体验中，存在于真实的情境中。

教师作为教育中的人，他又是一个职业人，其生活世界还应包括“教育的世界”，这是从横向发展的维度来看教师的世界的。在“教育的世界”中，教师处于一个庞大的关系网络中，如教师与家长、教师与学生、教师与同事、教师与学校的领导、教师与体制等的关系。在“教育的世界”中，教师在各种关系中扮演着各种各样的角色，这种角色是社会赋予教师的，并随着社会的变迁和发展而不断变化，这种角色是外在于教师的。在“教育的世界”中，强调的是教师对学校的贡献、传授知识的精确度和效率、对体制的服从度，强调的是规训和教化，强调的是奉献和牺牲。总之，教师的生活世界是一个包含了“人的世界”和“教育的世界”的双重世界；是一个包含了灵魂与肉体，道德与欲望，情感与意志的世界；是一个自由、自主却又充满了规训和教化的矛盾的世界。

（二）以满足“人的需要”的方式来满足“教师的需要”

人都具有否定性和超越性，但它们来源于人的需要，需要是人的本性。在社会中，作为“人”的人有多种多样的需要，因而，这些需要具有社会的普遍性。中学教师的应然生存状态是与其“需要”紧密相关的，是在“需要”中期望着、追求着的。

1. 关于“需要”的基本理论

（1）基本含义

需要是维持个体与社会生存的必要事物在人脑中的反映与感受，通常以缺乏感和丰富感被人们所体验，并以愿望、理想等心理活动方式反映出来。需要是人的积极性的源泉，人的活动的积极性源于他的需要，由此可以认为，需要是人的个性积极性的动力系统。从心理学角度来看，需要是人对其生存和发展所必备的客观条件在头脑中的反映及需求，是人的一切活动和行为最基本的动力和源泉。马克思在《德意志意识形态》一书中指出，人们为了能创造历史，必须能够生活，首先就需要衣、食、住以及其他东西。因此，人的第一个历史活动就是生产满足这些需要的资料及生产物质生活本身。同时，需要在社会发展过程中不断更新和发展。马克思又接着指出，已经得到满足的第一个需要本身、满足需要的活动和已经获得的为满足需要用的工具又引起新的需要。在人的生活中，需要是连续不断地产生的，人类的历史就是在不断产生新的需要和创造满足需要的客观条件中发展的。

（2）一般分类

人的需要具有多样性。按照需要的起源划分，它可以分为生理需要和社会性需要。生理需要是人先天就有的，反映了人对维持有机体生存和延续所必需的客观条件的需求，如食欲、性欲、趋利避害等需要。社会性需要是在生理需要的基础上、在社会化生活中形成的，如交际、学习、尊重、劳动、创造等需要。按照需要的对象划分，它则可分为物质需要和精神需要。精神需要是在一定物质需要的基础上发展的，人类越进步，精神需要就越多、越高。按照需要的作用划分，它可以分为生存需要和发展需要，前者是后者的前提和基础。当人的生存需要得到满足以后，发展需要对于人来说就尤为重要。马克思主义中关于人的全面发展的观点，提示了人的发展需要的丰富内涵。

人的需要具有复杂性，主要表现在人的需要构成了一个需要诸要素间相互联系、相互制约的层次结构系统。美国著名心理学家马斯洛的需要层次理论受到普遍的认可。他按照需要的重要性和发生的先后顺序，把人的需要由低到高分为五个层次：生理需要、安全需要、社交需要、尊重需要和自我实现需要。他认为生理需要是最强烈、最迫切、最普遍的需要，当这种需要得到满足后人才会产生安全需要，继而产生其他需要。如果低层次需要一直处于得不到满足的状态，较高层次的需要就不会产生。虽然马斯洛这种需要层次结构存在着某些局限性，但对于系统研究人的需要问题具有重要的意义，因而得到了广泛的认可和应用。

美国心理学家大卫·麦克利兰认为，人的生存需要基本得到满足后的需要主要有三种：成就需要、权力需要和亲和需要。成就需要使人事业心强，内在动力足；权力需要对工作成功有重要作用；亲和需要从某种程度上可以提高工作效率。[1]

美国著名哲学家、精神分析学派心理学家埃里希·弗洛姆对人的需要进行了比较细致的分析，他认为人除了生理需要外，还有另外一些较高层次的需要。第一，定向和献身的需要。弗洛姆认为，具有自我意识能力的人需要把这个世界构造成一种具有内在连贯性的总图景。弗洛姆说："他需要一个献身的对象成为他的全部欲求的焦点和他的全部有效的——不只是人们自封的——价值的基础。这个对象把他的各种能力朝一个方向汇聚起来。它使他振奋，使他超出自己具有其全部疑虑和不安全的孤立的生存，而且赋予生活以意义。"[2] 第二，根性。这就是说，每个人都需要帮助，都需要关照和呵护。人的诞生使人脱离了自然的襁褓，可是他仍然力求与自然结合。第三，爱的需要。人渴望与他人结合，实现这种愿望的最重要的途径是爱。弗洛姆指出，实现人的精神的健全依赖于一种迫切的需要，即同时与他人结合起来的需要。这种需要促成了所有亲密关系与情感，这些在最广泛的意义上可以称之为爱。第四，超越性和创造性的需要。弗洛姆指出，人并不满足于处于一种偶然性和变动性的状态，他需要做一个"创造者"，所以，创造性也是一种需要。人的超越性需要激发了人的创造性需要，而创造性需要的满足又可以使人真正感到自己超越了生物界。第五，统一性的需要。弗洛姆认为，人有在自身和自然界以及人的世界之间确立一种统一性的感觉的需要。体现人的统一性的需要的正确途径不是通过根除和麻痹理性，而是通过全面发展、爱和创造性的力量，使人达到统一性。第六，有效用的需要。弗洛姆认为，如果人能够满足自己有效性的需要，他就需要一种身份感。也就是说，人必须感到自己是有效的和有用的，这样他才能觉得生活有意义。第七，兴奋的需要。弗洛姆认为，人需要体验某种最低限度的兴奋，只有这样，人才能有爱的需要、创造性的需要和有效用的需要。

(3) 影响因素

由于人的需要受客观环境、教育、个人主观因素的影响和制约，不同

---

① 陶志琼．教师是谁——教师教育哲学导论［M］．北京：中国文史出版社，2004.45.

② ［美］埃里希·弗洛姆．人性·社会·拯救［M］．上海：上海人民出版社，1989.578.

人的需要倾向是不同的。尤其是人的需要及其满足程度、需要的发展主要取决于社会生产和生活条件的发展。人的需要是在社会生产、生活条件发展的过程中，在人们的相互影响中不断发展的。人的需要促进社会生产的发展，社会生产条件又制约着人的需要的实现程度，因此，研究人的需要理论具有非常重要的现实意义。人各方面的需要是客观存在的；人的需要是多层次的，并且人的低级层次得到满足后，一般会向更高层次需要发展；人的需要实现程度主要取决于社会生产和经济条件状况；人的需要层次的高低以及实现程度不仅体现了个体人的自身价值，同时也体现了社会价值，积极的、合理的需要的实现有利于促进社会的发展。

2. 中学教师的需要

一般而言，我们认为教师的需要主要包括第一需要、活动需要、成就需要、责任需要、评价需要①、尊重需要及提高与发展的需要。我们应该看到，主体的需要是多种多样的，与之相应的客体满足主体需要时产生的价值也是多种多样的。这里的需要，指的是“作为总体的人的社会性需要，是作为有机体的社会生存、发展并发挥其职能的各种需要，是社会的人强烈地追求自己对象的本质力量和机能”②。从主体需要的表现和实现过程来看，主体有现实需要和潜在需要。人的现实需要是指已在现实活动中得以表现的需要；人的潜在需要是指潜藏在个人身上而没有在现实活动中得以明确表现出来的需要。具体到教师这一社会角色，其现实需要包含生存需要、认知需要、道德需要和情感需要；潜在需要是指超越的需要。对主体需要的这种划分，体现了人作为主体的内在特性：“为我目的性（主体以自己的需要和目的作为他能动活动的起点和归宿，并力图使客体按照人的目的同他发生‘为我’关系）；主观应当性（主体基于自我需要、理想目的来追求他所认为应当的即理想的东西）；实践活动自由自觉的创造性；超越性、自主性和选择性。”③ 教师的生存需要表现为教师对功利的追求；认知需要、道德需要和情感需要表现为教师对真、善、美的追求；超越需要表

① 教师比较重视肯定评价、公正评价、专业评价、学生评价、领导评价和社会评价。

② 李连科．价值哲学引论［M］．北京：商务印书馆，1999.216.

③ 韩庆祥，邹诗鹏．人学——人的问题的当代阐释［M］．昆明：云南人民出版社，2001.265.

现为教师对自身的超越的追求。

（1）中学教师的现实需要

① 中学教师的生存需要

教师的生存需要主要表现为在生活中教师对功利的追求。许多人忌讳讲“功利”这个问题，认为这一定是对个人主义和利己主义的一种宣扬，其实这是一种错误的认识。所谓功利，“就其主要方面而言，是指客体满足人的物质需要的意义”[①]。当一个人选择教师作为其职业时，无论他对这个职业有多么崇高的追求和热爱，其前提都必须是他能依赖于这个职业生存下去并获得社会对教师职业的认可和保障。所以，这个“物质需要”除了指教师赖以生存和发展的物质基础外，如工资水平、社会福利、工作条件，还包括教师这个群体所要求的基本的精神因素，如教师对自尊、荣誉的需要，对教师基本权利和社会地位认可的需要等。而且“物质需要”随着社会的发展与进步，也在朝着更高层次发展，这些都是正当的需要，应该适当地满足。

我们从教师专业化发展的进程中可以看到，在 20 世纪六七十年代，各国开始意识到教师在教育质量提高的过程中的重要作用，开始意识到“当工资水平不具有吸引专业化教师的能力时，仅仅用专业化的标准作为职业准入和优化的条件是远远不够的”[②]。因此，世界教学专业组织试图通过建立各种教师专业协会和举行声势浩大的罢工来提高教师的工资待遇，改善教师的地位，这在一定程度上为教师争取了更多的生存权利，满足了教师的基本的生存需要。但是，由于生存需要本身的基础性和低层次性，生存需要的满足只是教师生活的基础，不是教师生活的全部，不能成为教师发展的根本目标。回顾教师专业发展的历程，我们可以看到，试图通过改善教师的社会经济地位来推动教师专业化发展的目标并没有实现，教师自主权的扩大，并未有实质性的进展。

如果教师对功利的追求绝对化或者说把手段目的化，就会导致“教师价值取向上的偏差”，即主体没有正确认识客观事物与条件、没有正确认识

---

① 袁贵仁．价值学引论［M］．北京：北京师范大学出版社，1991．116．
② 康宁．重要的是机制创新［J］．教育参考，2002，（1）．

自己的真正利益，就会做出不符合事物本身的性质或自身利益与需求的选择，如有的教师把自己的工作视为谋生的手段，把教师职业当作临时的跳板，利用学生家长的关系谋取私利等。物质利益的驱使导致教师不愿为工作付出努力和汗水，又何谈在教师专业化发展中得到快乐和幸福呢？那么，当教师满足了自身基本的生存需要时，促使其专业化发展的现实需要还有哪呢？

② 中学教师的认知需要、道德需要和情感需要

认知活动、情感活动和意志活动是人主要的心理活动，从心理层面上看，人的内趋力也主要包括认知力、情感力和意志力。人在这种内趋力和心理活动中产生三种心理需要，即认知需要、情感需要和道德需要。知、意、情与人外在追求的三种理想境界——真、善、美是一一对应的，所以，人的认知需要、道德需要和情感需要主要表现为人对真、善、美的追求。真、善、美是哲学领域里的三个范畴，所以，我们需要弄清楚如何对这三者进行界定及它们之间的关系。

“真”是指“主体对客体及其规律的真实的、正确的反映，是主体认识客体的一种理想”。“真的本质在于合规律性，即主观符合客观，主体和客体在观念形态上达到统一。”[①] 实现“真”是人把握世界的基础，也是实现“善”和“美”的前提。教师的认知需要推动着教师对“真”的追求，表现为教师虚心刻苦、学而不厌，不断提高自身的业务水平，关注本专业知识的拓展和应用，关注教改动态和新课程的实施状况，了解学生身心发展的特点，逐渐形成适应时代要求、专博相济的知识结构，从而实现教师学科知识能力专业化和理论素养专业化。教师对“真”的追求体现了教师主观认识客观的一种态度，实质上是教师“自我更新”的专业化发展意识在其成长过程中的体现。如果教师具备了“自我更新”的专业化发展意识，他就会把自身的发展当作自己认识的对象和自觉实践的对象，就能够自觉地进行学习，进行自我发展管理，从而真正地实现个人专业化发展的自主。教师对“真”的追求是教师个人精神生命成长发展中的一个重要部分，在这种内在需要的推动下，教师能够对自己进行认真、持久的内部反省，从

① 袁贵仁．价值学引论［M］．北京：北京师范大学出版社，1991.122.

而对自己产生客观的认识，充分发挥自己的知识、才能，进而获得他人和社会的承认和尊重，保持自信和从容。

“善”是指“人与人之间关系的一种价值关系，善的本质在于合目的性，也就是客体符合主体目的，是主体改造客体的一种理想”[①]。“善”体现了人的要求与外部世界现实性的统一，比“真”又高一个层次。教师的道德需要表现为教师对“善”的追求，是指教师遵循客观的教学规律，通过正确处理师生和师师关系，达到爱护学生、团结执教的目标，实现对自己的职业良心和社会责任感的满足，追求一种和谐、崇高的境界。教师对“善”的追求主要体现在教师劳动中两对基本关系的处理，即教师与学生、教师与教师之间的关系。师生关系是教师人际关系中最基本的关系，师生之间的交往最关键的一点就是理解——人对人的理解。只有在相互理解的基础上，师生之间才能做到平等相待，才会有情感的沟通和交流，才会有相互的尊重和爱。台湾教育家高震东先生说过，爱自己的孩子是人，爱别人的孩子是神。而教师这一职业事实上就是要求教师做“爱别人孩子的神”。所以，教师对“善”的追求就体现在对学生倾注自己全部的心血，通过彼此心灵的交流，帮助学生进入到“一种不断构建精神世界，不断改造自我的运动过程”[②] 中，在这个过程中，教师会从教育对象身上看到自己的劳动成果，进而用心去体验这种幸福。在教师和教师之间的交往中，教师对“善”的追求主要体现为公正地对待同事、领导，协调不同的教育职能，营造教师群体良好的心理氛围，建立一种民主合作的新型人际关系，为能动地、创造性地进行教育活动管理工作而互相配合，紧密合作。当教师“为同情、宽容和公共利益的关心与投入奠定基础，在明显达成共识的道德与伦理原则的基础上，以关心为其核心，展示教师应该追求的合作文化”[③]时，就体现了教师人际关系的优化对教师专业化发展的积极意义。教师对“善”的不断追求，奠定了教师专业化发展的道德基础，同时，教师也获得了较强的心理安全感和心理认同感，对自己的生活充满热情，有更宽广的

---

① 袁贵仁．价值学引论［M］．北京：北京师范大学出版社，1991.123.

② 金生鋐．理解与教育：走向哲学解释学的教育哲学导论［M］．北京：教育科学出版社，1997.176.

③ 张贵新．对教师专业化的理念、现实与未来的探讨［J］．外国教育研究，2002，(2)．

胸怀，在此基础上才会有崇高的追求。

“美”是指“人的本质力量在客观对象中合乎人性的实现或对象化。它表示的是人的活动及其成果同人的本性的一致，是对人的自由肯定形式”[①]。在人的认识实践活动中，“美”比“真”和“善”处于更高一级的层次，“只有当人掌握了客观世界的规律，实现了自己的需要和目的，创造了规律与目的相一致的感性对象，才可能有美的存在。”[②] 对“美”的追求是高层次的精神需要，这不仅关系到教师的道德人格建设，而且关系到教师的工作与生活质量。教师对“美”的需要从根本上说是一种情感需要，对“美”的感受的需要，即从自己的平凡的教学活动中体验愉悦和崇高，从自己的创造中感受生命的激情。教师对“美”的情感需要推动教师去追求“美”，从而成为“美”的体现者和创造者。教师对“美”的追求具体包括教师对自身“师表美”和“精神美”的塑造。“师表美”是指教师的外在形象之美；“精神美”是指师表美的精神内涵和内在方面，即教师的智慧之美、人格之美，而智慧之美与人格之美的获得与人的创造性的发挥是不可分割的。对“师表美”的追求主要是指教师成为美的体现者，如教师得体的着装，优雅的举止，善解人意的语言、表情等。教师不仅以自身的“美”成为学生审美观照的对象，而且引导着学生在审美活动中不断提高自身的审美能力。对“精神美”的追求主要是指教师成为“美”的创造者，即智慧之美和人格之美的创造者，主要体现在教师充分发挥自己的创造性，在教学过程中形成自己的研究共同体，主动构建自身的知识体系并与教学实践形成良性互动；依靠自己的思考和决策，创造出体现自己个性和特色的教学风格、教学艺术和教学智慧，成为教育改革的动力和主体；通过不断升华自身的人性之美，如宽广的胸怀、高尚的品格、坚强的意志、进取的精神，从而达到一种崇高的精神人格。“无智慧的思想文化是危险的，它意味着思想文化的停滞和无能；无创造性的生活是危险的，它意味着人生价值的淡漠和平庸，这无异于对人的生活激情与创造潜能的否定。”[③] 当教师在实践中真正成为“解放性行动研究者”和“反思实践者”，摆脱了“无智慧的思

---

① 袁贵仁．价值学引论［M］．北京：北京师范大学出版社，1991.131.

② 李连科．价值哲学引论［M］．北京：商务印书馆，1999.287.

③ 王坤庆．新世纪人文主义教育价值观思考［J］．教育研究，2000，(8)．

想文化”和“无创造性的生活”，实现了“师表美”与“精神美”的统一，他就真正获得了专业自主和专业生命，也获得了自身发展的有效途径。英国教育学家贝克汉姆说过：“教师拥有研究机会，如果他们能够抓住这个机会，不仅能有力地和迅速地推进教学的技术，而且将使教学工作获得生命力和尊严。”

由以上对“真”“善”“美”的界定，我们可以看出，“真”即合规律性，反映人同世界的认知关系；“善”即合目的性，反映人同世界的价值关系；“美”即感受性，反映人同世界的情感关系。“真”是人把握世界的基础，也是“善”和“美”的前提；“善”体现了人的要求与外部现实性的统一，所以，比“真”高一个层次；而“美”是以“真”与“善”，客观必然与主观目的相一致、相和谐的形式出现的，所以，“美”处于比“真”和“善”更高一级的层次。教师的内在认知需要促使教师获得对专业特性和专业素质结构的认识和理解，确立了“自我更新”的专业发展意识，实现对“真”的追求；教师内在的道德需要，促使教师在工作过程中形成良好的人际关系和民主合作的精神，实现自己的职业良心和社会责任感，达到对“善”的追求；教师内在的情感需要促使教师勇于实践，善于发现新问题、探索新途径、提出新见解、积累新经验，创造性地解决各种教育问题，使自己成为一名“解放性行动研究者”和“反思实践者”，并在这个过程中感受到生命的激情、创造的幸福，实现“师表美”与“精神美”的统一。当教师实现了对“真”“善”“美”的追求的统一，教师发展就达到了一个更高的层次——教师自由阶段。一个真正自由的人需要有自由的素养和理性的素养，所以，教师自由就意味着他在专业领域内，有能力、有权利按照自身对“真”“善”“美”尺度的理解做自己愿意做的事，变他律为自律，真正实现自我价值。教师自由也正是每一个教师努力追求达到的一种较高水平的状态或阶段，达到这样一种状态，是可能的，也是现实的，这就是主体的内在超越性需要对教师专业化发展的推动作用。

（2）中学教师的潜在需要

教师的潜在需要指的是教师对自身超越的需要，这是可能的，也是必然的。从前面分析中我们知道，人的生命是“种生命”和“类生命”的统一，人的“类生命”说明人是“自为的存在”“文化的存在”“超越的存在”，“否定性”和“超越性”是人的本性。每一个人都是现实的人，被现实存在着的自然、社会所规定和制约，且这种现实存在制约着人的各方面的发展，如认识水平、价值取向、思维方式等，“但人不是一种由外部条件盲目支配和随机支配的存在物，他的本质特征在于他始终具有一种基于现实又超越现实的指向性，现实存在的一切永远不能满足人，人永远要去改它”①。布洛赫（Ernst Bloch）认为人的希望是人性的根本，而希望的基础则是人永远“指向前面的意向”，即不懈的自我超越。人的存在价值不在于接受和适应已有的一切，而在于为“改造”“超越”的目的而善于利用已有的一切。马斯洛认为人类有一种追求精神价值的超越性需要，即所谓的“似本能”，这种“似本能”不等同于生物性遗传，它极其微弱，易被忽视。所以，人的超越性需要只是一种类似本质的潜能，要真正实现对自身的超越，需要每个人加强对自身超越性的培养，其实质是人的主体性的发展。人的主体性是指人及其能动活动所表现出来的基本性质，具体包括“为我目的性；主观应当性；实践活动自由自觉的创造性；超越性、自主性和选择性”。

教师内在超越性需要作为教师发展的原动力，使教师不断地超越自我、提升自我、完善自我。“自我意识到现实性并想超越它，不断努力于真实的自我创造的人，才是真正的人，才是教师。”② 教师对超越性需要的追求表现为他对当下自我发展状况的不满与否定，对更高水平、更完善发展状态的渴望和追求，通过自己的探索创新活动改变目前的教育环境，同时，又在改变这种教育环境的过程中改变自己，即实现教师与教育环境的双向建构过程——主体客体化与客体主体化的统一过程。为了实现对自身的超越，教师在专业化发展过程中，不能仅仅为了满足自身的物质和精神需要，也不能仅仅为了满足教育发展和社会经济发展的需要，而是要实现教师的人格价值与人生价值的统一，既要看到教师自身是一个独立主体，“要构建超越现时精神文化和物质文化水平的主体人格活动，重视人的主体性与积极

① 鲁洁．超越与创新［M］．北京：人民教育出版社，2001.335.

② 王正平，郑百伟．教育伦理学——理论与实践［M］．上海：上海教育出版社，1998.54.

性，强调人的主体力量的解放”[①]，重视人性的培养与完善，还要看到教师在自身发展的同时，要为社会创造物质、精神财富，包括培养能动性、自主性、创造性人才，以一种面向世界的文化品格和文化教养创造中国人的群体文化品格，教化未来中国国民的文化心灵。

综上所述，教师的现实需要与潜在需要并不是决然分开、相互对立的，而是相互作用、交叉存在于教师对自身需要的不断实现的过程中。教师的潜在需要（超越的需要）存在的现实性使教师能以一种批判的向度去面对、掌握、审视现实生活和世界，从已有的现实规定性中去追求新的自我、新的世界。教师对现实需要——功利、认知、道德、情感需要的实现就是在这种潜在需要的推动下，通过自身的努力和实践，实现对功利、真、善、美的追求的。同时，在这个不断努力追求的过程中，教师的专业素质结构不断得以完善，情感得以不断丰富，人格得以不断升华，从而有力地推动了教师专业化发展的进程。需要指出的是，不同的个体在不同的发展阶段会有不同的追求，这是个体在发展中主流需要的体现，这种需要有时候不是单一的，而是多种需要的综合，教师追求层次不断提高的过程就是教师经验劳动向科学探究提升的过程，是教师高层次主体精神建构的过程。所以，教师对自身潜在需要和现实需要的满足，是促进教师专业化发展的内在驱动力，教师人格价值的实现会有力地推动教师专业化发展。

（3）中学教师需要的特点

① 静态分析

第一，物质需要的朴实性。教师的物质需要大致可分为生活物质需要和工作物质需要。生活物质需要如住房条件、工资待遇等，工作物质需要如教材、教具等，二者均表现出相对简单的特点，即教师对工作与生存发展所需的基本物质条件的要求是相对有限的。换言之，教师以“简朴、实惠”来表示自己的物质需求。教师物质需要的朴实性特点的确定，既是因为教师受传统文化崇尚节俭等观念的影响，以及对社会的理解与热爱使他们宁愿自己清贫也不愿给社会增添负担，同时，又因为社会分配中尚存在

① 褚宏启等．关于教育价值与教育价值观问题的讨论［J］．北京师范大学学报（社科版），1996，(3)．

一些需要改善的地方与环节及教育投入不足的现状。教师的物质需要，主要是生理性需要有着显著的朴实性特点。

第二，发展需要的稳定性。较之于其他部门的劳动者，教师的发展需要更加突出，同时具有显著的稳定性，这主要是指教师的发展需要不断满足且又不断产生。究其缘由，一是教师职业预期社会化（即职业准备阶段）赋予教师较强的发展意识和需要，教师所承担的特殊社会责任（即施加教育影响）促成受教育者个性的全面、健康发展，教育者与受教育者发展的互动成为教育影响得以顺利实现的基本机制。二是教育实践不断强化教师的发展需要。随着教育所导致的社会进步愈益明显，教育的战略地位愈益突出，教育适应社会结构的整体变迁及改革愈益深入，这种强化作用也渐趋凸显。三是教师有得天独厚的发展条件。教师工作的主要环节如备课、上课等，实际上也是教师不断汲取先进的人类文明成果的过程，这种在工作过程中获取工作主体自身长足发展的条件的特点，是其他部门的劳动者难以比拟的，这使教师的发展需要有不断满足的可能。

第三，自尊需要的迫切性。教师的自尊需要指向两个方面：一方面是教师本身自感其职业地位在社会生活中十分重要，另一方面是教师的社会行为能得到他人的认可。这两方面的自尊需要集中体现在教师要求社会对自己的权利、业绩、形象给予尊重。权利尊重主要指教师的特殊社会权利——教育自由权。教师劳动的创造性特征，要求教师在一定程度上必须享有课程实施计划的制订权、教学形式与教学方法的运用权、评价手段的使用权等。业绩尊重要求正确评价教师的班级管理能力和教学质量，形象尊重（也称为“人格尊重）则指维护教师的声誉等。显然，我国尊师重教的优良传统，现实社会对教师教书育人、为人师表的要求等，都是教师有迫切的自尊需要的社会基础和客观条件。

第四，成就需要的强烈性。教师的成就需要表现为工作中的愿望实现感、任务完成感、专业成果感。教师强烈的成就需要的形成与教师的工作性质和社会责任有密切关系。教师期望“教有所成”，以教学的成功与创新、学生的成长与进步为最大的乐趣和精神满足，又注重自我更新，渴求提高业务能力和水平，以满足更广泛、更持久的成就需要。

以上对教师需要特点的静态分析，是教师社会化程度在不同方面的表现，彼此之间联系密切。物质需要的朴实性，受发展需要的稳定性、自尊需要的迫切性、成就需要的强烈性制约，也就是说，教师物质生活的俭朴，除了客观条件外，也因为主观上他们把更多的精力投入到其他需要的满足上，他们也不希望因为物质生活的过分优越而影响发展、自尊、成就需要的满足。反之，物质需要的朴实性也影响着发展需要的稳定性、自尊需要的迫切性和成就需要的强烈性。这不仅表现为如果没有一定的物质需要，其他需要也就不可能满足，还表现为物质需要的朴实性在一定程度上影响教师满足发展、自尊、成就需要的进程。

② 动态分析

第一，需要结构的变化，其中主要是社会性需要的变化。主要包括：

a. 安全需要。青年、中年教师的安全需要在其需要结构中的地位相对下降，与此形成鲜明对比的是老年教师的安全需要凸显。

b. 交往需要。较之其他年龄群体，青年教师的交往需要强烈，其交往范围广、辐射力强、频度高、新对象多。这与青年教师精力充沛，刚走向社会不久，交往的功利含义明显，急于建立比较广泛的社会联系有关。而中年教师的交往活动则相对稳定于学术和工作上，与其交往对象的稳定性相伴的是其交往范围开始缩小。

c. 发展需要。就青年教师而言，其发展需要居于社会性需要的首位，表现为他们普遍要求进修、攻读高学位等。其原因有三个：首先，青年教师刚刚走上工作岗位，在学生时代经过长期积累形成的学习动机和习惯对他们仍有一定的驱动作用；其次，青年教师多处在工作适应期，对自身知识、经验结构的缺陷有着较深刻的认识，社会责任感驱使其自觉去弥补。最后，青年教师的就业观念呈多元化，进一步增强自己的就业观念可获取更多的择业机遇。

d. 成就需要。中年教师的成就需要在其社会性需要结构中比较突出。中年教师积累了足够丰富的教学经验和社会阅历，专业兴趣也相对集中，专业发展也趋于成熟，更有时间的紧迫感，是其事业取得较高成就的巅峰时期。

e. 尊重需要。老年教师的尊重需要凸显。这既与老年教师多受尊敬和爱戴的社会客观条件有关，也因为老年教师将离开工作岗位，随着工作张力的消失，失落感油然而生，加之长期的职业熏染，非常在意他人对待自己的态度，对尊重尤为敏感。

第二，需要之间的冲突。从内容上看，有物质需要与精神需要、生理需要与社会性需要的冲突。主要表现在两个方面：一方面，物质需要、生理需要与精神需要、社会性需要往往难以兼顾，即一种需要的满足在某种程度上妨碍另一种需要的满足；另一方面，物质需要、生理需要的基础性与精神需要、社会性需要的主导性不能得以切实体现。物质需要、生理需要在适当范围内应优先满足，这是精神需要和社会性需要相继得到满足的条件；在物质需要、生理需要适当满足的同时，应重点满足精神需要和社会性需要，并充分发挥其对物质需要和生理需要的调节作用。由于客观的社会经济发展状况及主观的个体价值观念的差异，现实中常出现这些需要比例失调、各自满足的时间不当等情况。从性质和条件上看，有合理需要与非合理需要、可能满足的需要与不可能满足的需要的冲突。合理需要是指与主观条件大致相符的需要，即就主体的身心发展水平而言，产生这样的需要是合乎情理的。而所谓可能满足的需要是指客观条件允许，只要主观努力达到一定程度便可满足的需要。与之相反，在一定时期内，无论主体如何努力都无法满足的需要即不可能满足的需要。由此可知，合理需要与不合理需要的界限在于主观条件，可能满足的需要与不可能满足的需要的分野则在于客观条件。综合主观、客观条件，不难得出，合理的需要也许是可能满足的需要，也许是不可能满足的需要。由于教师自身价值判断标准不一，各自所处的社会地位不同，加之对学校及学校所在社区提供的条件基础了解不同，出现性质和条件上的需要冲突几乎不可避免。

（4）中学教师需要的构建原则

① 吸收民族文化因素的原则

广大教师在追求高层次的需要上，确实体现了中国文化特有的模式。一种文化模式对教师需要的影响还存在着方向上的规定性、行为上的约束性、体系上的贯通性，这是我们不可忽视的一个原则问题。从需要的文化背景上讲，当前我们要特别注意需要概念的“西方化”偏向，在实践中克服已经形成的西方需要模式带来的消极影响，如教师道义原则淡化、功利需求突出、社会从属感降低等。我们必须对此加以警惕，使我国教师需要体系牢固地建立在中华民族传统文化的基础上，并能促进教师形成一种振作的而不是倦怠的精神状态。

② 整体上重视“第一需要”的原则

“第一需要”是侧重于物质性的需要。马克思把人的衣、食、住称为“人的第一需要，是新的需要产生的先决条件”①。后来，恩格斯又提出了社会主义社会人的需要层次的结构，即生存需要、享受需要、发展需要。前两种需要是以物质为前提的生存需要、生存条件改善与生活质量提高的需要。我国教师长期处于“寒儒”地位，其深层原因就是社会在观念上对教师物质需要的轻视，并且有两种认识倾向长期支持了这种观念的延续，对教师需要理论的发展产生了片面化的影响。一是传统文化中对教师物质需求的轻视。“轻功利”“抑人欲”的清高士风对教师有特殊的苛求，这造成了过分忽视教师作为人的生物性需要。二是对马克思主义理论中所强调的“人的社会性”的错误理解，忽视了马克思对生理性需要的唯物主义的肯定：“任何人如果不同时为自己的某种需要和为这种需要的器官而做事，他就什么也不能做。”② 上述两种片面的倾向，使社会在劳动交换与分配中产生一种轻师的定式，阻碍了我国教师需要理论的完善，影响了教师在社会财富分配中的合理索取，在“燃烧”与“奉献”中，教师长期地缺乏“满足感”，从精神上看是可贵的，从分配政策上看却是不公平的。

整体上重视“第一需要”的原则认为，人的第一需要绝不能局限于个体的生物性而阻碍其他“需要”的发展，因为人是有思想的、能动的存在物。这一点与人本主义的“需要论”有明显的区别。近几年，我国受人本主义“需要论”的影响，在教师“需要”的导向上过分地强调了人的生理性需要的影响因素，引发了利己主义思想的泛滥。再者，过分强调了需要中的个体尊重与满足，忽视了个体对社会的责任和贡献。在舆论宣传中，一直讲满足多，正面引导少；争取待遇多，阐述义务少。这加大了需要的期望值，尽管社会付出了一定的努力，教师待遇有了不同程度的提高，但是，结果却加重了一些教育界的不满情绪。教师个人重“实惠”，学校领导

① 马克思，恩格斯．马克思恩格斯全集（第1卷）[M]．北京：人民出版社，1972.32.
② 马克思，恩格斯．马克思恩格斯全集（第1卷）[M]．北京：人民出版社，1972.286.

重物质性满足，教师中一度形成了普遍的牢骚、焦虑等心理现象，这应是我们在建构教师需要理论中引以为戒的。

整体上重视“第一需要”的原则还强调需要的整体性和时代性，其特点是：其一，以教师群体为着眼点，而不是以教师个体的人的自然需要为基本线索。其二，所包含的教师个体需要有两种形式，即自然主体的那种个人需要和表现为社会需要的个人需要，既要求对不同条件、年龄教师的需要直接满足，又偏重对表现为社会需要的个人需要的共同满足。其三，个人需要要受集体需要、长远需要、他人需要的制约。

保罗·蒂利希（Paul Tilich）在《生存的勇气》一书中说，人是一种渴求无限超越的存在物，他既有物质的、世俗的需要，又有精神的、天国的渴望。而在这两者中，精神之存在又是人的本质特征，人的生存就是不断地超越物质的、世俗的存在，从无限的可能性中不断“站出来”的过程。弗洛姆（Erich Fromm）也认为，人的存在是一种二律背反，理性迫使人永无止境地设法克服不可解决的二律背反，人永远处在不可回避的不平和状态中，这使人向往理想，不断追求。[①] 如同普列斯纳（H. Plessner）所言，人永远意欲着和期盼着，思考着和想象着，感觉着和信仰着，为自己的生命担忧着。在这些活动中，他不断认识自身的完善性与达到它的可能性之间的距离。

二、何以应然

人是世界上最奇特、最不确定的存在物，他的存在状况不是始终如一的，他“不是力求停留在某种已经变成的东西上，而是处在易变的绝对运动之中”（马克思）。人身上充满着矛盾的规定，任何一种肯定的规定，似乎都有其否定的方面。[②] 中学教师的生存状态在近几年的社会转型、教育改革中不断地发生着变化。要实现教师的理想生存状态，我们必须转变观念，

---

① 〔美〕埃里希·弗洛姆．为自己的人［M］．孙依依译．北京：生活·读书·新知三联书店，1988.33.

② 夏甄陶．人是什么［M］．北京：商务印书馆，2002.328.

明确教师的权利与义务；重塑学校文化，建构实践—生存文化；革制维新，变革旧的学校制度，重整学校的管理与治理；最后，创设学校情境，使教师在最充分的高度上或在最理想的境界上表现自己，实现教师的自主发展。

（一）观念的转型："人就是人"——教师的权利和义务

教育要关注人的存在问题，首先，要改变教育的对象观，其次，必须重构教师的自我意识。无论什么时候，教师在教育过程中的作用都是不可替代的。而教师在教育过程中发挥什么样的作用以及如何发挥作用，一方面取决于教师的学生观，另一方面则取决于教师的自我意识。所谓教师的自我意识，就是教师如何看待自我。在古代，无论是"作为神启的教师"还是"作为官吏的教师"，都将自己看作是一种特殊社会利益阶层的代表。在现代，随着师范教育和教师专业化运动的开展，教师将自己看作是一种"专业人士"——依靠特殊的专业态度、技能、知识及训练而生活的人，并拥有相应的专业权威。这样的一个变化体现了一种历史的进步。但是，无论是"作为神启的教师""作为官吏的教师"，还是"作为专业人士的教师"，他们都在意识之中将自己"功能化"了，将自己看作是发挥着某种特殊的社会功能的人，而没有注意到自己也是"人"并作为"人"而存在着。教育要关注人的存在问题，教师本人必须摘下"教师"这个"面具"，回到他本来的和丰富的人性状态。长期以来，人们对于教师总是有无限的苛求和期待，一味地把对教师的要求区别于对正常人的要求，脱离"教师也是正常人和普通人"的正常轨道。事实上，正是因为我们对教师的希望太多，而忽视和漠视了最为重要的教师的权利和义务的问题。教师的权利和义务是教师法律地位和社会地位的衡量标准。教师权利和义务是一种职业权利和义务，以公民的基本权利和义务为基础。"教师的权利是指教师依法应当享有的各种权益，教师的义务是指教师依法应当承担的各种职责。我国教师的权利和义务围绕其职业的主要社会职能而产生。因而教师的权利和义务是一种职业权利和义务。"① 确立教师的权利和义务的宗旨在于明确教师

---

① 李晓燕．我国教师的权利与义务及其实现保障机制研究［M］．广州：广东教育出版社，2001.30.

的专业地位、社会地位和对教师的基本要求，以保障教师职业之社会作用的有效实现。

具体地说，教师的基本权利主要包括：（1）教师具有从事教育教学工作、开展教育教学改革和实验的权利；（2）教师具有学术自由的权利；（3）教师具有指导学生的学习和发展、评定学生的品行和学业成绩的权利；（4）教师具有获取劳动报酬和享受各项福利待遇的权利；（5）教师享有参与学校民主管理的权利；（6）教师享有参加进修和其他方式培训的权利；（7）教师具有申诉的权利；（8）教师应有的人身权利和人格权利；（9）女教师应享有一定特殊权利。[①] 教师的基本义务主要包括：（1）教师具有遵守国家宪法、法律和职业道德、为人师表的义务；（2）教师具有贯彻国家教育方针、遵守学校规章制度、执行学校的教育教学计划、履行教师聘约、完成教育教学工作任务的义务；（3）教师有对学生进行政治思想品德教育、组织学生开展有益社会活动的义务；（4）教师具有关心、爱护全体学生，尊重学生人格，促进学生在品德、智力、体力等方面全面发展的义务；（5）教师具有制止有害于学生的行为或者其他侵犯学生合法权益的行为，批评和抵制有害于学生健康成长现象的义务；（6）教师有不断提高思想政治觉悟和教育教学业务水平的义务。[②]

应该看到，教师的权利和义务在从事教育教学工作、参加培训和进修、对学生的学业发展进行客观评价和指导以及保护学生的合法权益等方面具有一致性。然而，我们也不能忽视，教师的权利和义务指向目标也有冲突和矛盾的背离性。这主要体现在以下四方面：（1）教师作为公民具有宗教信仰的自由，但作为教师必须遵循教育与宗教相分离的原则；（2）教师作为公民，具有选择个人生活方式的自由，但作为教师，其仪表、个人嗜好等必须考虑对教育对象可能产生的影响；（3）教师作为公民有获得个人发展的权利，但作为教师必须处理好自身发展与学生发展之间的关系；（4）教师作为公民，有言论自由的权利，但作为国家、社会的代表，有其

① 李晓燕．我国教师的权利与义务及其实现保障机制研究［M］．广州：广东教育出版社，2001.62—81.

② 李晓燕．我国教师的权利与义务及其实现保障机制研究［M］．广州：广东教育出版社，2001.82—92.

言论必须符合国家、社会政治利益的义务。

“真理”命令“必须的行动”，“是”命令“应该”。充分的知识引导正确的行动，没有充分的知识也不可能有正确的行动。[①] 教师享有必要的权利，更要履行自己的义务，不断超越“种生命”的自在性，走向“类生命”的自为性。

（二）文化的重塑：实践—生存文化的建构

“文化是人的文化，人是文化的人。”创造理想的教师生存状态，必须有理想的生存文化。

1. 人是文化的存在

无论是近代哲学家帕斯卡的“人是思想的芦苇”，还是现代哲学人类学家卡西尔的“人是符号的动物”，兰德曼的“人作为文化的创造者”“人作为文化的产物”，它们都试图表明同样的思想：文化与人的生命密切相关，人的生命是一种文化的存在。

考察文化产生的原因和存在方式，我们可以发现，文化的世界就是人的生活世界。尽管对文化的定义多种多样，但就文化的产生的原因而言，人们都不否认文化是与纯粹的自然相对的，它是人类活动的产物。从中国的文字上看，古代的“文”通“纹”，就是在某物上做记号，谓之“刻文”“画文”，在某物上留下纹路、花纹等痕迹。“文”是一个动作，这个动作是人“有意识地”对“纯粹的”自然界的一种改造活动，因而是人的自为活动。在这个过程中，纯粹的自然界、自然物根据人的活动目的而变革了“原有的”自然面貌，体现了人的意志和要求，因而成为“属人”的文化物，自然秩序也变为“文化秩序”。与自然世界不同，自然世界是一个“无人的自在世界”，而文化世界是一个“有人的自为世界”。所以，人对自然界的改造的过程和结果，就是文化。

文化是人类的自为行为，因而也是人类特有的活动。人因为从事文化活动而成为人，文化是人的“第二天性”（兰德曼）。“人是一种必须以其生活环境来决定自己的生物，人类自我决定这方面即是我们所说的文化”，即

---

① ［美］亚伯林罕·马斯洛．马斯洛人本哲学［M］．成明译．北京：九州出版社，2003.15.

人成为文化的存在，或者说文化成为人的特性。文化世界是一个以人为本体的世界，人的意向性是文化世界的动力和指向，人的活动是文化世界的运动方式。文化是人的生命本性所为，生命是文化世界的原生性的实在，生命创造了文化也创造了自身。人的生命就是文化的本性，李鹏程用“生命”来阐释“文化”这一概念，文化是人的自我生长的过程；文化是人的自我组织的过程；文化是人以自己的生命存在的意向性为理由，不断改造他周围的自然世界的创造性的劳动性的过程。文化的本质就是人的自我的生命存在及其活动，文化世界的本体就是人的自为的生命存在。① 我们首先是文化的创造者，但文化一经创造，它就会成为一种制约。人也为文化所塑造，正如兰德曼所说：“我们全部都是由我们在其中成长和存在的共同群体的传统塑造成的，我们是由自己的过去塑造成的。我们是这种‘遗产’的继承者，这种‘遗产’为我们的未来规定了路线。因此，任何时候人的决定的主动权，都受到过去生活砝码的限制”②。人要成为社会的存在，就必须接受社会的影响，成为一个文化的存在。马斯洛特别强调：“病态的文化造就病态的人；健康的文化造就健康的人。而且，病态的个体使他们的文化更加病态，而健康的个体使他们的文化更加健康。”③ 他认为，造成更好社会的一个根本方法就是增进个体的健康。

2. 实然的传统学校文化表征——近代产业社会的工场型学校

由于当代学校在规模上不断扩大，事物性活动日益增多，越来越侧重于对工作绩效和秩序的追求，因此，官僚制往往被视为一种各级、各类学校难以规避的有效方法，正如英国教育专家、莱斯特大学教育管理中心主任托尼·布什（Tony Bush）指出的那样：“学校和学院有许多官僚制的特征，如校长位于等级制结构的顶端。在中学和学院里，教师的工作安排根据他们的专业知识来确定。学校有许多要求学生和教师执行的规章制度，他们的工作和学习主要是由时间表严格支配的。校长和高级教师对学校管理委员会和外部的资助机构负有效能责任。由于这些原因，官僚理论的许

① 李鹏程．当代文化哲学沉思［M］．北京：人民出版社，1994.
② ［德］米切尔·兰德曼．哲学人类学·译序［M］．贵阳：贵州人民出版社，1988.
③ ［美］亚伯林罕·马斯洛．马斯洛人本哲学［M］．成明译．北京：九州出版社，2003.93.

多文献充满了教育管理的内容。”① 官僚制是同现代大工业生产相适应的一种组织管理模式，总的看来，它的优势在于既能够有效地满足组织运行的技术性要求，也能够保障组织行为的有序性和统一性。官僚制的思维方式是机器式的思维方式，它把组织看作是一部机器，把管理者看作是操作机器的人。传统学校文化的价值追求和思维方式已经成为规约教师、限制教师发展的藩篱，学校实施教育改革的枷锁。

从社会发展的角度来看，我们把传统学校文化概括为“近代产业社会的工场型学校”。工场型学校在中国初建于清末民国初，是模仿西方工业社会学校形态而形成的，它的建立对中国教育制度的发展起到了不可估量的作用。工场型学校的基本特征和价值追求是：“按工业化、批量性生产的模式来‘塑造’学生；统一的目标，基本划一的课程与教科书，整齐排列的通用教室，严格规定的课时与教学周期，按规定执行的教育、教学过程；学校的基本任务是传递知识和培养社会不同领域需要的规范化人才。”工场型学校是一个封闭的、缺少刺激的体系。② 在学校文化方面呈现出以下一些突出的表征：③

（1）物质文化。物质文化是学校文化的表层文化，作为学校教育理念和价值追求的外在显现，表现出一定程度的工场型学校的特征。例如，学校教室的安排类似于工场，学生要按照某种标准如年龄、性别等来使用不同的教室，学生缺乏活动的自主权；教室内部的桌椅摆放以典型的秧田型结构为主，教师的讲桌高高在上，其所暗含的隐蔽信息是教师为中心，目的是传授知识。

（2）制度文化。中国学校的教育制度带有明显的西方制度化教育的痕迹，同时又受到中国传统文化的影响。其特征和缺陷主要表现在三个方面：第一，追求效率。工场型学校强调效率，追求以最小的成本获取最大的利益。工业化的理念使学校蜕变为“工场”，学生沦为可以被学校任意塑造的原材料，过

---

① ［英］托尼·布什．当代西方教育管理模式［M］．强海燕译．南京：南京师范大学出版社，1998.54.

② 叶澜．实现转型：新世纪初中国学校变革的走向［J］．教育学（人大复印报刊），2002，(10)：10—14.

③ 学校文化的分类很多。这里是按照学校文化的表现层次，将其分为物质文化、制度文化和观念文化。

程性的意义被结果所掩盖，教师与学生的生命意义被放逐。第二，强调服从。制度化教育以组织为核心，科层制对每个人的权利和义务都有明确的规定，不允许科层个人随意扩大行动的域值并表现出一定的能动性，行为过程被简化为一系列的命令—服从过程，个人在科层体制中被彻底地物化为原子。在这种制度化教育下，教师个体生命的能动性、丰富性和潜在性被禁锢在命令—服从之中。另外，建立在血缘关系和宗法制度之上的中国传统文化，又有着明显的权威取向。第三，注重统一。在制度化教育中，制度而非“人”成为关注的焦点。在学校盛行的繁琐、刻板、划一的制度规范，从一般的教学常规到课堂提问，事无巨细，均在制度的严密监控之下。人陷入了由制度之网构筑的“铁笼”之中。而且，我国教育制度的划一性还受到传统思维中的重集体、强调整体的一致性思维方式的影响。①

(3) 观念文化。这是学校文化的核心，其中起决定作用的是价值观。近代的工场型学校在“工场文化”的思维方式下，把学校等同于工场，教育等同于生产过程，教师等同于工人，课程等同于工场生产线，学生成为工场的产品。这一教育的过程暗含着一系列违背人性的假定，它歪曲了教育的本质和教育培养人的价值追求。在这种工具主义的教育观念下，学生被看作是灌输、加工的对象，是知识的被动承受者，是工场的“标准件”。教师被看作是机械模式下仅仅具有熟练技术操纵机器的工人，不需要专业技能，不需要创新。工场型学校文化对人的最大的摧残是培养了一批“单向度的人”、单向度的教师、单向度的学生。

近代工场型学校文化从清末民国初产生，直到今天，仍然是学校文化的主导模式。新中国成立以后，近代的工场型学校虽然经过了一定的改造，但是，由于新中国成立以后的半个世纪里，经济基本处于以农业经济为主的阶段，并没有完成国民经济工业化的转型，在教育方面的投入和开放程度也都远远不足，因此，学校在既无内在转型的需要，也没有外在压力的情况下，整体形态、内在机制和日常教学实践并没有发生革命性的变革。因此，面对轰轰烈烈的在全国范围内开展的素质教育改革，绝大多数学校仍然在盲目追求升学率；课堂教学基本上还是以“教师讲、学生听”的方

① 苏鸿．基础教育课程改革与学校文化重建［J］．课程·教材·教法，2003，(7)：10－14.

式进行；在培养人才的规格上，仍然采取了“一刀切”的方式，学校缺乏明显的个性；教育管理仍然采取集权和专制为主要的方式。由此，人是文化的存在，在这种文化下，教师的生存自然是被动的、不自主的，基本上扮演的是“知识的传授者”“学生的管理者”“各种政令的执行者”的角色。要改变这种状态，就必须建构新的学校文化。

3. 实践－生存文化的建构[①]

可以说，在教育改革的今天，中学教师所面临的现实文化生态环境表现出一定程度的文化滞后。[②] 改善教师的生存状态，就必须改变“文化滞后”的现象，必须伴随着学校主体文化的重建，建构以人为本、以人的可持续发展为本的实践－生存文化。马克思把人自身的发展分为三个阶段，即“群体本位、个人本位与类本位”[③]。这里主要从以下四个方面谈如何建构实践－生存文化。

（1）建构以提升人的境界为内涵的价值文化

实践－生存论追求的是人的自我解放，即人真正以自己的本质占有自己的生命活动，实现自身物质生活与精神生活的统一，全面展现出自由自觉的类生命活动。人是一种目的性的存在，人的任何一种实践活动均是在需要和目的的驱使下，即价值判断的驱使下，把主体尺度运用于对象世界，使自在之物转化为为我之物，使自然世界转向属人世界，不断实现人的自身价值和追求“应然”状态，即可持续发展状态。正是人类管理活动的实践本质，决定了管理本身必然具有道德性，决定了管理是人类的一种对客观规律与主观价值的整合活动。遵循客观规律是保证管理得以运作的科学基础，而体现人的价值追求则是管理的主体尺度的内在要求。管理须以合道德性为基础，然后才是合目的性、合规律性的统一。

人类的管理活动和管理系统总是受制于人性的认识和普遍的社会价值观念。在管理活动中，人性价值是管理的最高体现。管理要保证能够提供符合伦理要求的谋取效益的方式和行为，避免人类的价值理想消融在追求

---

① 本问题的一些观点借鉴了孙鹤娟教授的博士论文《文化管理的哲学视界》中的一些观点。

② “文化滞后”的概念是乌格朋（W. F. Ogburm）提出的，用来指一种非平衡的、非系统的现代化过程，指个人生活行为跟不上物质方面的变迁，跟不上现代社会的需要。

③ 马克思，恩格斯．马克思恩格斯全集（第46卷上）［M］．北京：人民出版社，1979.104.

效益最大化的管理活动中。可持续发展管理追求的是既超越个体主义及主体主义，又表达着人类生活及实践本性的生存与发展样式，它希望人生的内涵丰富性尽可能充分地展现，达到类本位。

组织价值观是组织文化的核心。一个组织选择什么，崇尚什么，追求什么，外显的为文化，即组织风尚、组织精神，内隐的则是组织价值观念。文化建设的核心是共同价值观的建设，根深蒂固的价值观为人们提供了衡量内趋力的尺度，组织共同的规则体现和评判准则决定了每个组织成员共同的行为取向。按照管理学家德鲁克的理解，管理是为整合价值观而存在的。第一，组织价值观在组织文化建设中进行凝练。组织文化建设的本质功能就是用文化的手段，用文化的因素，对学校进行培育、疏导、集中、凝练，体现学校的意志，塑造学校的精神，升华学校的价值观；就是对员工的精神生活、价值目标、行为方式的疏导和整合，从而使他们达成共识，构建组织价值观体系的过程。第二，按照文化就是“人化”的理解，不同的人从属于不同的文化圈，具有不同文化类型的价值观。一般而言，个体在强凝聚力群体中会产生两种自觉行为：一种是按照精神凝聚力所体现的价值观去达到它的目标标准；另一种是按其价值观标准去完善自己，使群体所倡导的整体价值观趋于一致或接近。任何组织内部的价值观都是多元的，要追求价值观趋同，必然需要一种力量，这种力量便来自文化力。第三，文化建设直指对教工思想道德素质的培养，注重发挥人的价值和精神层面对行为的调节作用，所以，文化建设可以提升人的精神境界、道德境界以及人生境界。

那么，如何通过文化力来提升人的精神境界进而培养其组织价值观呢？第一，组织价值观建构的过程是成员个体文化素质、思想素质和心理素质提升的过程；是个体融入组织，形成命运共同体的过程；是个体文化融入组织，形成命运共同体文化的过程。建构组织价值观是一个长期的培育、引导和实践的过程，所以，它要以组织管理文化实践活动为载体。第二，组织价值观包含价值理想，这种永恒的追求信念赋予成员以神圣感和使命感，并鼓舞成员为崇高的信念而奋斗。第三，组织价值观的培育不仅是形上的思考，更具有对形下的实践的指导意义。组织价值观并不直接发挥作用，而是通过它的外化形式——行为规范来实现其功能，它决定员工共同的行为取向。行为是价值观念的载体，是价值观的外显，按照事物的逻辑先在性，要引领行为必先整合价值观。通过共有的价值观念的内化，使全体员工以此为准则，调整、约束、监督自己的行为，实现自我管理、自我控制、自我激励的目标，完成由他律到自律的心理和行为模式的转换。比如，员工的敬业精神，即负责的工作态度、兢兢业业的事业追求、高尚的职业道德和强烈的质量和效益观念，并不是发自于个人的“良心”，而是组织环境压力和员工自律动力相互作用的结果。

（2）建构以发展“人”为目的的制度文化

制度作为一种管理手段、一种管理形式，存在于任何一种管理模式中。从实践一生存论出发，制订学校的制度，必须建立在对经验管理、科学管理的思想中的僵化的“物化管理”思想的否定和超越的基础之上。

表 6—1　实践—生存文化管理与传统管理的比较

管理方式	建立管理制度的原则	建立管理制度的方式	建立管理制度的目的
经验管理	强调样式、传承和成规	从经验中生成	追求社会秩序化
科学管理	精细、严格和权威性	绝对理性的产物	追求生产效率高
实践—生存文化管理	弹性、人性和发展性，塑造可持续发展的人	以对人的解读，依靠精神要素作为管理原点	追求人的发展性

实践—生存文化制度富有人性、人情味，它不仅研究“人”，还研究组织精神、价值观念与管理对象之间互动机制的形成与建立，并以塑造“可持续发展的人”作为管理的终极目的。

第一，要关注人。在这种“软”管理的思想模式下，生成的制度的主要功能是关注人、发展人。制度的建构不是出于约束人的目的，而是出于发展人的目的。

第二，突破僵化，富有弹性。理想的制度文化应该是刚性制度文化和弹性制度文化的整合，应该是“文武之道，一张一弛；刚柔相济，双管齐下”[①]。一方面，保持必要的、充分的刚性，保证质量，体现制度的持久性、

① 谭伟东．西方企业文化纵横［M］．北京：北京大学出版社，2001.145.

简洁性、信赖感，即在形成和贯彻中坚定不移、毫不含糊地坚持基本准则。通过实践证明是正确且符合组织实情的思想原则、精神追求，在基本宗旨的形成和贯彻上“表现出十足的不可更改性”。另一方面，发挥弹性制度的作用，使组织具有足够的应变能力。可以灵活地、迅速地通过制度范围内的更新，通过制度本身所具有的弹性，及时有效地调整关系，对各种新观念、新潮流、新情况保持足够的敏感性和应变能力，表现出灵活性和创新的活力。所以，在制度的建构上，从充分尊重、信赖、依靠、激励组织成员的角度和原则出发，把通常的、硬性的制度加以“软化”，使刚性的制度变得富有弹性，变防范、制裁为充分信任和不断激励。由于学校在最高境界、最高层次上展开制度文化，因而他们的制度文化的根本法宝就是无形的精神力量，就是具有充分弹性的自我升华、自主管理。

第三，追求价值整合。实践一生存文化建构最大的特点就是把行为个体的价值放在重要的位置，制度符合被管理者的意愿。

在传统管理模式中，人被视为“物”，所以管理制度制约着作为管理对象的人的感悟功能、话语权力、主体作用和发展性要求。这里的理想状态是人的存在、人的主体意识、人的发展性需求被正视，所以，发生了制度上的功能革命。这种制度的功能革命表现在各类制度文化中。

第一，以民主自治为特征的组织制度。组织制度充分发挥非正式组织的民主自治管理，不仅允许组织的各阶层存在，而且给各阶层以舞台、空间和话语权力。它摒弃了传统管理所追求的“一种声音”和拒斥“非正式组织”的统治行为。实现这种民主自治管理的过程始终应当是一个依靠价值引领手段来整合学校价值的过程，是一个追求价值观管理的过程。

第二，以消解专制为特征的决策制度。管理主体的多元化带来决策权力的多元化，管理决策应当是尊重民意的决策，应当是切合实际的决策，应当是能符合大多数人的意志的决策，应当是富有前瞻性的发展性决策。

第三，以发展人为特征的人事、劳动制度。它把人作为一种资源来看，把人力资源当作管理的战略资源和核心资源。人事制度不仅仅是用人之道，更是育人之道。教职工的选拔任用，干部的成长培养，岗位的设置和人员的聘任，都以自主发展性需求为前提，以促进人的自由、全面发展为目的。招聘制度文化、晋级制度文化、流动制度文化都要体现这个特点。

(3) 构建以塑造人的个性为特征的人性文化

实践—生存论是人向作为社会的人即合乎人的本性的人的复归。作为完成了的自然主义，等于人本主义，而作为完成了的人本主义，等于自然主义。所以，实践—生存文化追求的是彰显个性的人性文化。实践—生存文化要求管理从追求利益最大化向合乎法律和伦理的方式转变；从手段人向目的人方式转变；从关注组织目标、战略、结构、制度向强调组织价值的管理观转变。正如丹尼尔·贝尔所说，管理正努力追求“既是一种人性，一种道德哲学，又是一种严谨的科学的管理”①。现代管理的价值就在于关心人、培育人，满足人的物质和精神需要，人的价值高于一切。

① 树立符合人性的管理文化理念

人的本质是人性，尊重人性、张扬个性是实践—生存文化管理的基本思想。在管理资源中，人是最重要的，因为只有人是活的生命体；只有人具有自我创生能力；只有人是可再生资源。人是管理资源的本源，是使管理作为一种活动得以运行的发生器。所以，管理应当是一种人的本体行为，类的反作用于自身的行为。

② 创设体现人性的情感文化环境

注重人的内心世界，根据情感的可塑性、倾向性等特征进行管理，其核心是激发员工的积极性，消除员工的消极情绪，通过情感的双向交流和沟通，实现有效管理。情感管理的最大特点表现为它是从内心深处去激发每个员工的内在潜力、主动性和创新精神，使他们真正做到心情舒畅、不遗余力地创造新的业绩，这种通过人性激发形成的主人翁责任感，是一种内在的自律性因素。它犹如一只“看不见的手”，深入到人的内心世界之中，有效地规范和引导着人的行为。情感管理所依靠的虽然是一种看不见、摸不着的隐形或软性资源，但它所激发的深层次的内在精神动力却是相当大的。

③ 营造符合人性的工作氛围

员工都有很好的天赋、高超的技能、强大的创造力。如果一个组织中有进取、宽容、合作的氛围，如果有合理的、有效的激励制度，就能发挥

---

① ［美］丹尼尔·贝尔．经济理论的危机［M］．上海：上海译文出版社，1985.29.

员工的这些潜在能量。良好的氛围能创造制度、创造文化、创造人才。

④ 尊重人的个性

个性是指一个人在心理活动过程中表现出来的全部稳定的心理特点的综合，它包括个性倾向性和个性心理特征两个方面。人的个性倾向性反映出一个人基本的社会特点，具有意识的倾向性，一般表现为兴趣、爱好、需要、动机和态度、理想、信念、价值观、幸福观、人生观和世界观。个性倾向性集中了一个人的社会性、思想性，甚至政治特点，是一个人的本质特征。其中，兴趣、需要、动机、价值观关系员工的价值观的选择和积极性的发挥，所以是管理工作的重点。尊重个性，首先就是要尊重个性的存在和人性的需求。要看到人的个性，要尽可能地尊重每一个人的人格，相信每一个人的才能和力量，善于发现一个人的优点，并以真挚的情感对待和教育人，这是形成组织合力的基础。

(4) 建构以实现人的主体性为使命的激励文化

“生存论，其理论内涵正在于对当代人及其生存困惑的理论表达，人及其生存问题的复杂性和内在矛盾，正是生存论的理论论阈所在，在这一意义上，生存论的理论建构，必须服从于人及其生存问题的丰富性与复杂性。”[①] 当代“生存论”是指人对自身生命、存活的自觉，包括人对身体、感觉、情绪、欲望、潜能、意志、理想与精神意境的觉解觉识。生存论是人对属于自身的生命、生活的自觉及其哲学表达，它重视的是人在世生存的感性现实性、自成目的性和意义的澄明。激励具有发展人的功能，因为激励激活了人作为行为主体的主体意识——生成了自我意识、建构自主发展的概念。所以，建构激励文化也是改善教师生存状态的重要方面。生存论的激励文化的建构应当坚持如下原则：① 必须以解读人为过程，以尊重人为手段，以发展人为目标；② 对“文化人”——教师的激励，要坚持重心“内置”，即实行“内激励”和精神激励——以满足教师的成就感和实现个人成长目标为主；③ 对于一个高层次的文化群体而言，要靠优秀的组织文化和良好的组织气候去调动人的工作积极性，组织气候是最好的激励；④ 激励策略应当是正激励和负激励的结合；⑤ 要关注激励方式的公正意

---

① 邹诗鹏．生存论研究［M］．上海：上海人民出版社，2005.516.

义；⑥ 激励的周期不宜过长，即时、及时才更有效；⑦ 激励作用力的大小取决于对激励对象需要理解和满足的程度，要把握“切合性”。

学校组织可采取的激励方式有很多，主要如下：

① 价值激励。第一，价值感能激发教师对工作的兴趣、热情，增强他们的光荣感、责任感和成就感。第二，多样丰富感。文化人更期望展示自己的独创性，所以，他们追求工作能够丰富多样，不断生成新命题，不断迎接新挑战，从而产生新鲜感，增强工作的趣味性。第三，有意义和价值的工作是富有挑战性的工作。任务具有一定难度，可以激活人的内动力。第四，工作的意义在于工作过程中能体现主体意志，工作成果能反映个人奋斗的结果。第五，工作有价值在于积极反惯工作成果，迅速获得评价。“功则授禄，能则授职”，让行为主体感受付出的回应，延续和强化动机，及时回馈使绩效强化。

② 目标激励。目标是超越事物现实客观状态的预设，是期望的具体化。它体现人的期望心理，引领人的行为走向。设定科学的目标是人的行为动力，所以目标具有激励价值。目标的激励作用是有条件的。期望理论强调，要想取得良好的管理效果，管理者就要帮助被激励者设定科学的、可能的行为目标，以发挥最大的目标价值。依据期望理论定义，目标价值指被激励对象对一定的行为目标的理性认识和主观评价。[①] 一般而言，目标价值并不因目标层次的高低而变化，而因目标与行为主体的“切合性”而变化。由于每个人所处的环境和所受的教育不同，对同一目标的认识、理解和评价就会不同。也就是说，同一目标，可因不同个体而有不同的目标价值。目标价值越高，对人的激励程度越大，但目标价值并不随目标层次而升降，目标价值的高低取决于目标与客观现状的“切合性”，既符合实际，又是行为主体力所能及的。

③ 授职激励。人有对权力、社会地位和荣誉的需要。在现代社会，权力需要是指具有影响和控制他人的一种欲望或内驱力。在组织中，“能则授职”是一种“信任激励”。授职激励必须坚持任人唯贤，升降得当的原则。坚持正确的任用方针，唯能是用，德才兼备，奖对一人，就会鼓舞一片；

---

① 韩修山，阎守寅．管理哲学纲要［M］．北京：农村读物出版社，1987.260.

罚对一人，就会教育一片，这样才会起到激励的作用。相反，选错一人，就会冷落一片；奖错一人，就会寒心一片，不能起到激励的作用。

④ 奖惩激励。措施和手段是激励机制中不可或缺的内容。奖励作用的发挥条件有两个：一是某种奖励能满足个体的需要；二是这种奖励能被相关群体认可。由于管理者实施奖励措施的目的不仅仅是为了激励个人，更是为了激励群体，所以，管理者在考虑和设计管理的强度时，就必须对个体和群体两个方面的心理效应进行综合考虑。

⑤ 民主激励。参与管理是现代新型的管理方式，是一种民主激励的形式。“机会是激励知识型教工创造、传播和应用知识的更具有影响力的要素，如参与决策、更多的责任、个人成长的机会、更大的工作自由度和权限、更有兴趣的工作等。”①

⑥ 楷模激励。现代心理学研究表明，任何人都有一种追求在群体中出众的内在冲动和强烈愿望，把人的这种内在冲动和强烈愿望转化成为具体的行为过程，是一个组织创造业绩的条件。通过组织树立榜样，榜样具有与领导不同而与群众相同的社会角色，所以更具有可模仿性和感召力。

⑦ 情感激励。情感激励就是尊重人、关心人、对人倾注真挚的、炽热的感情，从而调动人的积极性。

面临时代的变革发展，激励机制的内涵、激励理念也是不一而足的，但其根本点不变——谋求人的主体发展意识的觉醒。文化管理采用的价值激励、目标激励、授职激励、奖惩激励、民主激励、楷模激励、情感激励，核心思想就是为了人的发展。

总之，人是文化的生产者，文化也是人的生产者，人的世界是文化的世界，文化是人诗意存在的栖居地，只有在文化的世界中，人才是人，离开了文化世界，人只是一种动物。人作为文化的存在，借助人类特有的符号，内化人类积累的经验，使人成为有思想的存在。

（三）制度的变革：学校的管理与治理

管理是一种潜能巨大的可再生资源。通过前面的研究我们可以知道，

---

① 韩修山，阎守寅．管理哲学纲要［M］．北京：农村读物出版社，1987.260.

在现在学校中，传统和僵化的教育制度制约了具有精细、集约、可预见和可度量特点的方法的制订。法国思想家米歇尔·福科（Michel Foucault）对此的解释是，它规定了人们如何控制其他人的肉体，通过所选择的技术，按照预定的速度和效果，使后者不仅在“做什么”方面，而且在“怎么做”方面都符合前者的愿望。这样，纪律就制造出驯服的、训练有素的肉体。纪律既壮大了人体的力量（从功利的经济角度看），又减弱了这些力量（从服从的政治角度看）。它使体能脱离了肉体。如果学校的管理制度都是这样的规约，那么很难想象我们的学校教育可以生成独具特色、个性张扬的生命个体。制度规范必须服务于道德，必须经常按照道德的要求进行修正，或者说规范必须按照卓越人性（virtues）去修正，才能具有合法性。

在这里，有必要对X理论、Y理论和Z理论这三种理论的内涵进行说明。这三种理论均属于管理学理论体系，它们都建立在一定的动机论的基础之上。X理论、Y理论是由麦格雷戈在1957年提出的。他将当时流行于美国企业界的那种专制管理办法称之为“X理论的管理办法”。这种理论把人看作是被利用的物，看成是无个体性的存在，因而是可以互换的。这种理论认为，人都仅仅生活在满足生理需要的阶段，处于脱离价值和人性衰弱的水准。他们本能地厌恶工作，必须对他们采取逼迫、控制、指导甚至惩罚等专制的管理办法才能促使他们完成工作任务。麦格雷戈抨击了X理论的管理方法，并基于马斯洛的需要五层次论提出了Y理论的管理方法。其基本设想是：（1）人在工作中耗费体力和脑力同游戏和休息一样自然。一般人并不是本能地讨厌工作，工作究竟是一种满足（因而被自发地完成），还是一种惩罚（因而被尽量避免），取决于人为控制的条件。（2）外部控制以及惩罚的威胁并不是使人们努力完成集体目标的唯一手段。人们会为了达到他所努力的目标而进行自我指导、控制。（3）为一定的目标献身是奖励成就的一种结果。最有意义的奖励是自我以及自我实现的需要得到了满足，它可以变成为集体目标而奋斗的直接结果。（4）只要有合适的条件，普通人不仅能学会承担责任，而且能学会追求责任。（5）使用较高程度的想象力和独创力来解决集体问题的能力为人类多数而不是少数所有。

（6）在现代工业大生产的条件下，普通人的聪明才智只有一部分被发挥出来。[①] 马斯洛在此基础上又提出了Z理论的管理方法，Z理论进一步强调超越性自我实现者受超越性需要的控制，也就是受超人类的价值、存在价值或宇宙价值的激励。他们的心理发展水准处于超自我、超个人的水准，因而在管理上就是非个人的。[②]。学校的管理应逐步走向根据Z理论中提出的满足人的超越型自我实现者的超越性需要，实行存在价值的激励的管理，使学校的管理与治理向具有高效能的方向发展。

教育效能（educational effectiveness）是当前国际教育研究重点探讨的一个领域。虽然从字面上讲，功能（function）与效能（effectiveness）都指的是事物所蕴藏的作用，但功能是事物本身所固有的一种特性，是该事物与他事物发生关系时产生的作用，而效能往往指功能的现实体现，在某种意义上可以说是功能的发挥程度。因此，人们对功能的研究往往是静态的，而对效能的研究与描述往往是动态的。中外许多学者曾试图对学校效能（school effectiveness）及其相关概念作出界定。

1. 美国高效能学校的特征：（1）积极的氛围和文化；有序的环境；把提高学生学习成绩作为学校全体成员的共同使命；以解决问题为导向；教职员工团结一致；教职员工参与学校的决策；强调教职员工在学校范围内的积极表现。（2）重视学生对核心学习技能的获得，充分利用学习时间；重视学生对核心学习技能的掌握；掌握自我管理的策略。（3）对学生进步的适当监测：学生的身心发展；学生的学习情况；在校表现；校外活动；潜在的困难。（4）卓越的学校领导：积极挑选和更换教师；经常监测学校活动；在学校改进活动上投入大量的时间和精力，支持教师；一流的教学领导。（5）重视家长的参与：家长参与学校的决策与管理；学校与家庭联系的频率；为家庭教育环境提供学习上的支持和帮助。（6）有效的教学安排和实施：学校的教学环境优良；有效地利用课堂时间；教师的教学设计能力。（7）对学生的高期望值和要求：经常对学生进行鼓励；对学生的学习有明确的目标；及时为学生提供学习上的帮助和支持。（8）其他可能的

① ［美］亚伯林罕・马斯洛．马斯洛人本哲学［M］．成明译．北京：九州出版社，2003.33.
② ［美］亚伯林罕・马斯洛．马斯洛人本哲学［M］．成明译．北京：九州出版社，2003.34.

相关因素：教育经费充足；较好的社区环境。

2. 英国高效能学校的特征：（1）强有力的校长领导。校长的领导因素是影响学校效能高低的一个重要因素，而成功的校长领导具有下列几种主要特征：第一，重视学校教育目标，包括主动积极的管理，重视人地相宜与学校管理团队的一致性。第二，分享专业领导地位。副校长参与决策，教师参与学校管理、课程设计，聘请教师担任学校行政顾问，有助于提升学校专业领导效能。第三，强调学校领导的专业特性。校长的角色应强调领导的专业特性，校长参与和了解教师进行的教学活动，包括课程、教学策略以及督促学生的进步等，亦为专业领导的主要内涵。（2）学校成员有共同的愿景和目标。只有学校成员能够获得一致的认识时，才能显现学校的效能，并且能以共同合作的方式完成其教学任务，而愿景和目标分享则包括下列各项：第一，在学校教育目标上的一致性，包括学校成员价值理念的一贯性。第二，在教育实践上的一致性，如学校课程大纲研究发展以及能对学生的学习产生积极的作用。第三，学校行政部门与教学人员共同合作，教师有机会参与学校决策。学校应该有教师共同认同的价值观和行动方案。（3）较好的学习环境。学校的文化传统，有些是由学校愿景和教职员工价值观念所决定的，同时也受到学生学习风气的影响。其中，学生学习风气又受到下列两个层面因素的影响：班级秩序和具有吸引力的学习环境。（4）良好的教学品质。在教学品质方面，包括每日担任学科课程所占的时间比例、投入学校行政工作的时间和指导学生作业的时间之比例等，是教学品质的主要效能指标。其次，在学科教学效能指标方面，包括通过各项考试人数比例、课程的范围、学生的学习成绩、学生的进步情形等，亦为重要的学校效能指标。（5）高度的期望。学校和教师对学生的高度期望，会激励学生更加主动地学习，并且进一步挑战其智能。一般而言，教师对学生或班级的高期待，将会对学生的学习成绩产生巨大的影响。（6）积极强化。包括为学生提供公开和公平的教育活动与训练机会，对于学生的表现进行直接的反馈，如赞许和欣赏等。（7）积极引导学生进步。建立学生、班级和学校发展不同层级之成绩的评价和引导机制，其运作细节包括评估学生的发展和提高学生的学习成绩，建立科学的学生和学校发展评价量表。

3. 我国高效能学校的特征：(1) 具有先进的办学理念和高远的办学目标。(2) 顺应时代发展潮流，勇于探索，锐意进取。(3) 遵循教育规律办学，走科研兴校之路。(4) 科学、有效的高水平管理。(5) 校长将主要精力放在抓学校的重点、核心工作和解决关键问题上，做校长分内的事。(6) 能够处理好影响学校发展的几个主要关系：远功与近利的关系；继承与发展、创新的关系；全面育人与办有特色学校的关系；教学与教育的关系。(7) 一个成功的好校长。这些校长的成功品质是：他们对教育事业表现出了无限的热爱与忠诚，表现出了强烈的事业心、高度的责任感；高尚的道德情怀和崇高的人格魅力是校长获得成功的必要条件；善于识人、用人，带出一支高素质的教师队伍，是成功校长治校能力的突出表现；勤学与善思、躬行与笃行是成功校长的又一重要特征，也是促使他们成功的重要条件；广阔的视野，过人的胆识，顺应时代发展的权变意识是成功校长的又一显著特征。

高效能的学校管理可以为教师提供高质量的生存方式、高品位的生存空间、高自由的生存向度，使教师尽可能走向可能的生活。事实上，这也是教师从“工作体”向“生命体”的回归。从“工作体”向“生命体”回归，是改善教师生存状态的根本途径。所谓“工作体”，就是把工作放在第一位，把生命放在第二位，为了工作而不顾身体的随能力而去超负荷劳作，造成生命体能透支。“生命体”就是遵循人的发展规律，摒弃一切工具性和机械性的管理手段，尊重人的个性自由、和谐发展，满足人的心理需要，把人放在一切工作和管理的中心位置，使适当的压力变为教师工作的动力，适当地超时付出应该得到适当的回报，这样就会使教师能够在轻松快乐的氛围中工作和学习。学校管理者“应自觉地实践教师管理从‘工作体’向‘生命体’的本源回归，真心关注生命，着力营造和谐的教师管理文化氛围。只有这样，以人为本的教师管理模式才会有厚实的生存发展土壤，才会真正体现生命意义和生命幸福”[①]。这是改善教师生存状态的关键所在，也是当前教育改革和发展的必由之路。

---

① 黄金权．教师管理：从“工作体”向“生命体”回归［J］．中小学管理，2005，(9)．

（四）自我的觉醒：教师的自主发展

人和动物相比，究竟“特殊”在什么地方呢？马克思说：“可以根据意识、宗教或随便别的什么来区别人和动物。当人们自己开始生产他们所必需的生活资料的时候（这一步是由他们的肉体组织所决定的），他们就开始把自己和动物区别开来。”[①] 可见，人与动物的区别或人的“特殊性”就在于人能自己生产所需要的生活资料，而这一点也就意味着他改变了“生命体”的生存基础、存在方式和自然本性，人成为既自在又自为的生命体。生命本来是自在的，人的生命却变成了自为的。自在的生命体是由自然主宰的，自为的生命体却是由自我主宰的，即对于人这个生命体来说，自我的存在更为重要，人要成为自己的主宰、支配者与驾驭者。人之所以作为“主体”，首先是就其对自己生命活动的支配来说的。自为存在的生命体，意味着人是自我创造、自我规定的生命存在。

制度的规定是“应该”的规范，它仅限于实质的努力但达不到实质的解决。由于从“应该做某事”推不出“应该做某事是好的”这样的结论，“应该”的规范总是基于利益的行为策略，它表现为劝导或威胁，这种义务论的观点不可能是全面的，所以，完全靠制度的管理尤其是对职业自主性较强的教师来说是不全面的，教师的自觉行动显得更重要。赵汀阳在解释人的“可能生活”时曾指出，自然存在的实质是 to be，生物存在的实质还是 to be，当然它表现为生存（to survive），而人的存在的实质则表现为 to do 或者 to create（创造）。显然，创造是人的存在实质中具有唯一性特色的目的，它把存在事业化，把生命责任化。动物是自在的存在，人是自为的存在。自为是自己做主，使自己有所为，它是人在对环境作用的过程中表现出来的人的自我意识和主体性。相对于动物自在的无意识或潜意识，意识和自我意识成为人生命存在的前提。人是有意识的，这种意识使他的生命活动变成自己的支配对象，成为生命活动的主宰。人是有意识的，这种意识通过生产劳动支配人的活动对象，变革人的生存环境、外部的客观世界。这意味着人是自我发展、自我生成的主体，人是改造自然的主体。人

---

① 马克思，恩格斯．马克思恩格斯全集（第 3 卷）[M]．北京：人民出版社，1960.

作为自为的生命体，是一个主体，他在对客体改造的过程中呈现出积极性、主动性，对客体的改造反映出自己的意志，使客体刻上人的本质的力量。所以，自为的生命是一种主动的生存方式，它源于生命本性的需要，使生命本身焕发出活力，表现出创造性，不断追求自由。

莱温的群体动力学的研究认为，改变人的生活空间的“力”有两种：一种是产生于人自身需要的“自身力”，另一种是来自周围环境的“诱导力”。而对社会变化影响最显著的，是那些既有个体自身的力又有来自外部影响个体的各种“能量场”的诱惑力。① 叔本华在谈及人格时说：“人格所具备的一切特质是人的幸福与快乐最根本和直接的影响因素。其他因素都是间接的、媒介性的，所以它们的影响力也可以消除、破灭，但人格因素的影响却是不可消除的。”② 所以，教师生存状态的改善，更需要教师走向自主发展。

1. “教师自主发展”的内涵

按照《现代汉语词典》③ 的解释，“自主”一词的语义学意义是自己做主。《辞海》中对“自主”的释义为：“自己做主，不受别人支配。”④ 具体来说，“所谓自主，就是凭自己的主观意识，积极主动地进行学习的一种精神状态。它发自于人的主观意识，不是被动，不是强迫。”⑤ 美国学者克朗顿提出了“自我指导的专业发展”的观点，他认为独立、自由、自主、赋权和自我指导是成年人学习和发展的目标，“自我指导的专业发展”具有个体自主、自我管理、自我监控和自学自修的特征。它突出了教师个体在专业化发展活动中的主动性，其本质就是教师的自主发展，需要教师不断进行自我更新和不断成长。总之，教师自主发展就是“教师自觉主动地追求作为教师职业人的人生意义与价值的自我超越方式”⑥。教师自主发展既是一个目标，也是一个过程，更具有一种学习的特征。弗洛姆在《为自己的

---

① 张小军．社会场论［M］．北京：团结出版社，1991.84—85.

② ［德］亚瑟·叔本华．叔本华人生哲学［M］．李诚铭译．北京：九州出版社，2003.9—10.

③ 中国社会科学院语言研究所词典编辑室．现代汉语词典［M］．北京：商务印书馆，1978.1524.

④ 辞海·缩印本［M］．上海：上海辞书出版社，1999.2281.

⑤ 王守恒，姚运标．课程改革与教师专业发展［M］．合肥：安徽教育出版社，2007.312.

⑥ 这是金美福博士在其博士论文《教师自主发展论》中对“教师自主发展”的含义界定。

人》一书中说，人的目的就是造就人自己（to be himself），而且，达到这一目的的条件就是，人一定是为自己（for himself）的人。人必须承认他对自己负有责任这一事实，而且，他必须接受这个事实，即只有运用他自己的力量，才能使他的生命富有意义，否则，他的生命就没有意义。认识人展现自己力量的能力，人才能实现他的使命：成为自己，为着自己、并凭借充分实现其才能而获得幸福。这些才是人所特有的能力——理性、爱、生产性的工作。

教师自主发展的主要特点是：（1）发展需求和愿望的内在性。教师的自主发展需求和愿望是内在的，这种需求和愿望是根据自我意识、基于个人的人生价值与意义的追求愿望和目标而产生的，称为自我超越的意识，是自我超越的内在动力和依据。（2）发展内容的个体性。教师自主发展的发展内容具有个体性，即发展的是个体的内在潜能。不是为了符合外在的标准，而是为了发挥个体内在的潜能，即具有个体特点的兴趣、爱好和才能。这里的个体性并不排斥社会性。我们已经看到自主发展型教师是在最大可能地发挥个人的潜能，从而在承担和履行个人作为知识人的社会使命方面达到最优化的人。（3）发展个体的自觉主动性。自觉主动性是发展个体的主体地位和主体性的集中体现，它与被动、消极相对应，也是能动性的体现。教师的自主发展是一种自觉的、主动的发展状态，是基于教师的主观能动性的自我超越活动。自觉主动是一种发展的状态，这种状态是教师的一种日常生活方式，表现为行为的方式，但实质上是人性中能动性的表现。自主发展是教师职业生涯的最高境界，正如小原国芳所说的那样："与其做一个完成的大行家，不如永远做一个未完成的学徒"[①]"完美无缺的人格与学识，没有必要。教师需要的是不断地前进，进步乃是最重要的资格"[②]。

2. 教师自主发展的实质核心：个体生存方式的认定和实现[③]

随着人们对工具性教育的认识加深和对之进行的补偏救弊，以及人们

---

① ［日］小原国芳．小原国芳教育论著选·上卷［M］．刘剑乔，由其民，吴光威译．北京：人民教育出版社，1993.302.

② ［日］小原国芳．小原国芳教育论著选·下卷［M］．刘剑乔，由其民，吴光威译．北京：人民教育出版社，1993.360.

③ 吴惠青．论教师个体的生存方式［J］．教育研究，2003，(6)：44—45.

对教师发展的全面重视，我们看到一种希望——教师必然要从“工具”的角色中走出，寻求自身生存和发展的意义。然而，我们的教师应当追求一种什么样的生存方式，又该如何提升和实现自己的生存价值和生存意义呢？

作为哲学家的苏格拉底首先是一位教师，就如存在主义哲学大师基尔凯郭尔无比羡慕作为哲学家的苏格拉底的生存方式一样，我们也完全有理由由衷地赞美作为教师的苏格拉底的生存方式。作为教师的苏格拉底看到教育最能使人获得理解力，使人善良，他“把教师放在建立一个美好社会的中心位置”①，而他自己也正是这样身体力行的，“他那笨拙的体态总是包裹在长年不换、皱巴巴的宽大外袍里，优哉游哉地穿过古希腊的人民大会，对政治喧嚣不闻不问，只是逢人便强留住对其侃侃而谈。就这样，他把年轻人中的有识之士聚拢在自己的周围，然后率领他们来到神殿柱廊或某些遮阴的角落里，叫他们在争论之前先对自己的用词加以限定和说明”②。这就是作为教师的苏格拉底的生存方式，或许他正是从这样的生存方式中获得了智慧和实践的力量。或许，这位伟大的教师所践行的生存方式正是我们所寻找的理想的教学生活方式，或者至少应该说，其深刻内涵启迪着我们对一种智慧的教学生活方式的追求。

能够进行这种智慧的生存或生活方式的教师，是自己生存意义的守护者。他能思索自己的存在，并赋予这种存在以独特的意义和方向；他要有感受生活意义的能力，主动去除各种外在的遮蔽，而体验到自我生存的内在意义，从而获得一种自由的人格，成为创造美好教学生活的真正主人。而他从事教育的职业理念，应作为其生存方式的深层依据。他每天经历的教学现场就是他成为他自己、实现其独特的生存价值的生存居所。需要指出的是，这样的教学现场不再是脱离师生现实生活的“理智训练所”，而是师生精神相遇、个性自由表达、身心愉悦、情感互动、活生生的生存空间。秉持上述生存态度的教师还能够在自己的生命意向和职业信念的指引下，客观地回顾过去，充满信心地计划未来，不断找寻自己教学生活的本真意义，实现自己、提升自己、超越自己。

---

① ［美］S. E. 佛罗斯特．西方教育的历史和哲学基础［M］．吴元训译．北京：华夏出版社，1987. 61.

② ［美］威尔·杜兰特．哲学的故事［M］．梁春译．北京：中国档案出版社，2001. 11.

作为教师个体，如何去创造这种智慧的教学生活，并真正获得人格的自由发展呢？我们认为，对“生存真理”的真正体验必须由教师个体自己担当和完成。因此，一方面，教师自己应该主动积极地寻求理想的生存方式，并从中获得自由和发展。另一方面，教师教育和培训机构以及相关研究人员应当为教师个体提供生存和发展的合理环境，如良好的外部氛围和条件支撑等。

首先，对于教师自身来说，教师应该成为他自己的创造者。教师要形成自觉的发展意识，树立正确的生存信念，要对自己的生存价值和意义进行认真思索和规划，努力克服外部各种有碍于实践合理的教学生活方式的困难，从而获得主动、积极的发展。另外，教师还必须清楚地认识到教育学生与自身发展并不是不可并存的，教学过程并不是消融自己、牺牲自己的过程，教师要能从中不断完善自己、获得成长，真正在育人的过程中实现育己。

其次，我们应该全方位地拓展教师发展观，从人生追求、职业信仰、教学理想、自我发展等教师借以安身立命的问题拓宽和更新教师教育和培训的内容，因为自我持续生长和发展的能力是教师发展最根本的内涵。然而，对教师发展的狭义理解，使目前我国教师发展大多停留在通过参加各种形式的短期培训班，以此补充教师有关的学科知识、进一步提高其业务水平的层次上。现实表明，这类短期的、应急的培训，对于许多教师来说，可能只是一个形式而已，其效果并不尽如人意。另外，教师在接受此类培训时往往是迫于外在的各种要求，如行政上的、学历上的等要求，而缺乏一种内在的主动需求和发展愿望。因此，有必要摒弃在教师发展问题上各种外部强加的和急功近利的取向和做法。

再次，我们应当始终坚信教师个体每天亲历的教学现场是其可能获得主动发展的最佳场所，并切实赋予其自主发展、主动实现自我生存价值的真正权利。我们认为，教师个人的发展愿望、生存意向来源于其活生生的教学现场，来源于其现实教学中肩负的期望和责任、遇到的挑战以及遭遇的矛盾和冲突等，而这种生存和发展的要求对于教师来说才是最为贴切的。而日常的教学实践也往往给予教师以灵感和获得发展的力量，教师的真正发展归根到底要落在教师自身及其日常教学上。我们以往的做法不仅忽略了教师本身的内心需求和现实关怀，将教师的发展与其实际教学脱离开来，而且忽视了教师自我发展的力量。

3. 教师自主发展的实践策略

在现代社会，随着教育在促进人的阶层流动中起到的作用越来越大，以及对人的主体性的张扬的要求越来越多，学生从教育活动中被解放出来，人们对教师的期望越来越高，几乎要求教师成为一个“完人”，同时社会对教师的价值取向、价值认同、价值选择、价值评价和价值实践等方面的规范也越来越多，人们将教师职业神圣化，使教师承担了不小的压力。长期以来，教师被社会的价值认定所规训，最后发展为教师被自我规训，在衡量自身的价值时，要借助于自身以外的标准。教师不再是他们自己，而将自己作为一种工具，承担着两种职能——通过自己的劳动推动社会的进步和促进学生的发展。自我利益的消解是教师在职业活动中动力缺失的一个重要原因，也使教师离常人的生活越来越远。社会应为教师营造宽松的舆论氛围，对教育中存在的问题进行正确的归因，使人们的思想感情进行最普遍的相互沟通，人们的行为方式进行最直接的相互协调，最终使教师得到最便捷的自我认同。

（1）提高教师对生存状态的自觉

人要自救，首先要自觉。这个“自觉”是指个人对自我的地位和自己的生存境遇有感觉、有思考，有审视自己生活状况的能力。就我国目前的教师群体来看，出于谋生愿望和个人爱好去从事教师职业的教师占绝大部分，因而他们在职业活动中缺少创造性，缺少自我批判、自我反思和自我超越的能力。黑格尔说：“每个人都是一个整体，本身就是一个世界，每个人都是一个完满的、有生气的人，而不是某种孤立的性格特征的寓言式的抽象品。”作为教师，应具有自我负责和实现自我计划的能力，自求新知、日新不已、调整身心，以解决教育教学中出现的各种问题，以应对职业活动中出现的各种危机和挑战。

（2）在职业活动中树立生命成长意识

教师更多的是被当作一种育人的工具，他们无自我意识地按照社会的伦理规范去从事职业活动，导致了自我利益的消解，缺少自我分析、自我评价，缺乏自我塑造的主动性，忽视了职业活动对自我的价值——生命成长的实现。教师在职业活动中不能忽视自身存在的意义，应能够通过职业活动满足自身的需要，寻求职业活动中“人”的尺度，使教学活动成为师生共同成长的手段。创造自己和发展自己是人类的本质之一，教师在遵从社会主流价值观的同时，应关注自身生命价值的完善，在获得自我发展、实现自我价值的同时，促进社会进步。教师应有能力根据自己的目的、欲望、要求和理想进行改造对象的生产活动，在职业活动中能动地改造客体。但这种改造不是盲目的，而是在满足社会和学生发展需要的同时，能够根据对象的生长发展规律来选择自己的职业活动的行为和方式。教师应自觉到“我”是主体，确认和肯定“我”的主体地位，在职业活动中提高自主性、自为性和自律性，认识到“我”是思想与行为的主体，在职业活动中寻找生命成长的最佳方式。

值得注意的是，个人是属于一定的社会形式的，在个体的关于意义的自我意识中，它总是留有社会意义的自我意识的痕迹。每个个体所寻求和反思的“意义”总是具有社会内容的人生价值，包括社会正义、伦理道德、法律规范、政治制度、历史规律和人类未来等问题。自由是实现自我的力量，社会各界应有意识地为教师群体提供宽松的精神环境，对教育中出现的问题进行正确的归因，减少教师的精神压力，为其提供自我超越、自我反思和自我批判的社会前提。

(3) 教学叙事：改善教师的职业生存状态

所谓教学叙事，是指教师以其独特的叙事视角对自己的教学进行描述，并在不断的反思中提高教学效率和促进教师专业化发展的研究活动。由于教师的专业发展水平决定着他们的职业生存状态，因此，从这个意义上说，教学叙事也是改善教师职业生存状态的一种有效手段。

① 教学叙事的特点主要表现为叙述性和反思性。叙述性是指教学叙事的主体——教师——对具体的教学事件进行描述，这种叙述必须相应地反映出一定的情节性和可读性。反思性是教师在反思中改进自己的教育实践的一种思维倾向。叙述自己的教育故事是教师进行教学研究最直接、最有效的行动方式，它往往采用详细叙述的方式，介绍问题发生与解决的整个过程，留意一些有意义的具体细节和情境，反映具有典型性的教学事件，并尽可能地描述教师自己在教学事件发生时的心理状态。

② 教学叙事改善教师职业生存状态，促进专业化发展。教学叙事贴近教师的教育生活，是教师进行教育教学研究较理想的切入点，在改善教师职业生存状态、促进其专业化发展中起着重要的作用。第一，提高教师的教育实践能力。教学叙事可以弥补教师单纯的专业理论学习上的不足，同时，也消除了脱离理论学习的经验总结不可能促进教师教育实践能力的发展的弊端，使教师在实践中积累经验，并结合实际需要不断进行理论学习，从而提高自己的教育实践能力。第二，有利于教师树立正确的反思意识。通过不断地反思，教师的自我觉察能力和自我反省水平得以提高，教育教学能力获得提升。可以说，教师将这节课的某个教学事件的反思插入到相关的教学环节中，通过诸如"我做了什么""有什么不足""我的专业任务完成得如何"等心理描述，对实际教育教学进行感受和体验，发现教育中的问题，以批判的眼光审视自己的思想、行为、价值观、态度和情感，重审自己从事教育教学的思想依据，并积极寻求解决问题的突破口。最后，在实践中检验经验并发现新的问题。教师对教育实践不间断、不断升华的反思，最终促进自身教育实践能力和教育质量的提高。第三，使教师成为研究者。研究具有特有的实践性特点，也就是在教育中研究、在研究中教育。作为教育实践者的教师，无疑是进行教育教学研究的积极参与者。教师通过自己熟知的教学叙事研究来改进自己的专业工作，乃是最直接、最合适的方式，因为他们往往能比外来研究者得出更符合实际的结论。教师还是教学活动最理想的观察者，他们可以通过反思教育生活，找到解决问题最合适的方式和方法，提出最贴切的改进建议，并通过自身的实践活动不断进行自我检验、修正和完善。

③ 教学叙事目标的最终实现，有如下作用：首先，提升教师发展价值的扩展能力。从课程、学生、教师本身等方面收集有关资料，利用自我提问或开展合作研究来确立假设、验证假设，改进现状。其次，提高教师创造性反思的能力。创造性反思是教师发展的工具，教师成长＝经验＋反思。教师只有学会进行创造性反思，才能积极主动地寻求自己的专业化发展，把教学的信念和技巧内化，使教学更加有效。再次，提升教师职业特点的实践能力。注重教育实践能力，树立教育观念，通过反思构建自身经验的系统，形成教学指导能力。教师既是一个学者，又是一个教育理论的实践

者。在教学情境中，教师要具备最起码的问题意识和研究意识，使用自述、回忆、记录、访谈等资料收集方法，通过反思和合作，界定问题及其范围，并寻求合理的方案加以解决。教育故事研究的基本环节是：教育故事的描述—分析—归纳—创设—问题研究。它以丰富的叙事形式，向人们展示了包含有教师和学生的动机、行为、价值观、思想、感情、矛盾等内在的生动故事。

(4) 教师的幸福能力及其培养

幸福是一种能力，是一种有关幸福实现的能力。教师的幸福能力及其培养实际上就是教师幸福的实现问题。教师幸福的实现需要两个方面的前提条件：一是狭义的幸福能力的培养，二是广义的幸福能力的培养。

① 狭义的幸福能力的培养

所谓狭义的幸福能力，是指主体必须具有健康向上的人生观、价值观，具有品味人生意义的价值性条件。幸福能力需要培养，最主要的原因在于幸福与主体的联系。人人都向往和追求幸福，但并非人人都能获得幸福，获得与感受幸福都是一种需要磨砺和培养的能力，实现从可能到现实的重要中介就是道德教育和全部教育活动。主体要具备的幸福能力至少包括三个方面：a. 主体必须有一个合乎人本质的人生目的。没有目的的人生，幸福就无从谈起。b. 主体必须有一种走向最终目标的创造性活动，没有创造性的人往往难以获得更大的幸福。c. 主体的合目的的创造性活动本身必须合乎人之为人的道德法则。这是一种“德福一致”，而且是一种没有冲突的“德福一致”。道德教育和全部教育活动在帮助人获得真正的人生目的、获得幸福人生所必需的创造性和道德法则上均具有重要的意义。

幸福能力需要培养的第二个理由是大量幸福病态的存在，其中最突出的幸福的病态就是享乐主义。享乐主义的最大危害在于它像毒品一样损害人对幸福的感受能力。重新找回人类自身追求和感受幸福的能力，是教育事业最根本的主题。教师幸福能力的培养的基本要求有以下几个方面：第一，教师要充分认识自己的职业意义，将自己的生命意义与之联系起来；第二，教师必须有较高的德性和人生境界；第三，教师要有对教育活动的主体实践能力，其中包括将自己的价值理想付诸实践并取得成效的能力。

② 广义的幸福能力的培养

幸福的创造与感受所需的一般性条件，我们称之为“广义的幸福能力”。教师要有广义的幸福能力，首先要具备良好的知识结构。这一知识结构主要包括本体性知识、背景性知识和条件性知识三类。制约教师成功的知识瓶颈主要是背景性知识和条件性知识。其次，教师必须具有高超的教育能力。最后，教师还应当具有审美的能力。幸福能力从某种程度上讲就是一种对主体自由的审美能力。这一审美能力既是乐教、乐学的中心环节，也是激发教师创造力的重要因素。审美能力是教师发现幸福、创造幸福的法宝。

总之，人的生存方式不是现成的、固定的，而是人自己不断地建构着、改变着的。人的生存实践造就了人的文化性、社会性生存方式，但这并不意味着每个人都要采取完全相同的、具体的生存方式。对于每一个具有个体性和自我意识的人来说，他参与创设并为其所“化”的文化、社会，既具有本体性、目的性，又具有功利性、手段性。“文化”“社会”作为人的本质力量的体现，归根到底是人借以认识、提升并实现自己自主自由的生命向度的方式。人为其文化、社会所规范而又将其利用乃至进行革新，这恰恰反映了文化和社会是人追求自主自由并解决人与自然、个体与群体、现实与可能、过去与未来的矛盾的过程；每个人的独特性和相互之间的差异与矛盾，决定了同一文化中、社会中的人的具体生存方式的多样化，亦即多样的“活法”。一般而言，人的生存方式都是生命表现和生存体验、生存处境和生存意向、生存能力和生命信念及生活本能和行为规则、社会角色与自我认同、个体主体与相互关系的矛盾统一，上述6对变量所组成的动态结构，其中每一变量或大或小的差异和变化，都会造成人的生存方式的差异。正因如此，人才有无限多样的“活法”。①

从上述第一对变量——生命表现和生存体验来看，首先，有意识的生命的存在即表现，亦即生命活力的有意义的释放。人们怎样表现自己的生命，他们自己也就怎样生存。人的生命表现既取决于对象，也取决于自身；不仅取决于自己的能力，也取决于自己的体验。体验不到生命活力释放的

---

① 张曙光．生存哲学——走向本真的存在［M］．昆明：云南人民出版社，2001．318．

快感和意义所在的人，就不可能有积极主动的表现；而愈是感到生命的可贵与美好，人就愈会热爱生命并使生命表现出最大的意义。

从第二对变量——生存处境和生存意向来看，人的生存方式直接受制于其生存处境，这个处境包括自然、文化、社会、思想等各方面，而每一方面都有它的独特的性质、规律和作用，人们不能无视它们的存在，不能任凭主观想象摆脱它们的限制。但是，处境的重要性，不仅在于它对人的生存方式的限定，而且在于它是人的生存活动赖以展开并能够加以利用和改变的对象和条件，是人所遭遇并可以有所作为的生存“境遇”，这就涉及人的生存意向。生存意向指的是人的生命活动的向度和目的性，具体表现为人的生命欲求和价值取向。

从第三对变量——生存能力和生命信念来看，人的生存能力无疑是决定其生存方式的主体力量。人的生存能力不仅有量的差异，而且还有质的不同，它直接造成人与对象之间不同的肯定方式，造成人的活动效益的差别，而人与对象之间不同的肯定方式，也就是人的各有其特点的生存方式，效益则关乎人的生活质量。但是，人的能力并不是物的力量，它是与人的生命信念直接关联并互相作用、相互转化的。生命信念不仅是人的能力得以提升的激励机制，还为它的发挥定向规范。所以，具有同样的能力而信念不同的人，其生存方式是不同的，“信念”本身就具有生存方式的性质。

从第四对变量——生活本能和行为规则来看，人的生理的和社会的“本能”导致了人生存的惯常方式，但是，在按照“本能”行事时，人不能不考虑并使自己适应各种成文和不成文的行为规则，包括伦理道德、风俗习惯、法规民约等。其实，人的社会性“本能”作为对自然本能的矫正或强化，很大程度上正是在适应这些规则的过程中形成的；但规则毕竟是人根据客观的可能与自身的需要制订或约定的，它也必将随着客观的可能与自身需要的变化而被改变，这样，人的生存方式也将随之改变。

从第五对变量——社会角色与自我认同来看，人的生存方式还直接取决于他在社会关系中的地位和自己担当的社会角色。但“角色”毕竟不同于每个人的“自我”：“角色”具有公共性和外在的规定性，“自我”却是直接属己的和内在的意识与意志。这两个方面的差异与矛盾也影响到人们对自己生存方式的选择。在人的社会地位、社会角色是“先赋”的传统社会中，人的“自我”往往认同于他的“角色”——“身份”，“角色”与“自我”的矛盾尚不分明；在现代社会中，人的社会职业是“后致”的，一个人同时可以承担若干不同甚至不无对立的角色，这样，“角色”与“自我”的矛盾也随之扩大，人们不仅会自己与自己过不去，而且与自己越来越疏远、陌生，乃至于发现“自我”分裂了，或压根就没有一个“自我同一”的“自己”可言，这是现代社会中人的痛苦体验。人的社会角色的对立其实反映的仍然是人与人之间的对立，人与自身的同一有赖于人与人之间的和谐。

第六对变量——个体主体与相互关系与第五对变量直接相关。个人的生存方式可以在一定程度上为个人所选择，体现着个人的主体性；但个人的生活方式不仅表现在私人生活领域，也表现在相互关系的公共或准公共领域，如何使主体性之间得以协调而不致互相冲突，却是一个很大的问题。在一个个人独自获得了市场经济的支撑和政治上的制度保障且自由观念深入人心的时代，交往共识的达成不失为一种有价值的选择，但交往本身的平等性、普遍性和充分化则又取决于社会的结构和人类文明的发展程度。

总之，在人与自然、人与他人和人与自身的关系中，实践地形成并变化着的生存方式，也必须在批判和重建这些关系的过程中，才能变得更加合理和自由。有一种说法认为，人的眼睛常常不能敏锐地发现与深刻地剖析自己的问题，因而必须借助于他者的眼睛，但求助的目的不应是直接地用他者的眼睛来寻找与审视自己的问题，而应是探究形成自己的“新眼睛”的可能性，何况他者的眼睛究竟是否真正能够帮助研究者形成自己的“新眼睛”，也不得而知。无论如何，他者的眼睛代替不了自己的眼睛，最终用来找寻与审视自己的问题的，只能是自己的眼睛。[①] 弗洛姆在《为自己的人》一书中强调，善就是肯定生命，展现人的力量，美德就是人对自己的存在负责任；恶就是削弱人的力量，罪恶就是人对自己不负责任。中学教师生存状态的改变更要依靠自己，相信自己的自为的生命存在，以意识为原基，孕育着主体的选择和追求，包含着对创造和自由的向往，从骨子里、本性中，使生命迸发出勃勃生机和活力。

---

① 马维娜．局外生存——相遇在学校场域［M］．北京：北京师范大学出版社，2003.4.

马克思把人的生存状态分为三个阶段：人的依赖关系是最初的状态，“以物的依赖性为基础的人的独立性”是第二大状态，“建立在个人全面发展和他们共同的社会生产能力成为他们的社会财富这一基础上的自由个性”是第三大状态。[①] 这三个阶段是人不断提高到自觉的类本位即人的全面发展的过程，是对人的对象性存在的否定之否定式的回归。人本来就是一种对象性的存在。对象性存在即一种自在自为的存在，随着人类实践能力的不断提高，人的主体性的不断确立，也表明这种自为能力不断提升，但是，人类的悲剧正是在于他挣脱了一种束缚却又陷入了另一种不自由——自为脱离，自在沦为获得自在的手段。因此，人类需要反思这种对象性存在。那么，怎样才能实现“自由自觉的类存在”呢？什么样的对象性存在才是人应该有的存在状态呢？马克思认为，生产力的高度发展可以使人逐渐卸掉异化的枷锁。但是，不能遗忘的是，异化的产生和异化的扬弃走的是同一条道路。因此，人应该在自觉摆脱“物的奴役”的基础上成为自由的人。这样的人才能成为全面发展的人，他不为分工所限制，不为物质所诱惑，他每一刻都在自由自觉地去创造自己的生命本性。

人的完满性生存状态是随着人类对自由的追求而不断后退的地平线。就其终极性来说，它乃是个永远不可能实现的“乌托邦”，但唯其终极性，才能让我们在事实重于一切的日常世界中恢复想象的力量，才能以其理念的力量给予人类以永恒的激励和引导，才能以其无限的空间赋予人之超越的无限性。这就是马克思的共产主义（人的完满性生存状态）在今天这样一个关注人的生存状态的大时代中给我们最大的启示。

---

① 马克思，恩格斯．马克思恩格斯全集（第46卷上）[M]．北京：人民出版社，1979.

参考文献

[1] [苏] 弗罗洛夫．人的前景 [M]．王恩斌，潘信之译．北京：中国社会科学出版社，1989.

[2] 李家成．回归生存——论"人之生存"语境下学校教育的价值 [J]．南京师大学报（社会科学版），2002，(5)．

[3] 邹诗鹏．生存论研究 [M]．上海：上海人民出版社，2005.

[4] 高清海．哲学与主体自我意识 [M]．长春：吉林大学出版社，1988.

[5] 俞国良，曾盼盼．论教师心理健康及其促进 [J]．北京师范大学学报（社会科学版），2001 (1)：21—22.

[6] Yvonne Gold，Robert A. Roth. Teacher Managing Stress and Preventing Burnout [M]. The Professional Health Solution. London：The Routledge Falmer，1993. 18—20，50—561.

[7] 赵汀阳．论可能生活 [M]．北京：三联书店，1994.

[8] 高清海，胡海波，贺来．人的"类生命"与"类哲学" [M]．长春：吉林人民出版社，1998.

[9] 柳海民．当代教育理论专题 [M]．长春：东北师范大学出版社，2002.

[10] 台湾师范教育学会．教师专业 [M]．台湾：台湾师范大学书苑，1992.

[11] 日本筑波大学教育学研究会．现代教育学基础 [M]．钟启泉译．上海：上海教育出版社，1986.

[12] 陈孝彬．教育管理学 [M]．北京：北京师范大学出版社，1999.

[13] 皮亚杰．教育科学与儿童心理学 [M]．北京：文化教育出版社，1981.

[14] 联合国教科文组织国际教育发展委员会编．学会生存——教育世

界的今天与明天［M］．上海师大外国教育研究室译．上海：上海译文出版社，1979.

［15］谢维和．教育活动的社会学分析：一种教育社会学的研究［M］．北京：教育科学出版社，2000.

［16］周浩波．教育哲学［M］．北京：人民教育出版社，2000.

［17］施良方．课程理论——课程的基础、原理与问题［M］．北京：教育科学出版社，1996.

［18］张文质．生命化教育的责任与梦想［M］．上海：华东师范大学出版社，2006.

［19］傅道春．教师的成长与发展［M］．北京：教育科学出版社，2001.

［20］尚强，张彦玲．深圳市教育蓝皮书（2005年卷）［M］．深圳：海天出版社．

［21］夏甄陶．人是什么［M］．北京：商务印书馆，2002.

［22］郭元祥．生活与教育——回归生活世界的基础教育论纲［M］．武汉：华中师范大学出版社，2002.

［23］Roland Meighan. A Sociology of Education［M］. London：Holt，Rinehart and Winston，1981.

［24］Peter Woods. Teacher Strategies：Explorations in the Sociology of the School［M］. London：Croom Helm，1980.

［25］陶志琼．教师是谁——教师教育哲学导论［M］．北京：中国文史出版社，2004.

［26］［美］麦金太尔．德性之后［M］．龚群译．北京：中国社会科学出版社，1995.

［27］王正平．教育伦理学［M］．上海：上海人民出版社，1988.

［28］檀传宝．教师伦理学专题——教育伦理范畴研究［M］．北京：北京师范大学出版社，2000.

［29］苏霍姆林斯基．给教师的一百条建议［M］．周蕖，王义高译．天津：天津人民出版社，1981.

［30］李晓燕．我国教师的权利与义务及其实现保障机制研究［M］．

广州：广东教育出版社，2001.

[31] [德] 弗里德里希·鲍尔生．伦理学体系 [M]．何怀宏，廖申白译．北京：中国社会科学出版社，1988.

[32] 张焕庭．西方资产阶级教育论著选 [M]．北京：人民教育出版社，1964.

[33] 刘次林．幸福教育论 [M]．北京：人民教育出版社，2003.

[34] [美] 亚伯拉罕·马斯洛．动机与人格 [M]．许金声译．北京：华夏出版社，1987.

[35] 陈艳华．谈教师的幸福 [J]．济南大学学报，2003，(1)：79.

[36] [美] 埃里希·弗洛姆．为自己的人 [M]．孙依依译．北京：生活·读书·新知三联书店，1988.

[37] 冯建军．生命与教育 [M]．北京：教育科学出版社，2004.

[38] [法] 埃德加·莫兰．复杂思想：自觉的科学 [M]．北京：北京大学出版社，2001.

[39] [法] 埃德加·莫兰．迷失的范式：人性研究 [M]．北京：北京大学出版社，1999.

[40] 贺来．现实生活世界——乌托邦精神的真实根基 [M]．长春：吉林教育出版社，1998.

[41] 张曙光．生存哲学——走向本真的存在 [M]．昆明：云南人民出版社，2002.

[42] 李连科．价值哲学引论 [M]．北京：商务印书馆，1999.

[43] 韩庆祥，邹诗鹏．人学——人的问题的当代阐释 [M]．昆明：云南人民出版社，2001.

[44] 袁贵仁．价值学引论 [M]．北京：北京师范大学出版社，1991.

[45] 金生鋐．理解与教育：走向哲学解释学的教育哲学导论 [M]．北京：教育科学出版社，1997.

[46] 王坤庆．新世纪人文主义教育价值观思考 [J]．教育研究，2000，(8)．

[47] 鲁洁．超越与创新 [M]．北京：人民教育出版社，2001.

[48] 王正平，郑百伟．教育伦理学——理论与实践 [M]．上海：上

海教育出版社，1998.

［49］褚宏启．关于教育价值与教育价值观问题的讨论［J］．北京师范大学学报（社科版），1996，(3)．

［50］李晓燕．我国教师的权利与义务及其实现保障机制研究［M］．广州：广东教育出版社，2001.

［51］李鹏程．当代文化哲学沉思［M］．北京：人民出版社，1994.

［52］苏鸿．基础教育课程改革与学校文化重建［J］．课程·教材·教法，2003（7）：10—14.

［53］［美］亚伯林罕·马斯洛．马斯洛人本哲学［M］．成明译．北京：九州出版社，2003.

［54］［日］小原国芳．小原国芳论著选·上卷［M］．刘剑乔，由其民，吴光威译．北京：人民教育出版社，1993.

［55］吴惠青．论教师个体的生存方式［J］．教育研究，2003，（6）：44—45.

［56］张曙光．生存哲学——走向本真的存在［M］．昆明：云南人民出版社，2001.

［57］马维娜．局外生存——相遇在学校场域［M］．北京：北京师范大学出版社，2003.

后　记

出于一种对"科学的高傲"的美慕和对"科学的谦虚"的向往，我执着地走进了科学的殿堂，我在这里欣喜过，也痛苦过，快乐过，也迷失过，顿悟过，也困顿过，但在各位老师和学友的指引和呵护下，我走过来了，尽管我知道自己还是一个幼稚、浅薄、不够深刻的学徒，还不敢充当那殿堂中的学者！

布迪厄在解释自己的《学术人》一书出版时说："研究探索过程即使不比最终结果更重要，至少关系同样重大。"我认为我读博士的过程比结果更重要，更有意义。虽然我是从学教育学、社会学的语言方式开始，到思维方式，再到研究方法来探索这个世界；虽然写作期间，我由于论文一再搁浅而饱尝颓丧之苦，但期间由于思路重现生机而顿觉兴致勃勃的时刻让我倍感幸福。在这期间，我走近大师，拜读大师的作品，领会大师的思想，更深刻地感悟人生的意义，而这段漫长的博士学习旅程使我的人生更加丰富。

我向柳海民老师求学多年来，他带着我们一届届学生，学习的过程如同走山路一样，盘旋曲折，山穷水复，柳暗花明，他领着我们步步前行，最终豁然开朗，踏至顶峰，尽览风光。真是万分感激！可惜自己学识浅薄，又限于天赋愚笨，让导师为我费心、费力，心中十分不安！恩师于我不仅仅是学业导师，更是生活指路人，人生十字路口总有导师重语相伴，想来暖意浓浓！

我的博士学习得到了东北师范大学多位老师的鼎力支持，没有他们的呵护和关照不会有我今天的学业。我首先要感谢的是东北师范大学附属中学校长孙鹤娟女士，她从支持我读博、督促我写作到催促我答辩，平日里发给我的一条条短信息给了我无限动力！还有王逢贤教授、马云鹏教授、张向葵教授、袁桂林教授、何艳茹教授、王景英教授都如长辈般呵护我，关心我，心中无限谢意。王缝贤先生对我的学业的引领至今仍萦绕在脑海中！感谢于伟教授、曲铁华教授、王凌皓教授、邬志辉教授、周小红师姐所给予我的鼓励和帮助，非常感谢！

我的学业更得到了我的同门师兄弟、姐妹的大力支持，他们给我提供学业信息和一些新书、新资料。李家成、周霖师弟为我的开题提出了很好的建议，张建师兄、杨进、李伟言、孙阳春、林丹师妹等都给予了我极大的帮助，在此表示真诚的感谢，感谢我们师门的每一人，感谢师门这个勇于团结相互支持的团体，这个另类的学习场域！

感谢深圳市S、N两中学的老师和同学，是他们为我提供了丰富的信息，使我能够顺利完成各项调查和访谈。感谢我现在工作的学校的领导和同事的帮助、理解和支持，尤其是李永生校长从多方面给予我的学业大力的支持！

我要衷心感谢深圳市福田区教育局教研中心能让拙作得以顺利出版。我的父母一直为我的学业担心，他们一方面希望我完成学业，另一方面为我的辛苦而感到心疼，父母的矛盾心情让我深刻感受到天下父母爱的伟大，这份亲情不断地在鞭策着我，让我一步步地取得成功。丈夫和儿子的支持更让我在面临各种困难时能够坚持下来，尤其是儿子的理解和支持，他正处于中学的学业关键阶段，我总是担心因自己的读书深造而不能帮助他学习，但儿子却很关心我的学业，经常给我鼓励和建议，让我倍感安慰，希望我和儿子共同完成学业！